发展战略和区域经济

调查与研究

（2013 年）

侯永志　张永生　刘培林　刘云中　等著

经济科学出版社

图书在版编目（CIP）数据

发展战略和区域经济调查与研究（2013 年）／侯永志，
张永生，刘培林著 . —北京：经济科学出版社，2014.11
ISBN 978 - 7 - 5141 - 5075 - 9

Ⅰ.①发…　Ⅱ.①侯…②张…③刘…　Ⅲ.①区域经济
发展 - 调查研究 - 中国 - 2013　Ⅳ.①F127

中国版本图书馆 CIP 数据核字（2014）第 235050 号

责任编辑：王东萍
责任校对：刘欣欣
责任印制：李　鹏

发展战略和区域经济调查与研究

（2013 年）

侯永志　张永生　刘培林　刘云中　等著

经济科学出版社出版、发行　新华书店经销

社址：北京市海淀区阜成路甲 28 号　邮编：100142

教材分社电话：010 - 88191344　发行部电话：010 - 88191522

网址：www. esp. com. cn

电子邮箱：espbj3@ esp. com. cn

天猫网店：经济科学出版社旗舰店

网址：http://jjkxcbs. tmall. com

北京密兴印刷有限公司印装

710 × 1000　16 开　17. 75 印张　320000 字

2014 年 11 月第 1 版　2014 年 11 月第 1 次印刷

ISBN 978 - 7 - 5141 - 5075 - 9　定价：42. 00 元

（图书出现印装问题，本社负责调换。电话：010 - 88191502）

（版权所有　翻印必究）

前　言

　　生产力布局是国家实施国民经济管理的重要内容。党的十八届三中全会决议指出，要加强宏观调控，促进重大经济结构协调和生产力布局优化，减缓经济周期波动影响，防范区域性、系统性风险，稳定市场预期，实现经济持续健康发展。我们知道，生产力布局并不是一个新词，源于苏联时期，是苏联实行计划经济的一种形式和手段。在市场经济条件下，政府调节经济的目的、政策工具以及作用机制都发生了巨大的变化，如何进行生产力布局是当前所要面对的新问题。有鉴于此，2013 年，我们组织课题组，在分析我国生产力布局现状的基础上，紧密围绕产业政策、金融干预、公共服务、环境规制、大型企业、城市规模、政绩考核等与生产力布局密切相关的政策议题以及生产力布局的相关基础理论进行了研究。这项研究也是国务院发展研究中心 2013 年度的一项重点课题，即"市场经济条件优化生产力布局研究"。研究由侯永志、张永生、刘培林同志负责，陈朝伦、刘云中同志具体协调。在这项研究的过程中，课题组得到了国务院发展研究中心副主任张军扩同志、国务院发展研究中心原副主任侯云春同志以及发展战略和区域经济研究部原部长李泊溪同志、李善同同志的悉心指导。

　　这项研究共形成 1 份总论和 9 份专题报告。总论部分由侯永志、刘云中、孙志燕、何建武在吸收各章节主要观点的基础上完成。其他各章作者分别为：第一章、孙志燕；第二章、孙志燕；第三章、卓贤；第四章、王辉；第五章、兰宗敏；第六章、何建武；第七章、刘勇；第八章、宣晓伟；第九章、陈湛匀（上海大学）。这个课题的研究成果就构成了本书的上篇。

近年来，我国的经济发展和区域格局产生了重要的变化，我们一些同志也对这一两年来出现的发展新态势、新的政策调整进行了研究，得到了一些重要的研究结论，如本币实际汇率的大幅升值和要素成本不断攀升，预示着未来外需和可贸易部门的较慢增长将成为常态，那么稳增长、防通胀的关键在于提高非贸易部门的效率；通过对影响我国区域格局变动因素的分析，指出了市场化改革、对外开放以及国家区域政策的作用；在分析城市工业用地"低价"出让动机和收益的基础上，提出了调整建设用地结构的政策建议等。

继《发展战略和区域：调查与研究（2012）》一书对我国城镇化的若干典型问题进行系统和深入讨论之后，2013 年对我国的城镇化又给予了持续的研究。例如以鄂尔多斯为例，深入剖析了城市经济、房地产业与城市持续发展的关系；从人口流动、金融干预的角度研究了城市的扩张。此外，还对我国西部地区的城镇化进行了专题研究，深入讨论了西部城镇化的动力机制、空间布局、支撑条件和政策手段。基于这些研究，我们编辑了本书的下篇。下篇的各章作者分别为：第十章、何建武和刘云中；第十一章、宣晓伟；第十二章、卓贤；第十三章、刘云中和许超诣（北京大学）；第十四章、王辉和刘卫民；第十五章、第十六章、第十七章和第十八章的作者均为刘勇、李仙（北京信息科技大学）和刘津（中央财经大学）。除上述各位作者之外，张婷（上海理工大学）、吴娜（上海理工大学）等同学也为课题研究和成果编辑做了不少工作。本书能得以顺利出版，还得益于刘云中同志付出的辛勤和汗水。

本书是我们继出版《发展战略和区域经济：调查与研究（2011年）》、《发展战略和区域经济：调查与研究（2012 年）》之后的又一本系列研究成果。正如我们之前的研究系列一样，尽管我们竭力提高研究质量和避免在成果编辑汇总时出现瑕疵，但本书依然会存在这样或那样的问题，敬请读者批评指正。

编者

2014 年 7 月

目　录

总论

市场经济条件优化生产力布局研究

一、优化生产力布局的内涵

（一）"生产力布局"起源于苏联，也与西方市场经济国家的空间规划以及产业集聚政策有相似之处

"生产力布局"起源于苏联，是苏联实行计划经济的一种形式和手段，我国对于生产力布局的使用应该是对于苏联做法的扬弃。因此，有必要简要总结对苏联生产力布局的理解。生产力布局是对地域分工的一种安排，而地域分工指社会分工在各生产地点及其总和之间的分工在空间上的表现。决定地域分工首先需要对包括一般条件、部门条件和地方条件在内的各种条件进行深入分析，最后在全国范围内布置"综合地域（综合区）"。综合地域（综合区）就是要确定不同生产部门在地域上的结合，这种结合要考虑到在全国范围内社会对物质资料的需要和为生产这些物质资料所必需的社会劳动，考虑到在各个部门间劳动的按比例的分配和在各个区域间部门的配置而形成的。包括下面内容：（1）区域的国民经济专业化，这是一个区域的主导标志，表示一个区域对其他区域的关系。（2）区域的生产结构、部门的组成及部门间的相互关系和并列从属。（3）工业生产在各中心、农业生产在各分布区、运输业在各交通路线网的地理上的集中。（4）区域经济领土内部的经济划分。（5）区域的内部联系和外部联系的途径。苏联社会主义工业配置遵循下列基本原则：工业在全国的合理有计划地配置；工业接近原材料产地、燃料动力资源地、产品消费地；民族边疆和过去落后地区的工业化；全国经济区的经济和工业的正确工业化和综合发展。因此，社会主义的工业生产配置保证着单位产品社会劳动消耗量的降低。

那么在西方市场经济条件下有没有类似的情形呢？比较接近的是德国的空间规划，共有四级规划，分别为联邦级、州级、地区级、乡镇级规划，在联邦层次上由联邦建筑与地区规划办公室编写并经由联邦运输、建设和住房部提交给联邦议会的《德国空间规划报告》，对密集地区、乡村地区、居住区和交通走廊、中心地区系统（高级中心、中级中心）等区域类型在全国的分布作出指导性的安排。更为宽泛的则是对应于区域政策，换言之，也就是政府在区域发展中的作用。但是对于政府如何参与地区的产业发展（生产力布局），20 世纪 70 年代曾有大量的讨论，现在则比较少见了。就美国的情况而言，在联邦政府层次，主要是税收结构和支出的调整、基础设施建设（从早期的隧道、铁路、运河建设，到 50 年代的高速公路、空港、海港，以及最近的信息高速公路和传输技术设施的建设）、12 年制的义务教育和劳动力培训。在州和地方政府层次，主要是吸引新的企业进入的税收优惠政策、制订产业集群发展的计划和创新体系建设。

中国的学者对生产力布局的认识存在一个深化的过程。按照刘再兴（1995）的看法，生产力布局在改革开放前主要指工业布局，改革开放后，范围逐渐扩展，指经济布局和区域发展。事实上，有很多的学者如陈栋生（1991）认为区域经济学和生产力布局二者的研究实体是一致的：生产力布局从俯视角度，分析资源与要素分布、流动与空间聚合，包括产业布局和区域布局；区域经济学从平视角度，研究区域的结构、差异、发展、耦合与区际关联。

（二）对优化生产力布局的理解

生产力布局是指所有生产要素在一定空间范围内的分布和组合，生产力布局的合理与否直接影响整个生产系统的功能发挥和资源配置效率。优化生产力布局涉及产业布局、人口的区位分布和公共设施的空间安排等内容。生产力布局是国家宏观调控的重要内容，党的十八届三中全会决议指出，要加强宏观调控，促进重大经济结构协调和生产力布局优化，减缓经济周期波动影响，防范区域性、系统性风险，稳定市场预期，实现经济持续健康发展。

生产力布局优化在不同的空间层次上所要解决的关键问题有所不同。宏观生产力布局优化需要对全国生产力布局的总体趋势进行分析和预测，确定一定时期内生产力布局的基本原则、重点区域、各经济区的产业衔接等。综观生产力布局优化需要对地区经济发展模式、地区内部产业结构、产业基地的规模与布局、城镇体系的组成与布局以及重点企业的选址安排进行安排。微观生产力布局优化则主要侧重在城镇内部重点产业的布局安排，做到产业的空间安排与城镇的基础设施、公共服务设施、居民生活居住的空间安排协调，实现城镇的可持续发展。

市场经济条件下优化生产力布局和促进区域协调发展是一致的。区域协调发展的基本内涵涉及效率、公平和可持续等三个要素：效率，主要是指资源和要素在空间上实现优化配置；公平，主要是指各地居民享有大体相同的生活和基本公共服务水平；可持续性，主要是指各地人类和经济活动在其资源环境承载力允许的范围内，生态环境不因区域经济发展而遭受破坏而始终处于良好状态。提高效率、推进公平和保护生态环境的可持续性既相互依存，又相互制约。促进区域协调发展，必须在提高效率、推进公平和保护生态环境可持续性之间寻找平衡点。

生产力布局关系着产业的区际分工，影响着资源和要素的空间配置效率；关系着人口的空间分布，影响着各地居民生活水平和政府提供公共服务的能力；关系着人类和经济活动与资源环境承载力的匹配与否，影响着人与自然界的和谐相处。生产力布局是区域协调发展的重要影响因素，促进区域协调发展离不开优化生产力布局。优化生产力布局有利于有效动员各地区的自然资源、经济资源和劳动力资源，充分发挥各地区的比较优势；有利于调动中央和地方两个积极性，发挥我国疆域广阔、人口众多、资源丰富的总体优势；有利于形成原材料基地、生产加工基地和市场的密切联系，高效率地组织生产、流通、分配和消费；有利于保护环境和生态平衡，促进经济社会活动与人口资源环境的可持续发展；有利于促进"老、少、边、穷"地区的发展，巩固民族团结，逐步缩小地区差距。

具体到产业布局优化，则必须处理好两对关系。第一是集聚和分散的关系。众多研究表明产业和经济活动的集聚是一个非常重要的事实，在一个国家范围内，经济活动的集聚的第一个层次是向城市集中，第二个层次是向国家范围内经济比较发达的地区集中，按照世界银行 2009 年的研究，在一个国家的人均收入达到 3500 美元（2000 年的不变价）之前，集聚主要表现为向城镇集中；当在一个国家的人均收入达到 1 万 ~ 1.5 万美元（2000 年的不变价）之前，集聚则主要表现为向发达地区的集中。但是完全依靠市场力量促进经济和产业的集聚，会带来一些问题，例如交通拥挤、环境污染等，而且在一定程度上也会扩大地区之间的发展差距，影响区域间协调发展。因此，在生产力布局时，必须兼顾集聚和分散，做到产业的适度均衡发展。第二是专业化和多元化的关系。一个地区或拥有的特定资源或具有较好的发展基础集中力量发展一个优势产业，这有利于发挥行业内规模经济的优势，但是过于单一的产业容易受经济周期的影响，波动很大。而多元化的产业结构虽然有可能分散资源，但也有助于分散风险，增强一个城市和地区抵抗经济波动的能力。

二、我国生产力布局的实践

我国生产力布局是在计划经济体制下，区域经济相对封闭的发展状况下逐渐形成的。从产业政策的导向上来看，基本上可以划分为三个阶段（如表 1 所示）：

第一个阶段（1952 ~ 1978 年之前），该阶段主要强调生产力平衡分散布局。在此阶段，我国实行计划经济体制，产业政策对各种资源要素在空间的配置起着主导作用。当时，重工业、轻工业都集中在沿海地区，经济处于极不平衡的状态。为此，从经济平衡和国防备战的角度，提出工业生产力布局应接近原料、燃料的产区和消费地区，并适合于巩固国防的条件。这一阶段的产业政策，从地域来说，几乎覆盖了全国各个地区，涵盖了全部行业。客观上改变了我国工业集中在沿海地区不合理的畸形布局，对于改善我国国民经济布局、推进中西部落后地区的经济社会发展也发挥了一定作用。但在某种程度上也造成了资源配置效率的损失。

第二个阶段是改革开放之后至"十五"时期。我国在 20 世纪 80 年代中后期提出"沿海地区发展战略"，即利用沿海地区的区位优势和发展基础，通过营造特殊的政策环境吸引国内外优质生产要素向沿海地区聚集，促进沿海地区率先发展，以沿海地区的发展带动内陆地区的发展。在此背景下，产业布局政策也由以往的"平衡布局"，逐步转向强调地区间的"专业分工和规模效率"。

这一阶段的产业政策有效地促进了东部沿海地区的产业发展，但同时也进一步加剧了工业布局的不平衡，助推了地区差距的扩大。

第三个阶段是"十一五"规划之后，可称为协调发展阶段。这阶段进一步强化了区域协调发展的总体战略，提出要在继续推进西部大开发，振兴东北地区等老工业基地的基础上，促进中部地区崛起，逐步形成合理的区域发展格局。并提出要根据资源环境承载能力和发展潜力，按照优化开发、重点开发、限制开发和禁止开发的不同要求，明确不同区域的功能定位，制定相应的政策和评价指标，引导和扶持特色产业，逐步形成各具特色的区域发展格局。

三、当前我国生产力布局的状况和存在的问题

（一）区域的产业专业化和集聚程度不断提高；但产业同构近年来有所上升，比较优势仍未得以充分发挥

1. 我国制造业的地区专业化程度呈现先降低后不断提高的趋势。

区域专业化程度的变化是反映区域资源配置和经济增长效率的一个重要指标。专业化程度提高意味着分工的深化，从更加有利于发挥规模经济、集聚经济的作用，提高资源的配置效率和整体生产率。改革开放初期至20世纪90年代中后期，对外开放战略打破原有的制造业分工格局，沿海地区劳动密集型产业和轻工业的快速增长，加之区域模仿战略和区域竞争导致地方保护主义盛行，各省区产业结构出现多元化发展和结构趋同的趋势。相应地，利用各省分行业制造业数据测算的地区平均专业化指数①则从1980年的0.561下降至90年代后期的近30年来的最低点0.501。

90年代后期，随着国有企业改革等一系列市场化改革措施的实施、对外开放的深入等，国内市场化和区域市场一体化程度在不断提高。樊纲等（2012）研究指出，全国各省份的平均市场化指数由1997年的4.01，提高到2007年的7.50。这一系列改革和开放的举措有力地推动国内区域专业化程度的提高，地区平均专业化指数开始不断攀升，到2005年已经达到0.543。

但是，近年来尤其是金融危机之后区域之间同质化竞争加剧，在一定程度

---

① 各地区产业专业化基尼系数加权平均值。

图 1　中国制造业分行业的集聚程度

上影响了区域经济结构的调整，从专业化指数来看，区域专业化程度并未出现明显的提高，个别年份甚至出现了下滑。

从不同区域来看，东部地区大多省份专业化程度也经历了先降低后不断提高的趋势，如上海的专业化指数从80年代初的0.554下降到90年代初0.495，然后又逐步回升至近年来的0.58左右。而许多西部省份的专业化程度在过去30多年来都在不断增强，如内蒙古的专业化由80年代初的0.564上升至90年代的0.566，之后快速上升至近年来的0.7左右。与东部和西部地区不同的是，许多中部省份的专业化程度在不断下降，如安徽的专业化指数从80年代的0.566下降到90年代的0.558和近年来的0.53左右。

2. 多数产业表现出较强的空间集聚程度，但不同产业的空间集聚特性存在较大差异；与专业化程度相对应的是，我国制造业整体的集聚程度也经历了先下降后上升的变化过程。

产业集聚是空间专业化的主要表现形式，也是提高生产效率的渠道。产业集聚程度的变化反映了我国制造业生产力布局的变化。由于不同产业的产业属性存在很大差异，其在空间上集聚的程度和变化趋势也明显不同：

① 中间投入品产业的集聚程度相对较低，而消费品和资本品产业集聚程度相对较高。如黑色金属冶炼和有色金属冶炼业、建材以及化学原料制造业在所有制造业中集聚程度排倒数前几位，其产业集聚基尼系数都在0.5左右或者更低；而通信设备、仪器仪表以及文教用品和服装等产业集聚程度则明显高于其他产业，其产业集聚基尼系数都在0.7左右或者更高。另外需要指出的是消

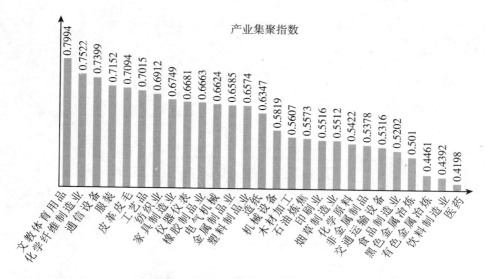

产业集聚指数

图2 中国制造业分行业的集聚程度

费品中食品加工、饮料以及烟草等行业则因产品存在保质期和消费市场分散的特点，其集聚程度非常低。

② 以资源为基础的制造业的集聚程度较低，而劳动密集型产业集聚程度较高。以资源为基础的制造业由于受资源区位、基础设施条件等因素的影响，产业转移和流动性较差，其中还有部分行业的发展和布局受到政府的调控，如钢铁行业，因而限制了市场行为带来集聚；而劳动密集型产业则由于劳动力市场一体化程度越来越高的影响，因而产业的转移和集聚较为容易。

③ 多数制造业聚集于东部地区，分布在中西部地区的制造业主要是资源性产业和部分消费品制造业。测算结果显示，除了烟草制品业、食品制造业、饮料制造业、有色金属冶炼等部分制造业外，我国多数制造业主要集中分布在广东、江苏、山东、浙江和福建等东部沿海省区。如集聚程度最高的文教体育用品制造业，排名前四位的广东、江苏、浙江、山东四省相应工业增加值占全国该产业的增加值的比重超过80%。与东部沿海地区不同的是，中西部省区相对较为集聚的产业主要是以资源为基础的制造业以及部分消费品制造业，如云南和湖南省的烟草加工业、河南省的有色金属冶炼及压延加工业和食品制造业、四川省的饮料制造业和食品制造业等。

④ 多数制造业自20世纪90年代后期集聚程度开始不断提高。计划经济条件下我国传统制造基地分布在上海、天津、辽宁、四川、湖北、吉林等地。

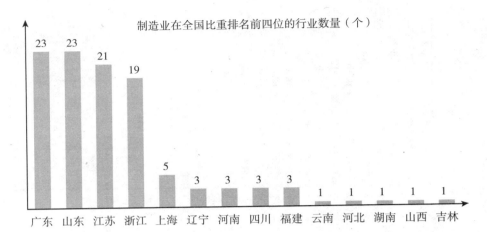

图3　中国制造业的地区集聚状况

改革开放之后传统的布局模式受到市场机制的冲击被打破，非均衡的区域发展模式促进制造业开始向东南沿海集聚，这种由计划经济向市场经济条件下布局的过渡带来集聚程度下降。但是随着东南沿海的发展，新的布局模式开始形成，这些地区开始成为新的制造中心，制造业的集聚程度又开始不断提升。近年来反映制造业总体分布特征的制造业加权基尼系数接近0.6，这已经高于改革之初的0.52左右的集聚程度。

3. 改革开放以来我国制造业重心经历先西南、后东南、然后再西北的转移过程。

制造业重心的转移是区域生产布局和经济格局变化形象表现。从重心转移的方向来看，主要经历三个不同的阶段：

① 90年代中期以前，由于珠三角地区制造业的快速发展，制造业的重心由东北、华北开始向西南方向移动，这一时期广东的制造业增加值占全国的比重提高了近10个百分点；

② 90年代后期至2003年，这一时期长三角地区开始发展成为新经济增长极，上海、江苏和浙江三省市的制造业占全国的比重提高了5个百分点以上，制造业重心开始向东南方向移动；

③ 2003年以后，随着环渤海地区逐渐成长为中国第三大增长极以及西部地区经济的追赶，制造业重心则开始向西北方向移动。

4. 近些年来区域间产业同构问题较为严重，同质化竞争和产能过剩问题难以破解，阻碍了区域资源配置效率的提高和发展方式的转变。

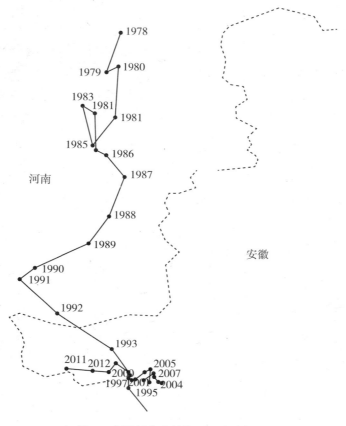

图4 中国制造业整体重心移动轨迹

资料来源：作者整理。

从前面的分析可以看到从 21 世纪前 10 年中期开始，区域专业化程度开始止步不前；同时产业层面的分析也显示部分行业的集聚程度在不断的下滑，如石油炼焦、黑色金属冶炼、医药、化学纤维制造业和有色金属冶炼。其中最为显著的就是石化和钢铁行业，其产业集聚指数分别由 1980 年的 0.71 和 0.64 下降至近年来的 0.56 和 0.5，在所有行业中下滑幅度最大。专业化程度难以提高和部分行业集聚程度下降的背后是地区之间的同质化竞争。各地区对 GDP 和财政收入和过度追逐导致大家纷纷上马规模大、投资见效快的项目，而这些项目往往集中于几个典型的行业，如钢铁、石化、光伏等，最终导致了产业同构现象严重。据测算反映区域产业同构程度的结构相似系数自 2003 年以后开始较快上升，由 2003 年的 0.81 上升至 2010 年 0.83，最近两年才开始趋于稳定。

从四大板块内部来看，西部地区内部各省产业同构程度最低，中部地区最高。2003 年西部产业同构系数只有 0.77，明显低于东部地区的 0.87，东北的 0.82 和中部地区的 0.90。从不同板块内部产业同构程度变化趋势来看，东北和西部地区的产业同构程度都出现较大程度的提高，如东北地区的产业同构程度由 2003 年的 0.82 上升到 2010 年 0.89；与其他三大板块不同的是，中部地区由于部分地区开始承接东部产业转移而出现同构程度有所下降的趋势。

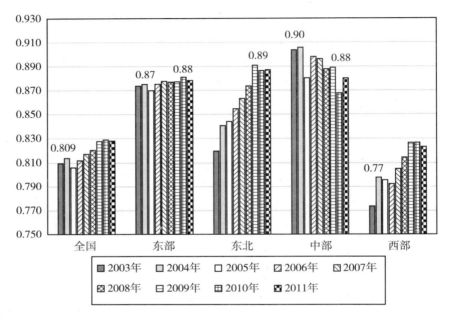

图5　全国及四大板块之间的工业同构系数的变化（2003～2010 年）

注：根据 27 个部门的工业总产值数据计算。

资料来源：国研网。

区域产业同构加之金融危机的爆发和我国经济正处在速度转型的关键时期，国际市场的低迷和国内需求的增长乏力导致产能过剩问题非常严重。带来的直接结果就是社会资源巨大浪费、资源配置效率的低下，同时产业结构升级也受到阻碍。2012 年年底，我国钢铁、水泥、电解铝、平板玻璃、船舶产能利用率分别仅为 72%、73.7%、71.9%、73.1% 和 75%，明显低于国际通常水平。不仅如此，这些产能严重过剩行业仍有一批在建、拟建项目，产能过剩呈加剧之势。如何解决区域间无序竞争和产业同构问题已成为当前区域发展效率方面的突出问题。

（二）从宏观视野看，人类和经济活动的空间分布与资源环境承载力的空间格局大体一致；但从中观和微观层次看，部分地区的人口和经济活动聚集程度超越了当地的资源环境承载能力

资源和环境是人类生存的根本条件，也是经济发展的基础要素，虽然科技发展带来建筑、运输和通信等技术的突飞猛进，使得人类生活对资源和环境的空间依赖性不断降低，经济集聚中心和资源富集地出现一定程度的分离。但是从整体来看自然条件仍然是影响人口区域分布的重要因素。1935 年地理学家胡焕庸从黑龙江瑷珲至云南腾冲，作一条直线把中国分成东南和西北两块，两侧的自然条件截然不同。东南半壁为全国面积的 36%，却聚集了全国人口的96%，而西北半壁 64% 的国土面积上只生活了 4% 的人口，这就是著名的胡焕庸线。人口普查数据显示七十多年来，胡焕庸线两侧的人口分布变动很小，这也说明了自然条件对人口流动和布局的重要影响。

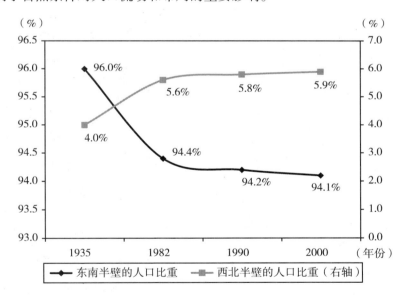

图6 中国分县人口密度（2010）和中国人口分布的东西变动

但是，在当前区域发展过程中，由于资源没有得到合理的定价、环境的外部性成本并未完全内部化、区域间的无序竞争，一些地方人为压低资源价格和放松环境管制，部分区域经济的集聚程度与其资源环境的承载能力不匹配，最终导致资源过度开采、环境加速恶化，直接影响人们的生活健康和经济发展的可持续

性。我国区域环境规制与生产力布局仍然存在不平衡、不协调、不可持续的矛盾。

1. 资源环境优势与生产力布局不一致。

从我国人口现状与产业布局来看，生产力布局与资源环境的优势并未紧密结合，很多地区的资源环境优势并未充分转化为区域发展动力。

从中国主要能源和矿产资源的地区分布比重来看，中西部地区在储量上占据绝对优势，很多资源的比重占到 95% 以上。但多年来，这一优势并没有转化为经济发展的优势动力，2012 年中西部的 GDP 比重仅占全国的 38%。但是，这一优势却成为很多环境问题的来源，形成了"资源诅咒"。2012 年中西部地区的废水、生活垃圾排放量均接近全国的 50%，二氧化硫排放量已经超过东部，占到 64.5%。

同时，中西部地区的资源环境优势并未转化为资源环境的发展效率。通过计算 2012 年我国四大区域的人口、GDP、生态足迹①，进而计算出我国区域的生态效率（单位生态足迹所产生的 GDP），可以反映出我国各区域单位资源占用所得到的产出，也就是区域资源环境的发展效率。可以看到，我国西部地区生态足迹占全国的比重为 23%，约为东部地区的一半，但生态效率仅达到东部地区的 1/3（见图 7）。从各省区的生态效率与人均 GDP 的关系也可以看出，我国省域的生态效率与地区发展水平基本呈线性关系（见图 8），中西部发展相对落后的省份虽然在资源、环境条件上有一定优势，但并未将其转化为发展的动力和效率。

2. 环境承载力与生产力布局不匹配。

为比较我国区域生产力布局与环境承载力的状况，本书采用与生态足迹类似的方法计算了区域的生态承载力（不含水资源）②。比较各省区市人口、

---

① 生态足迹指对一个区域能否继续存在，所需要支撑的生态系统面积，是一种生态占用的概念。计算方法来自 Wackernagel（1996）和杨开忠等（2000、2014），数据来自中国统计年鉴及各省区统计年鉴，因数据获取原因，未包含西藏。资源包括化石能源地；可耕地；牧草地；森林；建成地；海洋。

② 生态足迹指对一个区域能否继续存在，所需要支撑的生态系统面积，是一种生态占用的概念。计算为便于比较，这里将生态承载力也用占用面积来计算，界定为一个地区所能提供给人类的生态生产性土地的面积总和。计算公式为：$EC = N \sum_i a_i y_i e_i$。其中，EC 为总人口的生态承载力，N 为人口数，a_i 为 i 类生态生产性土地人均生产量，y_i 为产量因子（Yield Factor），e_i 为等量因子。等量因子就是一个使不同类型的生态生产性土地转化为在生态生产力上等价的系数。本文使用的等量因子来自世界自然基金会（World Wide Fund For Nature）地球生命力报告 2006（Living Planet Report 2006）。产量因子是将各地区各生态生产性土地类型转化为可比数值，通过用地区单位面积生产力除以世界单位面积生产力得到。本文采用的产量因子参考联合国粮农组织（FAO）以及相关统计年鉴数据计算得出。因数据获取原因，计算未包含西藏。

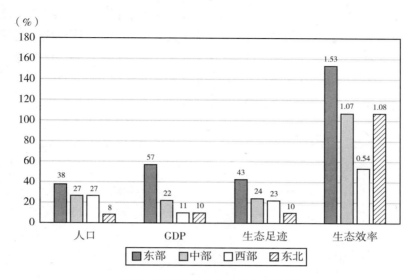

图7 区域生产力分布与生态效率

资料来源：本书第五章。

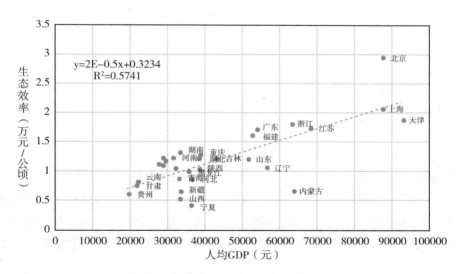

图8 区域生态效率与人均 GDP 的线性关系

资料来源：专题4。

GDP、生态足迹等分布状况和区域的承载能力，可以看出我国东部地区的生态承载力要明显低于中西部，但所承载的人口和经济活动要远超过中西部地区。从各省区来看，除内蒙古、山西等个别省份外，我国各省区市的生态承载力与生态足迹呈现出明显的相反格局，西部生态承载力高的省份生态足迹反而较低，而东部沿海发达省份生态承载力较低，但生态足迹却全国领先，说明人口和经济活动的分布与区域的生态承载力严重不匹配。而区域经济的集聚程度与其资源环境的承载能力不匹配，最终导致资源过度开采、环境加速恶化，直接影响人们的生活环境和经济发展的可持续性。

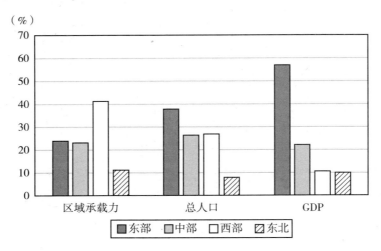

图9 2012 年中国区域承载力、人口、GDP 分布

资料来源：本书第五章。

3. 水资源的利用与生产力布局不匹配。

从水资源来看，虽然整体上中国水资源形势的严峻性和不可持续性并不太严重，中国目前的水资源利用率只有 20%，但是不同流域之间有很大的差异，很多地区正面临严峻的水资源短缺问题，如海河流域的水资源利用率超过 100%，属于严重的水资源过度利用地区。另外，目前在全国 600 个最大的城市中，有 400 个面临缺水问题，其中 100 个城市水资源严重短缺。然而人口和经济的过度聚集导致了地下水的过度开采。根据中国地质环境监测院的数据，北京、河北和天津的地下水资源均被过度开采，辽宁和山西的地下水被重度开采。过度开采地下水导致了中国 50 个最大的城市均出现地面沉降，受影响面积占中国耕地总面积的 7.5%。其中最为严重的就是上海周围和山西省。

4. 空气质量面临着同样的挑战。

中国最大的 500 个城市中，只有不到 1% 达到了世界卫生组织推荐的空气质量标准；世界上污染最严重的 10 个城市之中，有 7 个在中国。近些年来，

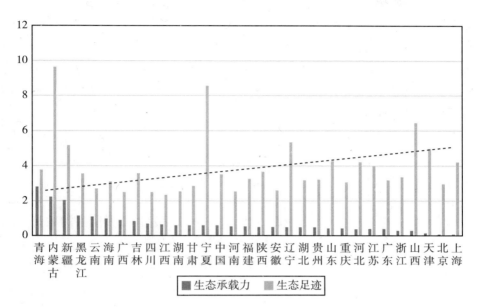

图10 2012年中国省区生态承载力与生态足迹分布

资料来源：本书第五章。

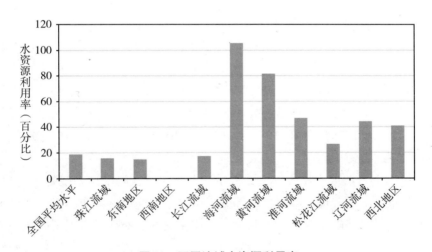

图11 不同流域水资源利用率

注：当耗水量超过供应量时，从其他流域调配。

资料来源：本书第五章。

随着环境监管和污染控制力度然的加大，空气整体质量在不断改善。但是总体趋势掩盖了区域、城市之间的差别。1999～2009年空气质量出现改善的主要是经济发展和人口增长速度较低的中小城市。总体上大城市的空气污染比中小城市严重得多。中国空气污染最严重的城市人口在 100 万～200 万之间。局部地区由于污染源过密和污染物的相互作用，烟雾、阴霾和酸雨发生频率不断增加。这些都表明人口和经济的聚集程度与资源和环境的承载力发生较大的偏差，透支了区域经济持续发展的潜力。

（三）城镇体系承载人口和经济活动的能力增强，但城市结构需要进一步优化，城市间的连接性和分工合作关系需进一步加强，城镇化的聚集效应需进一步发挥

1. 以大城市为中心，中小城市为骨干，小城镇为基础多层次的城市体系已经形成；但城市结构不够合理，城市规模效率仍需提高。

城市是人口和经济聚集的载体，城市规模和结构的变化直接反映着生产力布局的变迁。根据第六次人口普查数据，目前接近 60% 的城市人口居住在中等规模以上的城市（20 万人以上）；其中 50 万人口以上的大城市人口比重已达 46.09%，大城市已成为城市人口增长的主要载体；小城市和小城镇的人口比重下降，但小城镇仍然是城镇人口的重要载体，其人口占比仍然达 36.44%。宏观地看，我国城市规模结构与国际平均模式大体相同，但从更加细分的结构层次上看，我国城市规模结构也存在不足之处：500 万人以上超大城市人口所占比重，中美比较接近；100 万～500 万大城市人口所占比重，中国比美国低 10 个百分点；100 万以下城市人口所占比重，中国明显高于美国。实证研究表明 100 万以下的城市效率要明显低于 100 万～500 万的城市，其增量投资产出比（ICOR）要高 10%～30%。可见，中国城市结构和城市规模效率仍然存在改进的空间。

2. 城市群日益成为城市发展的重要形态，区域发展呈现多极带动的格局；但城市群布局不尽合理，城市群内部分工协作不够、集群效应不强。

随着现代化基础设施的建设和市场一体化程度的提高，出现了一批规模各异的城市群或城市群雏形。东部沿海的京津冀、长三角和珠三角等城市群已成为具有全国影响乃至全球影响的增长极和发展引擎。除了这三大已经比较成型的国家级城市群，还有一些城市群已经初具规模，如辽中南、山东半岛、海峡西岸、中原、长江中游、关中、川渝城市群。当然，在城市群空间布局和内在效率方面仍然存在一些问题。一方面，中西地区尚未形成足够多的对区域经济具有重大辐射带动作用的城市群；另一方面，城市群内部各城市之间的连接性

（包括物理的联系和经济的联系）还不够强，分工还不够合理，城市群的集聚效率和集群效应还有进一步增大的空间。

四、我国生产力布局所存在问题的原因

区域协调发展状况和生产力空间格局的形成及其变化受多重因素的影响，既与各地资源禀赋、发展阶段和发展环境等客观因素有关，也与国民经济和区域经济发展所处的制度和政策环境有关。归纳起来，当前我国区域发展和生产力布局中存在的差距过大、产业同构和产能过剩问题以及人口和经济活动与资源环境承载力不相适应等，主要有四大原因。

（一）各地发展条件不同，国家整体上还处于经济活动聚集阶段

我国各地发展的基础条件（包括区位条件、资源条件、历史积淀等）有较大乃至很大差异，客观上造成了各地现代经济起飞早晚、增长快慢、发展模式的不同，这是各地发展水平、居民生活水平和公共服务水平不同的重要原因，也是制约生产力优化布局的重要因素。从发展阶段来看，我国还处在经济活动向优势地区或者先发地区集中的时期。这些地区离主要的国内外市场比较近，经济效率比较高，经济活动更多地聚集，无疑会扩大这些地区与其他地区的发展差距，会形成所谓的"富者日富，贫者日贫"的"马太效应"。同时，由于产业布局往往受制约于资源禀赋的空间结构，且在中国资源富集区往往又是生态脆弱区，资源开发与生态环境保护成了一对天然的矛盾。另外，从产业转移的规律来看，由于产业转移不会瞬间完成，往往需要一个较为长期的过程，很多新的产能是在原有产能没有完全退出就已经形成，而且这些新产能大多在中西部尤其是中部地区，在一定程度上导致了产业同构的现象。

（二）市场经济体制尚有很多不完善之处

一是价格机制不完善，部分重要的资源和要素（包括土地、矿藏）还没有完全实现定价的市场化，其价格偏低，不能充分反映资源的稀缺程度和市场供求状况。此外，目前也还没有找到将部分社会成本（如环境污染的成本、二氧化碳排放的成本等）转化为企业内部成本的有效办法，刺激了部分高排放企业的发展超过了社会最优需要量。

二是部分企业存在较多的软预算约束现象，比较容易获得信贷支持，获取

资金的成本比较低，扩大产能既有较强的动机，也有较大的可能。

三是市场监管制度不够有效有力。最突出的表现是在钢铁、建材、有色金属制品等领域，由于国家技术标准、污染排放标准在生产这类产品的企业难以得到执行，不少地方发展了不该发展的产业，加剧了产能过剩。

（三）政府职能转变不到位，对微观经济活动尚有较强的干预动机和干预能力

中央地方财权事权关系不合理，地方政府承担责任较大，且因缺乏稳定的主体税种而财力不足，政绩考核过于看重经济增长，这些使得地方政府迫切需要做大经济，尤其是要上马大的工业项目，干预微观经济活动的动机较强。与之同时，政府依然掌控着重要的稀缺资源（如土地、矿山）分配权力和拥有大量的国有资本，使地方政府干预微观经济活动的能力较强。政府离市场较远，难以随时捕捉市场需求变化的信息，其政府对于产业和企业的选择行为可能趋同，造成产业同构。此外，政府将过多的精力和过多的资源用于促进经济增长，影响了结构转型升级的步伐，导致了各地产业在低技术水平的同构。

（四）国家规划和政策引导不力

2005 年以来，国家出台了一系列指导地区发展的规划和政策。这些规划和政策在带动区域发展、培育区域经济增长极方面，起到了一定作用。但也应该看到，许多规划过于原则和宏观，操作性不足，且内容相似。从公布的文件来看，虽然规划原则上都强调"要有地方特色"，但规划提出的产业发展重点却有较强的雷同性，如发展机械制造以及新能源、新技术等战略新兴产业几乎成为每一个区域规划都有的内容。在区域规划内容雷同的情况下，国家战略在某种程度上成为诱发地区间同质化竞争的因素。鼓励地区发展的政策也与规划的情形类似，政策很多，但政策的一致性和关联性不够，政策落实过程中的统筹性不够，削弱了区域发展政策的整体效力。地区发展政策与国家层次的结构调整政策以及生态环境保护政策之间的不协调问题尤其突出，着眼于调结构、保生态的国家政策通常会被迫让位于一些地区短期性发展政策，制约了国家战略意图的落实。

五、市场经济条件优化生产力布局的原则和思路

根据前面的分析，我们认为，未来推动优化生产力布局应遵循如下原则和思路：

坚持以推动区域经济转型升级为主线，把提高资源空间配置效率、缩小区域间居民生活水平和质量差距、促进经济发展与资源环境承载力相适应作为协调区域发展和优化生产力布局的核心目的，因地制宜，尊重规律，分工协作，统筹安排，深化改革，健全机制，更多地发挥市场作用，更好地发挥政府作用，力争到 2020 年形成各地比较优势得以充分发挥、国家整体利益得以较好实现的区域发展新格局。

（一）更多地发挥市场作用，更好地发挥政府作用，让"看不见的手"和"看得见的手"相得益彰

在市场经济条件下，资源在空间上的优化配置主要靠市场来实现，但政府的作用不仅不是可有可无的，而且是不可替代的。要完善价格机制，构建全国统一市场，促进产品和要素按市场信号的指引在地区间自由顺畅流动；让各类企业成为平等的市场主体，自主地做出投资决策，选择生产区位。要构建政府公共信息平台和服务平台，加强政策协调，引导产业合理布局。对于出于政治和国防安全考虑的重大基础设施和生产力布局，政府应拥有充分的决定权和实施手段。

（二）按照地域分工协作的要求，建立符合地区发展优势的产业结构和经济结构

各地区的自然资源条件、经济发展水平和产业发展基础不同，地区的发展优势也就有不同。要依托各地发展优势，做好统筹协调，促进形成各具特色、互补互助的地区产业结构和经济结构，以最大限度地发挥分工合作效应。

（三）增强城市间物理连接性和经济关系性，提高城镇体系承载人口和经济活动的整体能力

城市承载着 50% 以上的人口和 80% 以上的经济活动，城市在促进区域协调发展和生产力优化布局中有着十分重要的作用。要合理安排各种产业和城镇

的空间关系，城市产业的选择和发展要与其规模、职能相匹配，完善城镇基础设施和公共服务设施，构筑城市间现代化的基础设施网络，实现产业整体协同发展，形成城乡之间、城城之间、城市群内部良好的分工与联系，加强市场经济条件下的区域合作，鼓励以强扶弱，推动互利共赢。

（四）尊重经济和产业相对集聚发展的客观规律

经济和产业一般会集聚于市场潜力大、资源环境承载力高、易于参与全球产业分工的城市和地区。这既是发达国家成功发展的经验，也为新中国成立以来我国区域经济发展和生产力布局的历史所证明。只有尊重这一客观规律，才有可能提高资源空间配置的效率。

（五）改革财税体制和政绩考核制度，引导和保证地方政府把工作的着力点放到营造良好发展环境、提供公共服务上来

地方政府是区域经济发展的重要主体，其行为的合理化是区域协调发展和生产力优化布局的前提之一。要合理划分中央地方财权事权关系，建立地方政府主体税源体系，加大一般性转移支付支持力度，加强对政府提供公共服务满意度的考核，使各级政府更多地关注公共服务的有效提供，营造良好的发展环境。要引导各地转变发展理念，树立生态环境也是生产力的观念，积极谋求绿色发展，变被动适应能源物质消耗和排放标准为主动降低资源消耗，减少排放。

（六）科学制定地区发展规划和政策的出台，促进各地公平有序竞争

规划和政策是中央政府引导和规范各地发展不可或缺的手段。要重视规划的编制和政策的制定，更要重视规划和政策的实施，要加强规划和政策的评估和落实，使其落到实处，收到实效。要科学制定产业布局规划，根据资源环境综合承载力、产业发展基础和市场空间等条件，推进产业转移、退城进园，形成分工合理、优势互补、各具特色的区域经济和产业发展格局。

六、推动优化生产力布局的具体举措

推动区域协调发展和优化生产力布局既需要有明确而清晰的思路，更需要有可操作的有力又有效的措施。鉴于此，本书提出以下十大举措：

（一）尽快成立跨部门的或独立的区域政策协调权威机构，切实提高区域政策的规范性、有效性

当前，我国区域政策缺乏一致性、规范性，在很大程度上与政出多门有关。建议成立区域政策协调的权威机构，统筹制定符合国家整体战略要求的国土空间开发规划，统一协调区域之间的发展规划、基础设施和基础产业的发展。该机构应对现有区域政策加以梳理、清理、规范，该变革的变革，该废弃的废弃。

（二）加快完善财政转移支付制度，有效平衡各地政府提供公共服务能力

中央政府的财政转移支付，在增强欠发达地区政府提供服务的能力方面具有举足轻重的作用，必须加快改革完善财政转移支付制度。近期可重点推进两方面的改革：一是构建科学可量化，并能够反映充分体现各地区经济发展水平和公共服务支出成本差异的转移支付标准体系。二是加快研究建立以生态补偿为主体的横向转移支付制度。积极推进建立特定流域的上下游之间，生活用水的水源地和使用地之间的横向生态补偿转移制度。

（三）缩小产业政策范围，利用现代信息技术构建产业动态预警平台，引导产业结构调整

产业政策是把"双刃剑"，用得好，有助于生产力优化布局；用得不好，不仅无助于、生产力优化布局，而且会造成产能过剩、重复建设、结构雷同等问题。过去，我国产业政策之所以未能起到应有的积极作用，主要是因为产业政策过多而又缺乏操作性。因此，应加大产业政策的改革力度，缩减政策调控的领域，使其聚焦于关系国家经济安全、技术安全和抢占发展制高点的产业领域。同时，由于我国制造业企业多数处在全球价值链的低端，对行业前沿技术的把握以及市场风险的防御能力都相对有限，在投资取向上往往会对那些技术相对成熟、已有一定规模市场需求的行业形成"市场共识"，造成产能过剩。需要政府在全国层面提供宏观引导，为市场及时提供准确的行业信息服务。可借助现代信息编码技术，依托行业协会组织，建立不同行业发展的预警信息平台，及时准确地向社会发布行业企业总数目、市场供需情况、产能利用率及投资、平均利润等信息。这样既有利于克服市场信息不对称或不同地区之间协调困难而导致的重复投资，也可以为政府产业调控政策提供更加科学的决策依据。

（四）健全资源要素的价格形成机制和资源收益的分配制度，提高资源要素的配置效率，确保资源收益分享的公平性

完善的资源要素价格形成机制和公平的收益分享制度，有助于引导资源要素合理流动和规范企业及政府的行为。要加快健全资源要素的价格形成机制，完善资源收益的分配制度。重点包括四个方面：一是完善资源性产品的定价机制，理顺资源输出地和资源输入地间的上下游价格关系，构建反映市场供求关系、资源稀缺程度，以及资源的取得成本、开采成本、生态环境治理成本，包括资源枯竭后的退出成本在内的价格体系。二是全面推进资源税费的改革，按照税收和税源相一致的原则，构建地方政府间的税收协调机制，促进地区间税收合理分配。三是逐步取消区域性税收优惠政策，建立以产业调整升级为导向的税收优惠政策。四是选择防治任务繁重、技术标准成熟的项目开征环境税。

（五）加快建立从严从紧的政府规制监管体系，尽快改变区域之间"低水平低层次"竞争的格局

规制和监管是市场经济条件下，中央政府引导和规范地区竞争和企业竞争的主要手段之一。要借鉴国际经验，分阶段逐步提高环保、技术、质量、安全等各类标准等级，并建立严格的监管和执法体系。在此基础上，建立更为严格的行业准入和退出制度。以此推进产业转型升级，避免地区之间低水平的重复建设和恶性竞争。要改革现有监管体制，在环保和安全等领域，建立全国垂直统一的监管体系，并在大区和基层设立分支机构，减少地方保护主义的不利影响。但要强调的是，政府应在坚持公平非歧视性的原则下制定相应的规制标准，避免按照企业规模、所有制、行业类型等作为先提条件而设定的"支持性标准"。

（六）健全财政金融纪律约束机制，遏制地方政府过度举债，防范金融风险

一是建立债务规模控制制度，中央政府应制定年度新增地方债务总规模上限，每年根据各级地方政府资产负债表状况审核从省到区（县）的合格举债主体名单，并设置各省（市）债务年度限额，对债务风险较高的省（市）实行逐笔债务审批机制。

二是建立偿债准备金制度。

三是探索建立地方财政重组机制以防止损失恶化，当地方债务预警指标超出界限后，上级政府要提前干预以防止地方财政进一步恶化，建议借鉴国际经验（如美国市政债券办公室和英国的债务管理办公室），在财政部或审计署下设"地方债务管理司"。当某个地方政府的财政预警指标超出限值，财政部或审计署有权派出财政专员，接管其财政权。

四是完善金融监管机制以避免监管空白，不仅要设置金融机构总部的地方债务比重上限，还应规定金融机构的地方分支对当地政府债务比重的上限，以降低区域性金融风险发生的概率。

（七）创新政府绩效考核机制，引导地方政府创新发展模式

政府绩效考核机制对一个地区产业结构调整方向以及发展模式的选择都具有十分重要的导向作用。要创新政府绩效评估模式，弱化对"快"的考核，突出强调对"好"的考核，即在考核发展速度的同时，加强对发展质量的考核；在考核经济发展的同时，也考核经济与社会、人与自然的和谐发展。考核重点可集中在两个层面：一是针对不同区域的功能定位，综合考核辖区内经济、社会、生态建设的发展水平；二是将与经济区内外其他区域的合作和协调发展纳入考核内容。

（八）加快构建全国统一的社会保障体系，把加快构建普惠、均等、一体的基本公共服务作为公共政策的优先领域，为顺利推进生产力布局的调整创造必要条件

区域发展转型和生产力布局结构调整可能会影响当地居民的就业和福利。要建立相对完备的社会保障体系，缩小地区之间社会福利水平的差距，以保证区域经济发展转型的顺利推进。重点是解决社会保障跨地区转移和异地接续的问题，加快建立全国统一的普惠的医疗、养老、失业等社会保障制度，以促进劳动要素的跨区域自由流动。中央政府要在教育、医疗、社会保障等事关基本民生的托底事项上，担负更主要的支出责任。

（九）加快完善国有资产管理制度，规范产业园区建设，积极发挥国有企业在生产力布局中的作用

国有企业实力雄厚，技术水平高，是进行生产力布局的生力军，要重视发挥国有企业在促进区域经济协调发展中的积极作用。要在深入研究经营性国有资产、国有土地、矿权、国有企业收益的统计、处置和收益分配制度的基础上，加快完善国有资产管理制度，统筹考虑区域发展和产业结构转型升级的需求，优化调整国有企业的战略布局；在关系国民经济命脉的重要行业，或重大技术领域的生产力布局上要加强国有企业尤其是大型央企的主导作用。同时，要加强国有企业社会责任履行的监督，真正发挥国有企业在区域发展中的正面作用。建立让大企业成为开发区建设主体的机制，至少可以考虑建立一种让具有开拓性的大企业独立规划、管理建设新的开发区的新的区域开发模式。让龙头大企业牵头，按照产业开发区的政策法规要求，根据其做大做强的发展目标，自主规划和开展整个开发区的建设，以更加直接和便利地推动企业的扩张和带动区域经济的发展。

（十）严格环境标准，构建有效的环境监管体系

人口、经济活动等的分布与各地区资源、环境、生态的承载能力相匹配是实现区域协调发展和生产力布局优化的基本要求。在严格执行总量控制的前提下，可根据地区差异细分各项污染物排放标准、排污收费标准等。加快引入排污权交易制度，利用市场机制更有效地控制污染排放。丰富区域环境政策工具，形成命令—控制型、经济激励型、鼓励引导型等多管齐下的政策手段。改革现有环境监管体制，建立全国垂直统一的环境监管体系，并在大区和基层设立分支机构，减少地方保护主义对环保执法的不利影响，减少地方政府短期行为对长远发展造成的不利影响。

（执笔人：侯永志　刘云中　孙志燕　何建武）

参考文献

［1］彼得·尼茨坎普：《区域和城市经济学手册》第一卷，经济科学出版社2001年版。

［2］陈栋生：《经济布局与区域经济》，中国社会科学出版社2013年版。

［3］段娟：《陈云对新中国区域规划工作的贡献》，载《中深入党史研究》2012年第2期。

［4］乔治·马丁内斯维斯奎泽等：《区域发展的公共政策》，经济科学出版社2013年

版，原书 Public Policy for regional development，2008。

[5] 世界银行：《重塑世界经济地理》，清华大学出版社 2009 年版。

[6] 孙久文：《"十二五"时期我国生产力布局优化的基本方向》，载《新疆财经》2012 年第 2 期。

[7] 中国科学院经济研究所生产力配置组编译：《苏联生产力配置与经济区划问题译文集》，三联出版社 1957 年版。

[8] Chengchao Bao，Zhao Chen，Jianfeng Wu，2012，Chinese Manufacturing on the Move-Factor Supply or Market Access，China Economic Review.

[9] Hesham M. Abdel-Rahman，2004，Theories of Systems of Cities，Handbook of Regional and Urban Economics，volume 4.

[10] Mori，T. K. Nishikimi and T. E. Smith（2003），"Some empirical regularities in spatial economies：a Relationship between industrial location and city size"，Discussion Paper No. 551，Institute of Economic Research，Kyoto University.

[11] Shiyi Chen，Gary H. Jefferson，Jun Zhang，Structural Change，Productivity Growth and Industrial Transformation in China，2011，Benson and Hartigan（1984），An Explanation of Intraindustry Trade in Identical Commodities，International Journal of Industrial Organisation，2：85 – 97.

[12] Sukkoo Kim，2004，Historical Perspectives on U. S. Economic Geography，Handbook of Regional and Urban Economics，volume 4.

上篇

市场经济条件优化
生产力布局研究

第一章

我国制造业空间布局的
新趋势及对策建议

　　制造业布局是否合理，不仅事关资源要素在整个国土空间范围内的配置效率，对缩小地区差距、促进区域协调发展也具有重要意义。目前，我国制造业的布局既存在一些长期积累问题，如不同地区之间制造业结构趋同，产业选择与本地区资源环境条件不相适应等，同时也出现了新的阶段性问题，亟须引起重视，如制造业区域极化现象加剧、制造业聚集地区的边际效益下降、高污染行业分散化布局趋势加剧、欠发达地区"专业化"水平虚高等。本章基于全国31个省（市、自治区）21个制造业部门在2001~2011年期间发展的总体状况，深入分析了我国制造业空间布局的新趋势，并在此基础上提出产业布局优化的政策建议。

第一节　制造业空间布局的新趋势及主要问题

一、制造业向东部集中的极化现象突出，不利于区域协调发展战略的落实

　　从我国制造业发展的总体区域布局来看，两极分化的趋势比较显

著。如图1－1所示，江苏、山东、广东省是我国三大制造业聚集的主要区域，该区域 2011 年的制造业总产值占全国的比重已达到 37.9%。其中，山东省是东部沿海地区制造业增长最为显著的地区，该省制造业占全国的比重比 2001 年提高近 3 个百分点。相比之下，西部地区依旧是制造业欠发达地区，2011 年西部 12 省市的制造业产值之和占全国的比重仅为 12.5%，与山东省制造业的总规模相当。中部地区（除山西省之外）是我国四大区域板块①中制造业增长速度最快的地区，2011 年该区域占全国制造业产值的比重已接近 1/5。东北地区作为我国老工业基地，其制造业占全国的比重持续下降。这种两极分化的制造业布局在产业循环累积效应的作用下，将进一步拉大区域之间的差距，不利于区域协调发展。

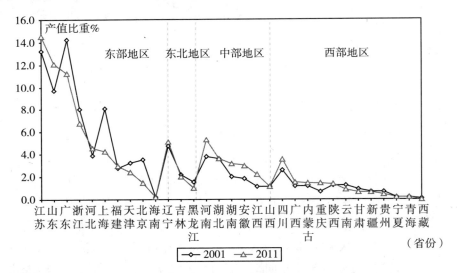

图 1－1　2001 年、2011 年，不同地区制造业总产值占全国的比重（%）

资料来源：根据历年《中国工业统计年鉴》计算，中国统计出版社。

二、东部地区部分行业的空间集中度过高，资本的边际效率明显下降

本章利用空间集中度（CRn②）指标测算了不同行业空间分布上的聚集水

① 四大区域板块指东部、东北、中部、西部。
② 总产值排名前 n 位的地区占全行业产值比重之和。

平。其中，化学纤维，通信设备、计算机及其他电子设备，仪器仪表及文化办公用机械等 3 个行业的空间集中度（CR_3）已达到 60% ~ 80%（2011 年），主要聚集在长三角和珠三角地区，首位地区的总产值占全国全行业的比重均超过30%。但在上述行业高度聚集的地区，资本对行业利润和就业的拉动效应已明显下降。以通信设备、计算机及其他电子设备制造业聚集的珠三角地区为例，其单位资本对行业利润的边际贡献在 2001 ~ 2011 年期间降幅达到 8% 左右，对就业的边际贡献更是微乎其微。但由于这些行业外向度较高，产品多数属于产业链中的中下游消费品，布局倾向于临近消费市场，向中西部地区转移的趋势并不明显。

三、部分资源型、高污染高耗能行业在空间上分散化布局的趋势有所加强，环境压力加大

从不同制造业部门空间布局的比较来看，产值集中度相对较低的行业主要集中在一些资源密集、资本密集的高污染高耗能部门，如有色金属冶炼及压延加工业、黑色金属冶炼及压延加工业、化学原料及化学制品制造业、石油加工、炼焦及核燃料加工业、造纸及纸制品业等，上述行业的 CR_3 基本上在30% 左右，低于中高技术行业的平均水平。同时，上述行业空间布局分散化的趋势在近 10 年期间进一步增强，并且是增量的分散布局，而非存量的区域转移。如有色金属冶炼及压延加工业，在 2001 ~ 2011 年期间，全国除北京市产值下降之外，其余地区的年均增长率均超过 10%，其中 26 个省（市、自治区）的年均增长速度超过了 20%。这种过于分散化布局不仅带来较大的环境治理压力，由于这些行业多是资本密集型的，还可能对其他制造业的发展产生"挤出效应"。

四、部分地区产业"相对专业化"程度较高，经济稳定发展基础薄弱

从我国不同地区的产业专业化水平来看，近期整体上并未出现实质性的变化（见图 1 - 2）。一方面制造业规模较大的广东、山东、江苏、浙江等地的专业化水平仍然较低，客观上与其多元化的产业结构有关，也间接反映了产业同构的现象依然突出。需要特别关注的问题是，部分中西部地区产业专业化水平

畸高，如青海省制造业总产值中，化学原料及化学制品制造业和有色金属冶炼及压延加工业所占比重已超过 60%，甘肃省 65% 的制造业产值集中在石油加工、炼焦及核燃料加工业、有色金属冶炼及压延加工业、黑色金属冶炼及压延加工业的产业。尽管专业化水平高，但产业总体规模较小，并且多是依托本地资源，以资源初加工产品为主，受本地自然条件或者经济周期影响较大，不仅不足以形成相应的产业集群优势，还会对区域经济的稳定性和发展的质量构成潜在的风险。

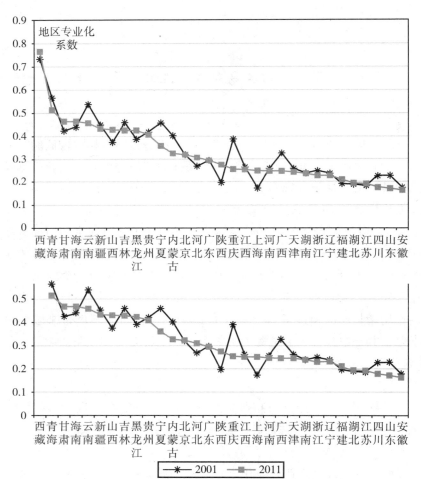

图 1-2　2001 年、2011 年地区专业化系数的比较

资料来源：根据历年《中国工业统计年鉴》计算，中国统计出版社。

第二节 上述问题形成的主要原因

我国制造业空间布局之所以存在上述问题，既与工业化、城镇化所处的发展阶段有关，也与区域发展政策、产业政策、生态环保等体制机制不完善有关。具体体现在以下五个方面：

一、基本公共服务的区域差距对制造业空间布局两极分化具有不可忽视的影响

目前，随着新一代信息技术的传播，以及资源环境压力的加大，无论是传统产业还是新兴产业，其制造技术、生产系统的组织模式都对人才、企业发展的基础环境提出了更高的要求。但由于我国中西部地区以教育、医疗、基础设施等公共服务与东部发达地区存在显著的区域差距，不仅制约人才、技术等高端生产要素向这些地区的集聚，也在一定程度上影响到本地区人力资本的积累和质量的提升，限制了该地区产业选择的有效范围。这是造成我国制造业空间布局两极分化，并长期得不到有效改变的重要原因之一。

二、中西部地区物流成本居高不下，影响该区域承接产业转移

由于我国制造业布局存在较为严重的极化现象，部分行业即使在资本获利下降的情况下仍向东部聚集。除上述人才、产业基础等因素之外，还有一个不可忽视的因素就是中西部地区的物流成本相对较高。2012 年，西部地区一级以上公路密度仅相当于全国平均水平的 31%，相当于长三角地区的 5% 左右。铁路网密度相当于全国平均水平的 25%，相当于长三角地区的 23% 左右。中部地区的交通基础设施相对好于西部地区，但一级以上公路密度也未达到东部地区的 40%。如果用单位货运量的制造业产值来估算各地区的物流成本，中西部地区物流成本至少是东部沿海地区的 3 ~ 4 倍。再加上中西部地区尚未形成布局合理、衔接顺畅、能力充分、高效便捷的综合交通运输体系，除交通基础设施之外的物流设施也相对落后。过高的物流成本势必制约其劳动力、土

地、资源等成本优势的发挥。这是影响产业由东部向中西部地区梯度转移的重要因素。

三、囿于行政区经济的限制，有效的产业分工合作体系难以在区域之间形成

我国欠发达地区之间的产业结构相似度极高，基本上都是以资源型的重化工业为主。这种产业布局与我国区域经济长期以行政区划为基础单元密切相关，各地过于强调本行政界限内的短期利益，再加上考核机制和财税体制的不完善，严重阻碍了各地区之间根据各自的资源禀赋和比较优势进行有效分工协作，导致各地区的产业发展"一哄而上"，同一产业重复建设，盲目扩张，不仅造成资源要素在整个国土空间范围内的效率损失，还造成行业平均利润率急剧下降，挤压行业技术创新和新产品研发的投入，使整个行业陷入低端锁定，过早进入衰退期。

四、资源环境监管制度不完善，生产负外部性成本未得到充分的补偿

目前，我国资源环境监管制度尚不完善，包括环境质量标准、环境准入标准、环境补偿标准，以及能源、水资源、土地资源的开发利用都缺乏严格统一的规范，造成资源破坏和环境污染的治理成本难以充分体现在行业的生产成本之中。并且，由于跨区域之间环境补偿的机制尚未建立，多数地方政府存在"搭便车"的心理，这不仅造成我国部分高污染高耗能行业在整个国土空间范围内布局的分散，也制约产业的转型升级和发展方式的转变。

五、产业政策缺乏空间指向性，区域政策过于宏观

我国现行的产业政策是以行业指向的产业结构政策和产业组织政策为重点，并不具备产业发展的空间调控功能。区域政策相对更为宏观和综合，但由于其实施的空间范围较广，基本上是以省级行政区划或者四大区域板块为单元，难以细化到具体地区的产业层面。因此，二者在产业调控领域出现了"真空"，由此造成两方面的问题：一是产业政策难以对区域空间开发秩序进

行系统和有效的宏观调控，对于国家鼓励的产业各地均在"加快发展"，产业重构的问题也就随之不断加剧；二是应对产能过剩、产业雷同，产业政策又不得不对所有地区采取"一刀切"的调控措施，难以实现因地制宜和分类管理。这是造成我国产业布局不合理，难以形成合理的跨区域产业分工合作体系的重要政策因素。

第三节　加快制造业布局优化调整的政策建议

我国制造业空间布局中存在的上述问题，已形成一定的区域风险，对我国的生态环境、经济社会的可持续健康发展都产生了不可忽视的影响。因此，亟须完善相关的体制机制，推动制造业布局的合理优化。具体建议如下：

一、尽快调整区域性支持政策的重点，推动欠发达地区潜在优势的转换

新一代信息技术、现代制造技术快速发展，进一步弱化了地理区位差异对区域经济发展的影响，同时为各类生产要素释放潜在创造力，形成新的比较优势创造了更大机遇。在此背景下，政府应及时调整针对欠发达地区的政策重点，不能再仅仅依靠降低土地资源价格、税收减免、企业激励等政策工具，要着力构建包括以下三方面内容的政策体系：（1）加强欠发达地区先进基础设施的建设，重点是高速交通网络和信息通信网络的建设，使其尽快融入全球商品、信息传输、生产配送体系之中；（2）加强教育、就业培训等方面的政策支持，提高劳动力技能，为适应新技术变革和新兴产业的发展做好劳动力资源的储备；（3）加大环境、文化、住房、优质医疗教育资源的投入，改善欠发达地区生活质量，为培养和吸引人才创造良好的环境。这样既可以切实有效地提高中西部地区承接产业转移的基础能力，也可缓解东部沿海地区过度拥挤而造成的效率损失，促进其产业转型升级。

二、加强中长期战略规划的统筹和约束作用，为全国制造业布局的优化提供制度保障

优化产业布局的目标是要解决我国各地区产业同构、各自为战的突出问题，这就需要以国家中长期战略规划为依据，至少要在省级（自治区、直辖市）层面做好产业布局的顶层设计，按照统一规划、利益共享的原则，有效整合不同地区的资源优势，强调区域之间产业发展的专业性和互补性，而不是单纯地鼓励某个地区或某个产业的发展。中央和省级政府还要加强各层级和各类别规划的统筹协调，不要形成土地利用规划、城镇建设规划、产业规划等多个规划分立的情况。同时要强化战略规划的法律效力，尤其是国土空间规划的刚性约束作用，一切用地以规划为蓝本，不能随意突破规划，也不能利用政府权力随意修改规划，以此控制地方政府盲目推动或鼓励不适宜本地区发展的新技术、新产业，有效避免不同地区大量企业和资本涌入相同行业。

三、尽快实施从严从紧的行业规制标准，改变区域之间"低水平低层次"竞争格局

在优化产业布局的过程中，需要从国家整体利益出发，引导部分地区退出部分产业。在此过程中可借鉴国际经验，分阶段逐步提高环保、技术、质量、安全、职业工资等各类标准等级，进一步规范部门标准，建立全国统一的监管和执法体系。但需强调的是，政府既不能替代市场直接发挥筛选作用，也不应通过具有歧视性的规制标准实现调控的政策目标，要充分吸取经验教训，避免按照企业规模、所有制等作为先提条件而设定的行业监管标准。否则这些标准将有可能演变成为企业盲目扩大产能的诱因，引发更大范围更大规模的产能过剩。

四、利用现代信息技术构建产业动态预警平台，有效引导社会投资

由于我国制造业企业多数处在全球价值链的低端，对行业前沿技术的把握以及市场风险的防御能力都相对有限。因此，在投资取向上往往会对那些技术相对成熟、已有一定规模市场需求的行业形成"市场共识"，造成不同地区在

产业选择上的趋同。这就需要政府在全国层面提供宏观引导，为市场及时提供准确的行业信息服务。可借助现代信息编码技术，依托行业协会组织，建立不同行业发展的预警信息平台，及时准确地向社会发布行业企业总数目、市场供需情况、产能利用率及投资、平均利润等信息。这样既有利于克服市场信息不对称或不同地区之间协调困难而导致的重复投资，也可以为政府产业调控政策提供更加科学的决策依据。

五、加快构建跨行政区之间的产业合作机制，促进区域之间形成以产业链分工为基础的协同发展

优化产业布局，旨在发挥我国东西部地区的比较优势，提高资源要素在整个国土空间范围内的配置效率。这就需要跳出传统上以行政区为基本单元的经济发展模式，突破行政区划限制，从大区域、大产业的角度，整合优化资源配置，调整产业空间布局，在不同区域之间形成以产业链分工为基础的产业协调发展体系，实现比较优势互补，促进地区之间产业联动发展。为此，需着重加强两方面的体制创新：一是创新区域合作的体制机制，可首先选择条件较好的地区，合作建立跨行政区的产业园区，鼓励其在合作方式、政策协调、税收分成、土地指标、统计指标和节能减排指标分享分担上积极探索，为进一步引导和推动东中西部地区在更广范围、更高层次上开展交流与合作奠定基础。二是加快构建跨区域的资源收益共享机制，确保资源收益分配的公平性，这是实现产业布局优化的前提。重点是理顺资源输出地和资源输入地间的上下游价格关系，在地方政府间构建公平合理的税基共享机制，平衡地区差异，逐步解决"税收税源背离"的问题。

（执笔人：孙志燕）

参考文献

［1］郭朝先：《经济发展方式转变——产业升级与空间布局》，社会科学文献出版社2012 年版，第 199～204 页。

［2］盛斌，王岚：《新经济地理、产业布局与国际分工：一个文献综述》，载《东南大学学报（哲学社会科学版）》2011 年第 13 卷第 6 期，第 30～34 页。

第二章

产业政策与生产力布局

目前，区域差距显著、产业同构、生产生活生态布局不协调等依然是我国生产力布局中的突出矛盾和问题。这些问题的形成既与我国工业化发展阶段有关，也与相关的政策不完善有关。本专题主要从产业政策的角度，探讨了产业政策对生产力布局的影响，以及如何完善产业政策实现生产力布局的优化。

第一节 产业政策对我国生产力布局
影响的历史回顾和评价

我国生产力布局是在计划经济体制下，区域经济相对封闭的发展状况下逐渐形成的。从产业政策的导向上来看，基本上可以划分为三个阶段（见表 2-1）：

表 2 - 1　　　　　　　　　　　我国产业布局政策的历史演变

时期	产业布局原则	产业布局政策的内容
"一五"	区域平衡、国防备战	在全国各地区适当分布工业的生产力，使工业接近原料、燃料的产区和消费地区，并适合于巩固国防条件，来逐步地改变这种不合理的状态，提高落后地区的经济水平
"二五"	区域平衡、适当分散	根据资源情况和合理分布生产力的原则，在内地继续建立和积极准备建立新的工业基地，使全国各地区经济逐步走向平衡发展。但是在内地进行大规模工业建设的同时，还必须积极地、充分地利用并且适当地发展近海各地原有的工业，支援内地的建设
"三五"	区域平衡、备战、备荒、为人民	一、二、三线的战略布局，以发展内地工业为主，兼顾发展沿海工业。重点是钢铁、航空、兵器、电子光学等基础性工业的布局
"七五"	专业化协作和经济合理	东部地区，要着力采用新工艺、新技术改造传统产业，开发新兴产业，发展知识技术密集型产业和新型的高档消费品工业。中部地区，重点开发电力、煤炭、石油、铁矿、有色金属、磷矿、建筑材料等资源，同时在有条件的地方重点开发知识技术密集型产业和新兴产业。西部地区，主要大力抓好农林牧业、交通运输业的发展，积极开发本地资源，并发展一些加工工业，以及民族特需用品工业
"九五"	统筹规划、因地制宜、发挥优势、分工合作、协调发展的原则	东部地区要大力发展外向型经济，靠高新技术、集约经营，重点发展资源消耗少、附加价值高、技术含量高的产业和产品，同时建立比较发达的农业。中西部地区，要加强水利、交通、通信建设，充分利用现有的经济技术基础，发挥资源优势，大力发展农林牧业及其加工业，开发能源和矿产资源，积极发展优势产业和产品，提高加工深度，使资源优势逐步变为经济优势。有步骤地引导东部某些资源初级加工和劳动密集型产业转移到中西部地区

时期	产业布局原则	产业布局政策的内容
"十五"	按照专业化分工协作和规模经济原则合理调整生产力布局，促进地区经济协调发展	东部沿海地区继续发挥在全国经济发展中的带动作用，加快产业结构优化升级，发展高新技术产业，进一步发展外向型经济，着力提高国际竞争力。积极开拓国内市场，大力推进多种形式的地区经济技术合作，实现优势互补，支持中西部地区发展。中部地区大力发展农业产业化经营，建设区域化、专业化、规模化的农产品商品生产及加工基地。加大用高新技术和先进适用技术改造传统产业的力度，逐步形成各具特色的有竞争力的产业。西部地区加强农业，发展特色产业，推进优势资源的合理开发和深度加工，加快培育旅游业，努力形成经济优势
"十一五"	按照优化开发、重点开发、限制开发和禁止开发的不同要求，逐步形成各具特色的区域发展格局	西部地区充分发挥资源优势，大力发展特色产业。东北地区发展现代农业，着力振兴装备制造业，促进资源枯竭型城市经济转型。中部地区要抓好粮食主产区建设，发展有比较优势的能源和制造业，加强基础设施建设，加快建立现代市场体系。东部地区提高自主创新能力，加快实现结构优化升级和增长方式转变，提高外向型经济水平，增强国际竞争力和可持续发展能力
"十二五"	按照主体功能定位推进发展	引导农产品加工业在产区布局。按照全国经济合理布局的要求，规范开发秩序，控制开发强度，形成高效、协调、可持续的国土空间开发格局。按照统筹规划、合理布局、完善功能、以大带小的原则，遵循城市发展客观规律，以大城市为依托，以中小城市为重点，逐步形成辐射作用大的城市群，促进大中小城市和小城镇协调发展。科学规划城市群内各城市功能定位和产业布局。强化中小城市的产业功能
党的十八届三中全会		促进重大经济结构协调和生产力布局优化，减缓经济周期波动影响，防范区域性、系统性风险，稳定市场预期，实现经济持续健康发展

资料来源：根据历次国民经济和社会发展五年规划（计划）相关资料整理。

第一个阶段（1952～1978 年之前），该阶段主要强调生产力平衡分散布局。在此阶段，我国实行计划经济体制，产业政策对各种资源要素在空间的配置起着主导作用。当时，重工业、轻工业都集中在沿海地区，经济处于极不平衡的状态。为此，从经济平衡和国防备战的角度，提出工业生产力布局应接近原料、燃料的产区和消费地区，并适合于巩固国防的条件。这一阶段的产业政策，从地域来说，几乎覆盖了全国各个地区，涵盖了全部行业。客观上改变了我国工业集中在沿海地区不合理的畸形布局，对于改善我国国民经济布局、推进中西部落后地区的经济社会发展也发挥了一定作用，但在某种程度上也造成了资源配置效率的损失。

第二个阶段是改革开放之后至"十五"时期。我国在 20 世纪 80 年代中后期提出"沿海地区发展战略"，即利用沿海地区的区位优势和发展基础，通过营造特殊的政策环境吸引国内外优质生产要素向沿海地区聚集，促进沿海地区率先发展，以沿海地区的发展带动内陆地区的发展。在此背景下，产业布局政策也由以往的"平衡布局"，逐步转向强调地区间的"专业分工和规模效率"。这一阶段的产业政策有效地促进了东部沿海地区的产业发展，但同时也进一步加剧了工业布局的不平衡，助推了地区差距的扩大。

第三个阶段是"十一五"规划之后，可称为协调发展阶段。这一阶段进一步强化了区域协调发展的总体战略，提出要在继续推进西部大开发，振兴东北地区等老工业基地的基础上，促进中部地区崛起，逐步形成合理的区域发展格局。并提出要根据资源环境承载能力和发展潜力，按照优化开发、重点开发、限制开发和禁止开发的不同要求，明确不同区域的功能定位，制定相应的政策和评价指标，引导和扶持特色产业，逐步形成各具特色的区域发展格局。

第二节　现行产业政策对生产力布局的影响分析

一、产业政策与区域政策缺乏国家层面的统筹协调，难以形成合理的区域分工合作体系

我国现行的产业政策是以行业指向的产业结构政策和产业组织政策为重点，并不具备产业发展的空间调控功能。区域政策相对更为宏观和综合，但由于其实施的空间范围较广，基本上是以省级行政区划或者四大区域板块为单元，难以细化到具体地区的产业层面。因此，二者在产业调控领域出现了"真空"，由此造成两方面的问题：一是产业政策难以对区域空间开发秩序进行系统和有效的宏观调控，对于国家鼓励的产业各地均在"加快发展"，产业重构的问题也就随之不断加剧；二是应对产能过剩、产业雷同，产业政策又不得不对所有地区采取"一刀切"的调控措施，难以实现因地制宜和分类管理。这是造成我国产业布局不合理，难以形成合理的跨区域产业分工合作体系的重要政策因素。

二、以产业结构政策为重点的产业政策易误导地区产业选择，造成产业结构趋同的现象日趋严重

产业结构政策一直是我国产业政策的重点，其所涉及的行业领域不断被拓展。各部门、各地区以基础产业、支柱产业、先导产业、新兴产业等不同名目出台的产业发展规划、产业发展指导意见，几乎涵盖了国民经济中全部大类行业，并在各地已形成了这样一种预期：国家鼓励发展的产业都是有发展前途的产业，且可以享受到许多优惠政策，投资于这些产业是有利可图的，所以要加快速度抢上项目，竞相发展，唯恐落后。再加上产业组织政策的调控，规模不断被扩大。因此，在实践中，国家产业政策往往承担了地区产业结构趋同的"指示器"，必然造成地区产业结构趋同。

三、行业规制标准不完善，产业政策的实施主要依靠行政干预，也是影响我国生产力布局的重要因素

产业政策实质上是政府在市场不能有效或高效率地实现资源配置，或者有显著负外部性的情况下，通过相关行业规制对部分领域和环节进行引导和干预。但我国在行业技术标准、环境标准、安全标准等方面相对滞后，产业政策的实施更多的是依靠行政命令，如近年来实施的产业结构调整、淘汰落后产能、企业的兼并重组等，主要依靠中央政府和有关行业管理部门发《通知》、《意见》，即使一些地方主导产业的选择、技术发展方向以及产业规模也往往是由政府确定的，市场机制配置资源的基础性作用不仅得不到充分发挥，还演变成为企业盲目扩大产能的诱因，并由此导致出现更大范围、更大规模的产能过剩。

第三节　完善产业政策，促进生产力布局优化应把握的关键环节

目前，关于生产力布局和产业政策的调整存在一些分歧，如在优化产业布局的过程中政府的角色定位，产业政策对生产力布局的影响等。由于认识上的不一致，往往在生产力布局优化过程中会出现一些偏差，影响政策效果。从我国现实国情来看，在完善产业政策，促进生产力布局优化的过程中应重点把握以下关键环节：

一、在重视发挥市场决定性作用的同时，也要加强政府的宏观监管

正如党的十八届三中全会《中共中央关于全面深化改革若干重大问题的决定》所指出的"市场在资源配置中起决定性作用"，这是生产力布局优化应坚持的基本原则，但其前提是要遵守一定的市场竞争规则。此外，由于信息不对称，不同产业的经济技术特性以及各类地区的综合条件存在显著的差异性，市场机制也不可避免地会存在失灵之处。因此，在重视发挥市场配置资源的决定性作用的同时，非常有必要强化政府的宏观监管，尤其是关系国家经济安全的战略性基础性产业的空间布局，要进行科学引导和合理调整，尽可能实现空间经济的效率目标和公平目标的统一。在生产力布局的优化过程中，政府与市场的关系是相互促进、相互补充。产业政策的重点应转向完善市场竞争机制、为行业企业的发展提供必要的公共服务，如行业信息统计、共性技术研发平台、环境监管、安全监管等方面。

二、注重主动提升效率的同时更要关注公平

从区域经济发展的一般规律来看，各种资源要素在客观上具有空间集聚的特性，尤其是在经济发展的初级阶段，经济活动在空间上的积聚更为显著。这往往导致生产力在空间上的布局过于追求效率，忽视公平，可能导致区域发展

差距的扩大、资源环境的恶化、积聚的拥挤效应等一系列问题。因此，在优化生产力布局的过程中，要在不违背市场竞争机制的前提下，通过完善产业创新政策、改进基础设施条件等政策措施，促进区际公平，尤其是在非生产性的项目布局，如基本公共服务设施、交通设施等，更要兼顾区域之间的公平。

三、要更加注重区域之间的专业化分工与竞争合作

目前，产业同构、区域分割、优势资源分散难以形成竞争合力，区域之间的恶性竞争已成为影响我国经济稳定发展的重要制约因素。因此，在优化调整生产力布局的过程中，要妥善处理好专业分工与区域之间竞争合作的关系，充分考虑各地区自身资源、基础设施、技术等区位条件，将产业规划与本地区的经济社会发展规划、主体功能区的定位相结合，发展具有相对优势的产业，形成合理的区域分工。但也要打破行政区域的分割，加强跨区域合作，这是有效提升资源配置效率的必然要求，也是形成优势互补，发挥产业集群效应的内在需求，同时也有利于生态环境保护，促进产业的可持续发展能力的形成。

第四节　政策建议

一、加强中长期战略规划的统筹和约束作用，为全国生产力布局的优化提供制度保障

产业布局优化的关键是要解决我国各地区产业同构、各自为战的突出问题，这就需要以国家中长期战略规划为依据，至少要在省级（自治区、直辖市）层面做好产业布局的顶层设计，按照统一规划、利益共享的原则，有效整合不同地区的资源优势，强调区域之间产业发展的专业性和互补性，而不是单纯地鼓励某个地区或某个产业的发展。中央和省级政府还要加强各层级和各类别规划的统筹协调，不要形成土地利用规划、城镇建设规划、产业规划等多个规划分立的情况。同时要强化战略规划的法律效力，尤其是国土空间规划的刚性约束作用，一切用地以规划为蓝本，不能随意突破规划，也不能利用政府权力随意修改规划，以此控制地方政府盲目推动或鼓励不适宜本地区发展的新

技术、新产业，有效避免不同地区大量企业和资本涌入相同行业。

二、尽快实施从严从紧的行业规制标准，改变区域之间"低水平低层次"的竞争格局

在优化产业布局的过程中，需要从国家整体利益出发，引导部分地区退出部分产业。在此过程中可借鉴国际经验，分阶段逐步提高环保、技术、质量、安全、职业工资等各类标准等级，并建立严格的监管和执法体系。在此基础上，以企业是否履行标准，建立更为严格的行业准入和退出制度。但需要强调的是，政府既不能替代市场直接发挥市场筛选作用，也不应通过具有歧视性的规制标准实现调控的政策目标，要充分吸取经验教训，避免按照企业规模、所有制、行业类型等作为前提条件而设定的行业监管标准。否则这些标准将有可能演变成为企业盲目扩大产能的诱因，并由此导致出现更大范围、更大规模的产能过剩。

三、利用现代信息技术构建产业动态预警平台，有效引导社会投资

由于我国制造业企业多数处在全球价值链的低端，对行业前沿技术的把握以及市场风险的防御能力都相对有限。因此，在投资取向上往往会对那些技术相对成熟、已有一定规模市场需求的行业形成"市场共识"，造成一些中低技术行业不约而同地成为我国多个地区的主导产业，而且越是市场充分竞争的行业，此现象就越严重。这就需要政府在全国层面提供宏观引导，为市场及时提供准确的行业信息服务。可借助现代信息编码技术，依托行业协会组织，建立不同行业发展的预警信息平台，及时准确地向社会发布行业企业总数目、市场供需情况、产能利用率及投资、平均利润等信息。这样既有利于克服市场信息不对称或不同地区之间协调困难而导致的重复投资，也可以为政府产业调控政策提供更加科学的决策依据。

四、加快构建跨行政区之间的产业合作机制，促进区域之间产业联动发展

产业布局优化的目标是要发挥我国东西部地区的比较优势，提高资源要素在整个国土空间范围内的配置效率。这就需要跳出传统行政区经济的发展模式，突破行政区划限制，从大区域、大产业的角度，整合优化资源配置，调整产业空间布局，推动区域合理分工，实现比较优势互补，促进地区之间产业联动式发展。为此，需要着重加强两方面的体制机制创新：一是创新区域合作的体制机制，可首先选择条件较好的地区，合作建立跨行政区的产业园区，鼓励其在合作方式、政策协调、税收分成、土地指标、统计指标和节能减排指标分享分担上积极探索，为进一步推动东中西部地区在更广范围、更高层次上开展交流与合作奠定基础。二是加快构建跨区域的资源收益共享机制，确保资源收益分配的公平性，这是实现产业布局优化的前提。重点是理顺资源输出地和资源输入地间的上下游价格关系，按照税收和税源相一致的原则，构建地方政府间的税收协调机制，促进地区间税收合理分配和区域协调发展，逐步解决"背离"问题。

（执笔人：孙志燕）

第三章

金融干预与生产力布局：
理论框架与实证检验

生产力布局是指生产要素及其组合在一定空间范围内的分布和安排。作为生产要素中的一部分，金融要素在区域、部门的分布情况本身是生产力布局的内容之一，它同时也与其他要素的配置形成多向反馈，从而影响整体生产力布局。生产力布局是多层次的，对金融与生产力布局的研究可以有多种维度。"城镇化"是生产力布局在城镇级别的载体，本章以我国的地级和以上级别的城镇为研究对象，从理论和实证两个层面研究地方政府的金融干预与生产力布局的关系，并以地方政府性债务管理为重点提出相关的政策建议。

第一节 问题的提出

在经历30多年大规模城乡人口迁移后，我国城镇化水平仍然滞后于经济发展水平。动态来看，我国城镇化率在2001~2011年年均提高1.33个百分点，在世界各国（地区）类似发展阶段上（人均

GDP 超过 8825 国际元①前的 10 年），仅低于韩国在对应阶段 1991～2001 年间的速度（1.64 个百分点）。然而，在经济发展水平和城镇化的关系上，全球只有葡萄牙、泰国和斯洛文尼亚在相近发展阶段的城镇化率低于中国（见图 3 - 1），52 个经济体在达到中国当前经济发展水平时的城镇化率均值在 70% 左右，高出中国近 20 个百分点。

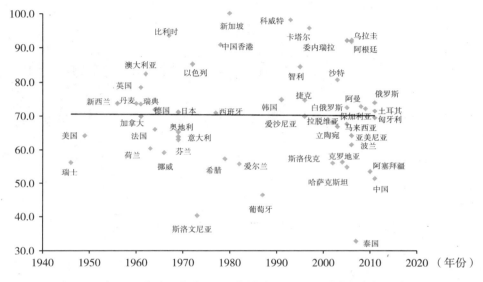

图 3 - 1　各国（地区）人均 GDP 达到 8825 国际元时的年份与城镇化率

资料来源：Maddison 世界经济史数据库、世界银行 WDI 数据库、联合国 *World Urbanization Prospects*：*The* 2011 *Revision*、美国 Cencus Bureau 网站以及笔者估算。

　　中国城镇化滞后于经济发展意味着生产力布局的不匹配。城镇化是各种要素在空间上聚集的过程，不同比重的要素在空间上的组合塑造了不同的城市化形态。我们通常所说的城市化水平反映的是人口的聚集程度，城市化过程还包括资金、土地资本②的聚集。城市化滞后于经济发展的实质是，在城市经济的要素组合中，人口的聚集速度要慢于资金和土地等其他要素。城市化滞后于经济发展的格局背后是怎样的一种体制逻辑？这一格局存在什么样的问题和风

---

　　①　为了进行人均 GDP 水平的跨国比较，需要用购买力平价法把各国货币都转换成一种公共货币单位。本报告使用基于多边国家比较的"G - K 国际元"（简称国际元）。

　　②　土地是不可移动的，但土地的用途是可以转化的。当土地从农业部门转向城镇领域，并作为经济发展的一种资本时，土地资本实现了在空间上的聚集。如无特别说明，本章用"土地"指代"土地资本"。

险？所形成的经济增长模式是否可持续？这些正是本章试图回答的问题。

本章第二节搭建了一个理论框架，分析了金融干预与城镇化速度和质量之间的关系；第三节对金融干预与城镇化速度和质量之间的关系进行了实证分析；第四节是结论和政策建议。

第二节　金融干预与城镇化：一个理论框架

已有不少研究注意到了中国城镇化滞后于经济发展的现象。大量研究基于城乡人口迁移的"推拉理论"，指出城乡分割的劳动力市场、户口制度等是阻碍农村人口迁移到城市的体制性原因。还有一些研究从"就业弹性"的视角进行了研究，发现中国就业弹性远低于同期的发展中国家（简新华、余江，2007）。由于服务业创造就业的能力比工业特别是重工业更强，一国的就业弹性和其城市化过程中的产业结构密切相关。王美艳（2012）的研究发现，中国第二产业就业比例要高于与中国城市化水平相当国家的平均水平。陈斌开、林毅夫（2013）和陆铭（2013）也都指出，资本密集型产业比重过高是降低中国经济就业弹性、延缓城市化进程的直接原因，并进一步将这一现象归结为政府的干预，不同的是，前者用政府"重工业优先发展战略"来解释政府的行为，后者用地区竞争和税收最大化来分析地方政府的动机。

不同于已有研究，本章将分析金融资源配置的扭曲对我国城市化速度和质量的影响。重工业优先发展战略应该由一整套政策体系支撑，陈斌开、林毅夫（2013）并没有展开分析这一战略与产业结构之间具体的制度联系。陆铭（2013）具体分析了地方财税制度对城市产业结构的影响，但值得注意的是，地方财政支出仅仅是城市化融资的一部分，金融体系在近年的城市化中扮演着越来越重要的角色——不仅地方政府融资平台成为支持基础设施和基础产业建设的主体，即使是地方政府的财政支出，也有很大一部分与土地以金融市场为载体实现未来收益的变现有关。可以观察到，在城市化滞后于经济发展水平的同时，中国经济发展的货币化程度却加速提高，M_2 与 GDP 的比例已远超美国。我们由此提出了一种设想，金融干预、产业结构与城市化之间是否存在着某种联系。为此，本节将建立一个分析框架，提出"金融干预导致的低质量资本密集型产业结构，影响了城市化的速度和质量"的理论假说，并在第四节以地级和以上级别城市为样本对相关假说进行了验证。

一、政府以金融干预的手段优化生产力布局是有条件的

城乡要素转移所形成的高储蓄率和投资需求，推动了中国的金融扩张。中国快速城市化发生在人口红利和劳动力转移相叠加的时期，大量农村青壮年劳动力进入非农产业部门获得了数倍于务农收入的工资，而城乡分割的社会制度导致农村转移人口的消费倾向不能同步提高，这使居民储蓄率保持在高位；同时，近乎无限供给的剩余劳动力抑制了工资随劳动生产率提高而上涨的趋势，支持了企业和政府的高储蓄率。如果说高储蓄率是支撑金融扩张的基础，那么城市化进程中的高投资需求则使金融扩张成为现实。在城市化推进过程中，劳动力、土地等要素的稀缺性提高，要素成本上升，传统产业的利润下降，城市需要谋求产业转型升级以避免衰败。这种城市产业转型，既需要企业为更高利润的新兴产业而投资，也需要政府为此投资于更高质量的基础设施。在居民部门方面，住房投资需求因人口流动的频繁（包括城乡流动和城城流动）而高涨，而由此带动的土地价值上涨（及预期）也使得以土地未来收益折现为实质的土地融资需求得以释放。另外，由于人口红利阶段生产者超过消费者，经济增长呈现出"过剩型"特征（彭文生，2013），通胀的中长期水平较为温和，降低了央行货币政策的压力，这也为中国金融扩张提供了较为宽松的货币政策环境。

金融是城市经济转型发展重要的资源配置机制。一个城市的产业结构取决于由稀缺性决定的生产要素相对价格。随着经济的发展，困扰发展中国家的资本要素的稀缺性将得以缓解，企业家会更多地选择资本更密集的产业，以资本替代劳动力，实现"劳动力密集型—资本密集型—技术密集型"产业结构的跨越。在这一过程中，政府的无为而治并不能导向产业变迁的最优路径。政府支出具有提高私人资本边际产出的性质（经济增长课题组，2010），政府根据城市比较优势的变化采用一些扶助性的产业政策，以公共投资解决基础设施、共用技术等"瓶颈"，成为许多发达国家老工业城市成功转型的保障。承担着将储蓄转化为资本的金融体系，是产业结构从劳动力密集型转向资本密集型进而技术密集型的关键，而城市产业转型离不开以政府信用增进为特征的金融扩张。翻开美国的城市发展史，我们发现，在铁路、汽车等技术创新的推动下，美国政府以发展市政债券市场的方式支持基础设施的大跃进，虽然期间也经历

了三次系统性的地方债务危机，但由于社会资本充分参与了其中的试错过程，金融扩张成功地加速了美国城市化的进程，金融体系所支持的铁路、公路等基础设施的建成，推动了美国国内市场边界的拓展，促进了东部制造业、西部资源产业和南部农业之间的分工。

政府以干预金融的手段成功推动城市化进程是有条件的。一种条件是先发国家出现重大技术创新。在上述美国的案例中，由于重大技术创新的出现，使得生产可能性边界短时间内得到较大拓展，投资方向较为明确，政府信用支持的金融干预失败的可能性较小。另一种条件则是后发国家处于追赶阶段。由于面对明确的技术前沿，后发国家在追赶阶段可以省却技术试错的过程，以政府主导的基础设施和基础产业投融资出现投资失误的概率较低。然而，如果以上两个条件都不成立，政府的金融干预有可能扭曲资金要素的价格，使城市资本积累偏离最优路径，导致过度资本深化的现象，出现低质量的资本密集型产业，延缓城市化的进程。

二、金融干预有可能导致生产力布局的扭曲，形成低质量的资本密集型产业结构

如上文所述，资本替代劳动力的城市产业结构变迁有其必然性，政府在这一过程中的适当干预也有弥补市场失灵的作用。从结果上看，中国的金融体系正在推动城市产业转向资本密集型，但是如果政府在其中没有适时地转变角色，有可能使金融体系的偏好和企业的决策动机发生偏差，从而扭曲金融资源的配置，在金融过快扩张的过程中，出现融资过度和融资不足并存的局面，形成低质量的资本密集型产业结构，阻碍城市产业的转型。下文从地方政府、金融机构和企业这三个主体的行为动机出发，分析金融干预对城镇化的作用机理。

图 3-2　金融干预对城镇化的作用机理

地方政府对金融的干预。很多研究用财政支出的视角分析中国地方政府对

区域产业结构的影响（陆铭，2013）。但依靠当期财政收入干预区域产业发展的力度毕竟有限，对本区域内各类金融机构的资金运用进行直接或间接的行政干预（张憬、沈坤荣，2008）成为中国地方政府的常规举措。对金融的行政干预，不仅能够放大地方政府财政支出的杠杆效应，更为微妙的是，在当前地方政府负债软约束和官员有限任期的制度下，当期地方政府的决策者不需要承担未来金融风险的责任。地方政府干预金融的方式大致有以下三种。一是战略合作。地方部级官员对金融机构最高为副部级的高管仍有很大的影响力。地方政府与金融机构总部签署的战略合作协议，是这种影响力的表现之一。2008 ~ 2013 年 7 月，仅省级政府或部委就与金融机构总部签署了 121 份战略合作协议①，这些协议的融资对象多为资本密集型的大企业、大项目。二是土地融资。政府对土地使用权的配置在很大程度上决定了金融资源的流向，出现"得土地使用权者得融资"的现象。由于在较低的融资成本和不断上涨的地价之间有较大的收益，地方政府有扩大这种"利差"的动机（经济增长课题组，2011）。三是政府信用担保。不仅对于国有企业，对于那些在当地有很大影响力的大型民营企业，地方政府也常为企业融资还款提供担保，并在企业资金链出问题时施予援手。这为大企业融资时提供了隐性的信用担保。图 3 - 3 是2011 年地级以上城市非科教财政支出和贷款这两个变量之间的关系图。可以看出，非科教财政支出在地级以上城市占比越高者，其贷款占比也越高。

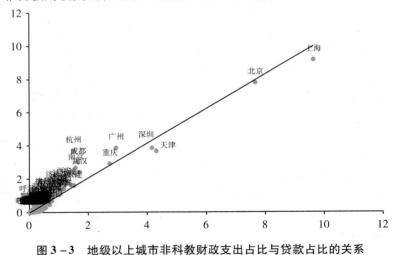

图 3 - 3 　地级以上城市非科教财政支出占比与贷款占比的关系

---

① 　资料来源于笔者对"中国政府网"发布新闻的统计。

金融体系的偏好。开端于 21 世纪初的商业化改革改变了金融体系的行为偏好，尤其是股权多元化和上市加强了市场对金融机构行为的约束，金融机构确立了利润最大化的目标，提高了对风险的厌恶程度，更加注重使用风险缓释工具（如抵质押）。然而，在政府管制和干预仍然存在的情况下，金融体系的商业化发生了如下异化。一是利率管制下的规模偏好。中国长期存在利率管制，金融机构在较高的利差收入下有很强的规模扩张冲动。而融资规模效应的存在，使得金融机构在融资对象的选择上更偏向于资本密集型企业或项目。二是政府信用补贴下的风险偏好。在追逐高利润的同时，金融机构还注重当期的低风险。这虽有悖于风险—收益匹配理论，但政府信用的介入扭曲了风险定价，使其成为可能。对中央政府产业政策支持的领域以及地方政府直接控股或间接支持的项目，由于政府显性或隐性担保的存在，金融机构对其提供融资将面临更低的财务风险和政治风险。这些项目往往都处于能在短期撬动投资的资本密集型产业。三是抵押品的顺周期偏好。金融机构更加注重抵押品在风险缓释中的作用，而资产价格的顺周期性，放大了金融体系在经济上升阶段的货币信用扩张的意愿。在城市化过程中，金融体系更愿意将资源配置到拥有更多土地资源的资本密集型项目中。值得一提的是，中国的金融结构仍以银行主导的间接融资为主，受政府干预较少的直接融资市场比重仍然较小，这也是金融资源向资本密集型领域集中的重要背景之一。

企业的决策动机。在人口红利逐渐消散的情况下，地方政府的干预和金融体系的偏好变动进一步扭曲了资本的价格，使得劳动力相对资本的价格上升得更高，促使更多企业产生用资本替代劳动力的倾向。随着要素成本的上升，实体经济的利润率下降，传统行业需要寻找能产生更高利润率的领域，进一步强化了企业借助金融杠杆投资新兴产业的意愿。城市化过程中土地、房屋等资产价格的上升，推高了企业的资产净值，提高了其抵押融资品的价值，将企业的这种意愿转化为融资能力。最后，中国产业政策具有强烈的"扶大限小"的倾向，进一步推动有融资能力的企业进入资本密集型领域。中国的产业政策往往以"充分利用规模经济，打造具有国际竞争力的大型企业集团；提高市场集中度，避免过度竞争"为理由（李平等，2013），制定有利于大型企业发展的行业发展规划、准入条件、项目审批或核准条件、生产经营规范条件等。成为优惠政策扶持的对象（获得廉价土地、财政补贴、能源价格优惠等）、避免被政策限制甚至强行淘汰的动机，强化了企业规模扩张的倾向，促使其在产业政策、区域政策提出的基础产业和新兴产业框架内，依靠金融杠杆实现大规模且快速的资本投入。

综上所述，政府的财政、货币、产业和区域政策等干预手段，都会人为压低投融资成本，扭曲了要素间相对价格，从而异化了金融体系的风险偏好，干扰了企业的决策动机，使得金融资源过快、过多地向资本密集型产业集中。虽然资本密集型向技术密集型晋升是产业结构变迁的必经阶梯，但政府选择型金融干预所导致的资金结构性错配，有可能保护低效率的投资和大而不倒的企业，抑制富有效率的投资和创新活动，进而有可能形成低质量资本密集型产业结构，非但不能支持城市产业转型，还会埋下投资失败的风险。

三、政府金融干预所导致的资本过度深化，延缓了城市化的速度和质量的提升

资本密集型产业是城市经济由要素驱动向创新驱动的必经过程。一个遵循城市资源禀赋和动态比较优势的资本密集型产业，一方面能够提高劳动生产率，延缓因劳动力供给趋缓而导致的资本边际回报下降；另一方面能够衍生出上下游的产业链（特别是生产性服务业），形成更高回报率的城市新型业态，提升产业的聚集效应。但如果政府主导的金融扩张引发了资本过度深化，不仅将延缓城市化的速度，更会制约城市化质量的提升。

资本过度深化会延缓城市化的速度。资本密集型产业本身吸纳就业的能力有限，由政府显性或隐性补贴而形成的资本密集型产业更是难以带动扩大就业机会的上下游产业发展起来。在金融过度扩张过程中，就业弹性更高的中小企业和服务业的金融资源被挤占，制约了后者扩大生产并创造更多就业。同时，资本过度深化会引发资产泡沫，土地快速金融化推高了地价，导致生产成本和城市生活成本的快速上涨，既加速了中小企业的外迁，影响了城市的就业创造，又降低了人口迁移意愿，阻碍了人口城市化。

资本过度深化会降低城市化的质量。金融过度扩张下所形成的资本密集型产业结构，使得社会资源越来越多地向大企业、垄断行业和资源拥有者集中，大企业成为依靠投资自我循环发展的孤岛，完整的产业链条难以形成，资本集聚无法带来产业集聚，城市最核心的规模经济和创新能力优势无从发挥。同时，在金融过度扩张过程中，作为抵押工具的城市土地也快速蔓延，新增投资在空间意义上被新增的城市面积稀释（经济增长课题组，2011），很难带来城市化所产生的集聚效应。在图 3-4 中，横轴为反映资本密集程度的指标（地区就业/全国城市就业）/（地区 GDP/全国 GDP），纵轴是 2003~2011 年城市

建设用地增量的对数值，资本密集度越高的城市，城市建设用地的增长也越快，从而阻碍了城市经济密度的提高。资本密集型产业比重的过快提高，还将降低劳动者报酬在 GDP 中的比重，有可能恶化城市的收入分配，进一步降低城镇居民消费倾向，增加城市社会的不安定因素。

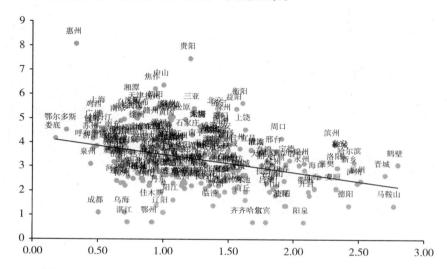

注：横轴是（地区就业/全国城市就业）／（地区 GDP/全国 GDP），该值越低，代表产业结构越偏向于资本密集型。

图 3 – 4 产业结构与城市建设用地增长的关系

基于以上分析框架，本节提出如下两个假说，并在下文中给予验证：

假说 1：地方政府的金融干预将不利于城镇人口的增长；

假说 2：地方政府的金融干预不利于城市聚集效应的发挥。

第三节 金融干预与城镇化速度和质量关系的实证检验

一、数据与模型

1. 对金融干预的度量。

要验证地方政府的金融干预对城镇化速度和质量的影响，首先要寻找一个合适的指标来度量各个城市金融干预的程度。如上文所分析，在金融系统商业化改革的背景下，地方政府必须动用财政资源以撬动金融杠杆，具体的方式包括向融资平台注资、对战略性产业补贴、基础设施先期投入等。对于不同城市而言，由于地方政府对金融干预的意愿、能力不同，金融干预的程度是各异的。在数据可得性的约束下，我们设计了如式（3 - 1）所示的金融干预指标（FI_i）：

$$FI_{it} = L_{it}/G_{it} \qquad\qquad (3 - 1)$$

其中，L_{it}是指 t 时期 i 城市市辖区的贷款余额，G_{it}是指 t 时期 i 城市市辖区扣减了科研和教育支出后的一般预算内财政支出。如果一个城市政府对金融干预的程度越高，财政撬动金融的杠杆效应就越强，在一定的财政资源投入下，聚集于该城市的金融资源越多，金融干预指标（FI_i）也就越高。我们基于2011 年各城市的数据，通过分析以下三对指标关系，来说明不同的金融干预指标程度对金融活动的影响。

金融干预程度越高，贷款增长速度越快。在图 3 - 5 中，横轴是金融干预指标，纵轴是贷款增长率指标。我们发现，金融干预程度越高的城市，其贷款增长速度越快，两者表现出较为明显的线性正相关性。

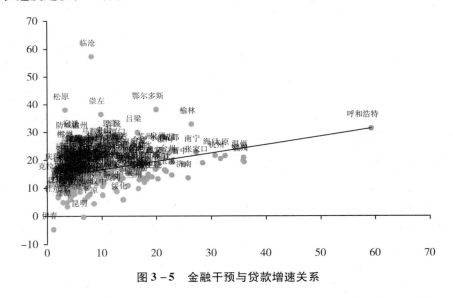

图 3 - 5　金融干预与贷款增速关系

金融干预程度越高，经济的金融化程度越高。在图 3 - 6 中，横轴是金融干预指标，纵轴是贷款/GDP 比值。后者反映了单位 GDP 所需要的融资支撑，代表了经济的金融化程度。可以看出，金融干预程度越高的城市，其贷款/GDP 比值也较高，经济增长对金融资源投入的依赖也就越大。

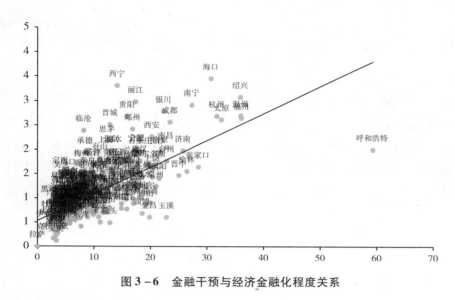

图3-6 金融干预与经济金融化程度关系

金融干预程度越高，金融动员能力就越强。贷款/存款比值可以反映一个城市的金融动员能力。金融动员能力强的城市，不仅可以利用本地吸收的存款资金配置信贷资源，还可以动用外地的存款资源，贷款/存款比值大于1。相反，金融动员能力弱的城市，存款会被抽取到其他地区，贷款/存款比值较小。在图3-7中，横轴是金融干预指标，纵轴是贷款/存款比值，两者的线性正相关性还是比较明显的。

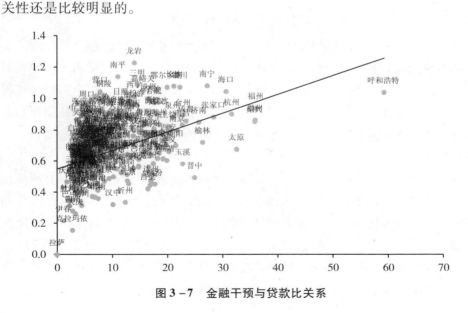

图3-7 金融干预与贷款比关系

式（3－1）反映了一个城市的政府对金融干预的绝对水平，我们还用式（3－2）度量金融干预的相对水平：

$$CFI_{it} = (L_{it}/L_t)/(G_{it}/G_t) \qquad (3-2)$$

其中，CFI_{it} 代表 t 时期 i 城市金融干预的相对水平，L_{it} 是指 t 时期 i 城市市辖区的贷款余额，L_t 是指 t 时期所有城市的贷款总额，G_{it} 是指 t 时期 i 城市市辖区扣减了科研和教育支出后的一般预算内财政支出，G_t 是指 t 时期所有城市市辖区非科教预算内财政支出。如果一个城市的 CFI_{it} 越高，则表明对于其他城市，这个城市动用了更多的政府干预手段，用较少的财政支出撬动较多的金融资源。

2. 城镇化速度模型。

我们用各个城市 2000～2010 年的城镇常住人口增长作为被解释变量，以反映城镇化速度。之所以没有选择城镇化率作为被解释变量，是基于以下考虑：对于城镇化率非常高的大城市，即使城镇人口在统计期间发生了大幅增长，其城镇化率也有可能变化不多甚至不增长（如城镇化率已经达到 100% 的城市深圳）；对于落后地区人口下降的城市，由于其农村人口迁移到其他地区，即使其城镇人口不增长，城镇化率也会提高。相对而言，城镇常住人口的绝对增长更能准确地捕捉更多人口聚集这一城镇化的实质。本报告构造的城镇化速度计量模型如式（3－3）所示：

$$\Delta P_i = C + \alpha \Delta FI_i + \beta X + \epsilon_i \qquad (3-3)$$

其中，ΔP_i 为 i 城市在 2000～2010 年的城镇常住人口增长数的对数值；FI_i 是样本统计期间金融干预程度的变化值，α 是金融干预指标对城镇人口增长影响的待估计系数，按照以上的理论推断，金融干预程度提高，将会抑制城镇人口增长；X 为其他控制变量，β 是这些变量的系数；C 和 ϵ_i 分别是截距项和随机扰动项。基于现有文献，本章控制的其他可能影响城镇人口增长的变量有以下几个。

期初城镇化率。从国际经验看，城镇化的速度遵循本报告第一部分所应用的 S 型 logistic 曲线。由于中国绝大部分地级市处于快速发展阶段，期初（2000 年）城镇化率越低，统计期间（2000～2010 年）的城镇人口增长速度越快。

科教财政支出比重变化。科研和教育的投资，影响一个城市的人力资本形成和创新能力培育，是城市化产生聚集效应的重要基础。科研和教育在政府财政支出的比重，既在一定程度上反映了政府公共服务的投入力度，也反映了政府希望通过提高城市创新能力的意愿，其值越高越有利于吸引人口向该城市聚集。

非国企就业比重变化。如前文理论分析部分所述，在金融和财政的双重作用下，国有企业的产业选择受政府影响较大。国企就业比重提高（即非国企就业比重降低），可能意味着资本密集型产业比重提高，城市产业对农村剩余劳动力的吸纳能力因此下降，从而对城市人口增长产生负面影响。

非内资企业工业产值比重变化。这里的非内资企业包括外商投资企业和港澳台企业。从理论上说，这类企业受地方政府的影响较小，能够根据当地的禀赋条件发展具有比较优势的产业，不会盲目地选择资本密集型产业。因此，非内资企业工业产值比重提高的城市，地方政府干预的程度降低，有利于吸引农村剩余劳动力及其眷属。

人均GDP增长。人均GDP代表了一个城市的经济发展程度，其值增长越快的城市，意味着经济活跃程度和就业创造的机会越高，应更能吸引农村剩余劳动力或其他城市人口的迁入。

城市平均工资增长。城市和农村（城市和城市）之间的收入差距，是人口流动的一个重要动因。那些平均工资增长越快的城市，将很可能导致当地城乡收入差距以及与其他城市收入差距的拉大，从而推动人口向该城市聚集。

地区哑变量。分布在东部、中部和西部的城市，地理、气候等自然条件有很大的不同；近年来，国家出台了一系列扶持中部和西部的发展政策以及产业转移的政策，也改变了一些地区吸纳城市人口的条件。为此，我们设置了中部和西部这两个哑变量，以反映地区差异对城镇化速度的影响。

3. 城镇化质量模型。

我们用各个城市2011年的市辖区经济密度作为被解释变量，用以反映城镇化质量。度量城镇化的质量有多个维度，例如修正的城镇化率。从经济增长的角度，城市是各项生产要素聚集的地理空间，聚集效应是城镇化质量在经济维度的体现。我们用城市市辖区经济密度（市辖区GDP/市辖区建成区面积）来反映聚集效应。一个城市的经济密度越大，表明该城市对土地要素的利用效率以及劳动力、资金等要素的配置效率就越高。本章构造的城镇化质量的计量模型如式（3－4）所示：

$$E_i = C + \alpha FI_i + \beta X + \epsilon_i \qquad\qquad (3-4)$$

其中，E_i 为 i 城市市辖区经济密度的对数值；FI_i 是 i 城市金融干预指标，α 是金融干预指标对城市经济密度的待估计系数；X 为其他控制变量，β 是这些变量的系数；C 和 ϵ_i 分别是截距项和随机扰动项。在城镇化质量模型中，控制变量包括了科教财政支出比重、非国企就业比重、非内资企业工业产值比重、人均 GDP 的对数值、城市平均工资的对数值以及地区哑变量。这些控制变量反映的是 2011 年的期末值，其指标含义和假设都与城镇化速度模型中的变量设定相同，本部分省略了对变量的具体说明。

式（3-4）反映的是金融干预的绝对值 FI_i 对城镇化质量的影响，本报告还将考虑金融干预的相对值 CFI_i 与城镇化质量的关系，如式（3-5）所示：

$$E_i = C + \alpha CFI_i + \beta X + \epsilon_i \qquad\qquad (3-5)$$

其中，CFI_i 是 i 城市金融干预的相对指标，其余变量和式（3-5）相同。

4. 数据来源。

本章实证研究所使用的数据来自两个部分。一个数据来源是国家统计局的城市社会经济调查司编写的 2000～2011 年的《中国城市统计年鉴》。遗憾的是，这一数据源只提供了基于户籍统计的人口数据（农业人口和非农业人口），并未提供人口城镇化的数据（城镇常住人口和城镇化率）。为此，我们利用 2000 年和 2010 年的两次全国人口普查数据作为人口城镇化的数据来源。需要指出的是，直到 2003 年，《中国城市统计年鉴》才提供"贷款"数据，因此城镇化速度模型中各城市的金融干预指标以 2003～2010 年的均值替代 2000～2010 年的均值。

二、实证结果

1. 城镇化速度与金融干预的实证检验。

金融干预对城镇人口增长有显著的负面影响。我们首先对式（3-6）的城镇化速度模型进行了回归，得到了表 3-1 中的模型（1）和模型（2），其中模型（2）中控制了地区哑变量。在这两组回归模型中，金融干预在 10% 的水平上显著为负，支持了本报告的理论假说，即更高的金融干预程度将导致更慢的城镇人口增长。但在这两组回归的控制变量中，非国企就业比重变化、非内资企业工业产值比重变化和人均 GDP 增长均不显著，且模型整体的可决系数偏低。对于这三个指标，我们尝试用期末的绝对值来替代期间的变化值，原因是：一些期初值较高的地区，即使期间变化值较低，仍能吸引人口流入；一些期初值较高的地区，即使期间变化值较高，期末值也有可能偏低，也不能吸引更多的人口流入。模型设定更改后，我们得到了表3－1中的模型（3）和模型（4），其中人均GDP增长改为期末人均GDP并不能改善模型的拟合情况，因此略去该变化的结果。在模型（3）和模型（4）中，模型整体的拟合情况大为改善，而且金融干预指标分别在5%和10%的水平上仍显著为负，再次印证了地方政府的金融干预将对城镇化的速度产生负面影响。

表3－1 城镇人口增长模型的回归结果

解释变量	模型1	模型2	模型3	模型4
贷款/非科教财政支出比值变化	-0.094^{*}	-0.100^{*}	-0.113^{**}	-0.101^{*}
	（-1.638）	（-1.739）	（-2.150）	（-1.927）
期初城市化率	-1.270^{***}	-1.174^{***}	-1.711^{***}	-1.565^{***}
	（-3.035）	（-2.798）	（-4.410）	（-4.029）
科教财政支出比重变化	27.670^{***}	28.849^{***}	27.397^{***}	27.914^{***}
	（3.008）	（3.162）	（3.232）	（3.322）
非国企就业比重（变化/期末）	0.284	0.235	0.049	0.041
	（0.830）	（0.687）	（1.238）	（1.060）
非内资工业产值比重（变化/期末）	0.318	0.114	2.072^{***}	2.201^{***}
	（0.298）	（0.108）	（6.555）	（6.556）
人均GDP增长	-0.090	-0.139	-0.158	-0.164
	（-0.687）	（-1.058）	（-1.315）	（-1.361）
城市平均工资增长	1.398^{***}	1.463^{***}	1.354^{***}	1.436^{***}
	（5.173）	（5.414）	（5.451）	（5.791）
中部		0.107		0.354^{**}
		（0.692）		（2.441）
西部		-0.310^{**}		0.044
		（-1.965）		（0.287）

解释变量	模型 1	模型 2	模型 3	模型 4
常数项	0.978	0.867	1.607	0.826
	(0.493)	(0.433)	(0.881)	(0.450)
观察值	244	244	244	244
R-squared	0.149	0.172	0.282	0.303

注：（1） * 、** 和 *** 分别表示参数估计值在 10%、5% 和 1% 的水平上显著异于零；（2）括号中的数值为标准差。

对于控制变量对城镇人口增长的影响，我们综合模型 1～模型 4 的结果汇报如下。

期初城市化率越低，城镇人口增长越多。在模型 1～模型 4 中，期初城市化率都在 1% 的水平下显著为负，这与 logistic 曲线所揭示的规律是吻合的。

提高科教财政支出比重能显著促进城镇人口增长。在模型 1～模型 4 中，科教财政支出比重都在 1% 的水平下显著为负，且影响系数较高，充分揭示了政府的科研和教育支出对于提高城市聚集能力的重要作用。

非国企就业比重对城镇人口增长影响不显著。在 4 个模型设定中，非国企就业比重变化或期末值都没有表现出显著性。我们推测，这有可能是因为城市就业中遗漏了一部分非正规就业，从而导致了不可忽视的统计误差。

较高的非内资企业工业总产值能促进城镇人口增长。相比于就业数据，工业总产值数据相对客观。因此，在模型 3 和模型 4 中，非内资企业工业总产值比重的期末值都在 1% 的水平下显著为正。这与我们的预期相符，印证了非内资企业更能不受地方政府干扰而发展符合当地禀赋的产业。

人均 GDP 的高低与增长快慢并不能影响城镇人口增长。与我们预期不同，人均 GDP 的变动值和绝对值都没有表现出与城镇人口增长的显著相关性。一种可能的解释是，在金融干预的作用下，如果一个城市的经济增长表现出的投资驱动型特征，资本要素对增长成果的分享有可能远大于劳动力要素，人均 GDP 的增长并不能带来吸引更多的人口在城镇聚集。

城市平均工资增长对城镇人口的影响为正。与人均 GDP 形成鲜明对比的是，在所有 4 个模型中，直接反映劳动力要素分配的城市平均工资增长都在 1% 的水平下显著为正。这样的结果与我们此前的预期是一致的。

地区哑变量对城镇人口的影响不稳定。在模型 2 中，中部地区哑变量与城镇人口增长显著性不高，西部地区哑变量对城镇人口增长在 5% 的水平上显著为负，这反映了西部地区自然环境对人口聚集的负面影响大于优惠发展政策的正面作用。模型 4 则表明，中部地区哑变量在 5% 的显著水平上与城镇人口增长有正向相关性，但西部地区哑变量与城镇人口增长没有显著相关性。

2. 城镇化质量与金融干预的实证检验。

金融干预程度越高，城镇化质量越低。我们首先利用金融干预的绝对值（贷款/非科教财政支出），对式（3-4）的城镇化质量模型进行了回归，得到了表 3-2 中的模型 5 和模型 6，其中模型 6 中控制了地区哑变量。在模型 5 和模型 6 中，金融干预的绝对水平分别在 10% 和 5% 的水平上显著为负，支持了本报告的理论假说，即更高的金融干预程度将导致更低的城市经济密度。为考察金融干预的相对值（贷款占全国比重/非科教财政支出占全国比重）对城镇化质量的影响，我们对式（3-5）进行了回归，得到了表 3-2 中的模型 7 和模型 8，其中模型 8 中控制了地区哑变量。在模型 7 和模型 8 中，金融干预相对值的系数仍然分别在 10% 和 5% 的水平上显著为负，表明金融资源配置扭曲的相对程度越高，越降低城市的经济密度。与城镇化数量模型相比，模型 5 ~ 模型 8 的整体的拟合度相对较高，一定程度上表明了地方政府的金融干预将对城镇化质量的负面影响，要大于对城镇化速度的冲击。

表 3-2　　　　　　　　　　城镇化质量模型的回归结果

解释变量	模型 5	模型 6	模型 7	模型 8
	贷款/非科教财政支出		贷款占全国比重/非科教财政支出占全国比重	
金融干预	-0.007*	-0.008**	-0.092*	-0.098**
	(-1.898)	(-2.025)	(-1.898)	(-2.025)
科教财政支出比重	2.684***	2.691***	2.684***	2.691***
	(5.486)	(5.498)	(5.486)	(5.498)
非国企就业比重	0.126***	0.131***	0.126***	0.131***
	(3.577)	(3.745)	(3.577)	(3.745)
非内资企业工业产值比重	0.288**	0.360***	0.288**	0.360***
	(2.252)	(2.691)	(2.252)	(2.691)

续表

解释变量	模型 5	模型 6	模型 7	模型 8
	贷款/非科教财政支出		贷款占全国比重/非科教财政支出占全国比重	
人均 GDP	0.574 ***	0.599 ***	0.574 ***	0.599 ***
	(10.861)	(11.192)	(10.861)	(11.192)
城市平均工资	0.420 ***	0.387 ***	0.420 ***	0.387 ***
	(3.278)	(2.981)	(3.278)	(2.981)
中部		0.004		0.004
		(0.067)		(0.067)
西部		0.127 **		0.127 **
		(2.205)		(0.028)
常数项	-9.352 ***	-9.321 ***	-9.352 ***	-9.321 ***
	(-8.069)	(-7.812)	(-8.069)	(-7.812)
观察值	262	262	262	262
R-squared	0.573	0.584	0.573	0.584

注：（1）* 、** 和 *** 分别表示参数估计值在 10%、5% 和 1% 的水平上显著异于零；（2）括号中的数值为标准差。

对于控制变量对城镇化质量的影响，我们综合模型 5～模型 8 的结果汇报如下。

科教财政支出比重越高，越能提高城市经济密度。在模型 5～模型 8 中，科教财政支出比重都在 1% 的水平下显著为负。这表明，政府对科教领域的投入越高，城市就越有可能形成高附加值产业成长的环境，从而提升城市土地的利用效率。

非国企就业比重对城市经济密度有正向的影响。在 4 个模型设定中，非国企就业比重的系数都在 1% 的水平上表现出显著性。这与城镇化速度模型的结果不尽相同。虽然这一指标有可能遗漏了部分非正规就业人数的统计，导致非国企就业比重低于真实值，但即便是偏低的统计值也能对城镇化质量提升有显著的正面影响，这从某一个侧面说明了非国企就业比重对优化城市产业结构的重要性。

较高的非内资企业工业总产值能促进城镇化质量提升。在模型5和模型7中，非内资企业工业总产值比重的系数都在5%的水平下显著为正，在模型6和模型8中，这一显著性系数为1%。这与我们的预期相符，受地方政府干扰较少的非内资企业所享受的土地优惠政策也较少，更能发展土地集约型的产业。

人均GDP越高的城市经济密度越高。和我们预期的一样，人均GDP在4个模型中都与城镇经济密度表现出1%水平上的显著正相关。人均GDP越高的地区，未必能吸引更多的劳动力，但能更好地吸引附加值更高的产业和企业。

城市平均工资增长对城市经济密度的影响为正。在所有4个模型中，城市平均工资都在1%的水平下显著为正。这表明平均工资待遇越高的城市，不仅能更多地吸引普通劳动力（表现为模型1～模型4中的城市人口的增长），还能够更好地吸引高素质的劳动力，形成高技能密集型产业的发展环境，增加城市产业的附加值。

西部地区哑变量对城镇经济密度有正向影响。在模型6和模型8中，西部地区哑变量对城镇经济密度在5%的水平上显著为正。这可能与西部地区经济密度的初始值较低而具有后发优势有一定的联系。

3. 稳健性检验。

为了检验上述回归结果的稳健性，我们对城镇化速度模型和质量模型做了以下四方面的稳健性检验：第一，考虑到除农行外的3家国有商业银行在2005年完成了不良贷款剥离，2005年以前的贷款数据含有部分没有进入经济运行的"僵尸贷款"，因此将城镇化速度模型中的金融干预变量设置为2005～2010年的平均值；第二，金融资源配置与实体经济运行之间具有时滞性，我们将城镇化质量模型中金融干预的当期变量转变为滞后一期和滞后三期的变量进行回归；第三，为了考察近年来的区域政策是否对模型回归结果有影响，我们将样本分为东部城市样本和中西部城市样本，对城镇化速度和质量模型各进行了两组回归；第四，我们将金融干预指标最高5%和最低5%的城市样本剔除掉，对城镇化速度和质量模型重新进行了回归。在这些稳健性检验中，金融干预和主要控制变量的系数符号没有变化，略发生改变的仅是这些变量的显著性。限于篇幅，此处省略了这些稳健性检验的具体结果。

第四节 主要结论与政策建议

地方政府的金融干预对中国生产力布局的负面影响是深远的。在地方政府的金融干预下，金融资源过度导向了基础设施、垄断领域和大企业等资本密集型领域，形成了低质量的资本密集型产业结构，产生过度投资和无效投资的问题。这种模式不仅降低了城市化的潜在水平和应有的集聚效应，更潜藏了金融资源错配的风险。由于地方政府性债务是地方政府金融干预的主要工具和载体，当前这一风险集中体现为区域性特别是地级市及以下级别政府的财政风险。因此，降低金融干预对生产力布局的负面影响，需要从有效管控地方政府性债务入手。

有效管理地方债务风险，应"开正门、堵旁门"，在明确的制度框架下允许地方政府发债。有人提出，作为"国际惯例"的地方政府破产应成为我国地方债务管理的重要制度。但事实上，地方政府破产并不是国际惯例。如日本、德国、法国等不允许地方政府破产。在允许地方政府破产的美国，也并不是每个身陷财政危机的地方政府都进入破产程序。[①] 虽然破产能降低地方政府过度举债的道德风险，但在我国当前政治和法律体制下并不可行。不同于联邦制国家地方政府的高度自治，我国地方政府信用与中央政府信用是一体的，允许地方政府破产不仅会损害地方政府信用，也会危及中央政府权威。本章认为，现阶段发挥财政纪律约束、行政管理干预和金融市场监管这三重制度约束，对有效管理我国地方债务风险更具现实意义。

一、健全财政纪律约束机制以遏制地方政府过度举债

1. 建立债务规模控制制度。

大部分国家都对地方政府债务规模做了刚性限制。我国除了中央代理发行和试点省（市）自行发债之外[②]，中央政府并未设置地方政府性负债的总规

---

① 如 1975 年的纽约市并非通过破产，而是以下文所述的上级政府干预下的财政重组，度过了美国大萧条以来最大的市政财政危机。

② 《2013 年地方政府自行发债试点办法》第三条规定：试点省（市）发行政府债券实行年度发行额管理，全年发债总额不得超过国务院批准的当年发行规模限额。

模、地区规模，也没有对融资主体资格进行审核。未来，中央政府应制定年度新增地方债务总规模上限，每年根据各级地方政府资产负债表状况审核从省到区（县）的合格举债主体名单，并设置各省（市）债务年度限额，对债务风险较高的省（市）实行逐笔债务审批机制。

2. 遵循"黄金规则"。

虽然我国《2009 年地方政府债券预算管理办法》第五条规定资金主要用于"公益性建设项目"，但地方政府融资平台并不在这一条款控制范围之内，不少资金用于政绩工程、市场化项目。因此，中央政府应将"黄金规则"使用范围扩展至全口径的地方政府性负债，对违规使用资金的地方政府应削减其借债规模乃至暂停其借债资格。

3. 建立偿债准备金制度。

虽然我国已有不少地方建立了偿债准备金制度，但在执行过程中，部分地方政府偿债准备资金仍在预算大盘子中，未实行专户管理，造成偿债准备金有名无实。中央政府应督促各地方政府制定债务全覆盖的偿债准备金制度，设置准备金提取比率的相关标准，统一要求在银行设置专户以确保资金专款专用。

二、探索地方财政重组机制以防止损失恶化

当地方债务预警指标超出界限后，上级政府提前干预以防止地方财政进一步恶化，是大部分国家管理地方债务的重要手段。[①] 在部分地方财政风险显现的情况下，我国也应尽快建立地方财政重组机制，以遏制部分地区通过"借新还旧"导致财政状况进一步恶化。鉴于目前中央政府对地方债务的管理职能分散在财政部、发改委、"一行三会"和审计署，容易降低管理的独立性和形成监管空白，应借鉴国际经验（如美国市政债券办公室和英国的债务管理办公室），在财政部或审计署下设"地方债务管理司"。当某个地方政府的财政预警指标超出限值，财政部或审计署有权派出财政专员，接管其财政权。财政专员通过公共部门裁员、停止部分项目建设、调整税收结构等方式避免损失扩大、恢复地方正常财政能力。

---

① 如法国，一旦地方政府债务到期不能偿还，上级政府将解散原地方政府或地方议会，其债务先由中央政府代偿，待新的地方议会和地方政府经选举产生后，再通过增税计划偿还中央政府垫付资金。2007 年日本夕张市的地方财政危机，也是通过中央政府接管地方财政权来实施财政重组计划的。

三、完善金融监管机制以避免监管空白

如果金融系统存在软约束，地方政府仍能借"金融创新"绕开前述财政和行政的硬约束。为避免金融风险和财政风险出现共振，还应强化金融监管约束。一是设置金融机构地方债务比重上限。不少国家都限制地方政府债务余额占银行净资产比重（如巴西制定 45% 的上限）。目前，我国对金融机构单个贷款客户有集中度的限制，但没有规定金融机构持有某个地方政府的债务比重上限。下一步，我国不仅要设置金融机构总部的地方债务比重上限，还应规定金融机构的地方分支对当地政府债务比重的上限，以降低区域性金融风险发生的概率。二是完善金融监管体制。针对"影子银行"的监管真空，一行三会应形成对地方政府融资监管的联动机制，实现覆盖城投债、基建信托、金融租赁、保险投资计划等表外融资的全口径债务统计，建立融资来源、资金使用、偿还债务等各环节的全流程监管机制。

（执笔人：卓贤）

第四章

公共服务应成为优化生产力
布局的重要政策工具

生产力布局，主要是指生产要素及其组合在一定空间范围内的分布和安排，涉及产业布局、人口分布和公共设施的空间安排等。有关生产力布局和产业布局与集聚的传统理论，并未将公共服务作为独立的分析变量，而主要是从有形的公共产品或公共设施角度分析该因素的影响。随着我国社会主义市场经济体系的日臻完善，以及经济发展方式转变，公共服务对劳动力流动、人力资本积累、知识溢出、社会资本形成等的影响日益深化，进而越来越多地决定着劳动、知识、技术、管理等生产要素的空间配置，已成为影响生产力布局的重要因素。

党的十八届三中全会强调，使市场在资源配置中起决定性作用和政府发挥更好作用，这也要求政府应强化公共服务职能，为生产要素的自由流动和优化配置创造更加有利的条件。本章旨在深入研究市场经济体条件下公共服务影响生产力布局的内在机理，分析当前我国公共服务供给状况及对生产力布局优化的影响，进而提出完善公共服务体系、促进生产力布局优化的政策建议。

第一节　市场经济条件下公共服务对生产力
布局影响日益深化

公共服务是市场经济条件下政府核心职能之一，具有广泛内涵，一般而言，教育、医疗、社会保障和社会服务是其中基本层面的内容，对于保障公民生存权和发展权、实现人的全面发展至关重要。在计划经济体制下，前苏联关于生产力布局的理论并未将公共服务作为基本原则来考虑，但公共服务的影响却是不容回避的。一方面强调生产力布局必须充分考虑劳动资源的生产技能、密集程度、知识结构等特点（许维新，1987），对技术培训等提出了要求；另一方面逐步认识到社会基础设施建设对生产力布局的影响，强调住宅、医院、文化教育机关、社会福利设施在新开发区建设中的重要性（许维新，1982）。事实上，这已将公共服务作为安排生产力布局的因素之一，但受认识所限，并未将其上升为重要原则。

西方经济理论中没有生产力布局的概念，但有关分工、国际贸易、区域经济、经济地理、产业组织等理论，分别从知识溢出、劳动力流动、人力资本等维度深入分析了对产业集聚、区域分工等的影响，而这些因素又与公共服务存在着密切联系。因此，如果从公共服务对促进要素流动、提升人力资本素质、增进社会资本等视角出发，可以看到，公共服务对生产要素在空间范围内的优化配置具有重要影响，进而成为决定生产力布局的原则之一。综合已有研究成果，公共服务对生产力布局优化的影响机制主要体现以下方面：

一、公共服务均等化和一体化程度有助于减少劳动要素流动的制度成本，优化劳动力资源的空间配置

主流经济理论对公共服务均等化问题的研究较少，但经济地理学有关集聚和增长的模型，分析了公共政策对区际交易成本、进而对要素流动和经济增长的影响。一个重要结论是，如果公共政策能够降低交易成本、促进要素流动，将有利于经济集聚和增长（安虎森等，2009）。也就是说，如果能够通过公共服务政策为劳动要素的自由流动创造有利条件，可以产生需求效应和集聚效应，提高经济增长率，从而实现劳动力资源空间配置的优化。世界银行2009年发展报告《重塑世界经济地理》指出，无空间区别的公共制度是克服经济距离，促进劳动和资本要素流动，进而实现经济发展的重要政策工具。

发达国家的历史经验表明，通过完善公共服务体系，可以促进要素流动，改善收入分配格局，促进经济发展和社会公平，推进国家现代化进程。而较低的公共服务均等化水平，一方面会导致劳动力在中心地区过度集聚，产生拥挤效应，如拉美国家；另一方面会导致中心地区设置阻碍劳动力流动的制度障碍，增加要素流动的制度成本，如中国。这都是劳动要素配置的低效率均衡结果。因此，只有在国家层面构建普惠、均等、一体的公共服务体系，才能在最大程度上减少劳动要素合理流动的制度阻力，同时避免盲目流动，从而促进劳动力资源优化配置和生产效率提高。

二、高质量的公共服务有助于激发人力资本创新活力，实现知识溢出，促进知识、技术密集型产业集聚

新经济地理学着重分析了人力资本和知识溢出对经济集聚与增长的影响。研究表明，在人力资本可流动，且存在地方性知识溢出的情况下，创新部门将实现空间集聚（亨德森等，2012）。其中，公共服务的作用可以体现在两方面：首先，人力资本是教育的函数，教育服务将有助于增加人力资本存量；其次，有关教育、科技等公共服务的完善将强化知识溢出效应。这两种作用都有助于激发创新活动，实现创新型产业在空间上的集中。大量关于知识溢出的文献都表明，知识密集型产业间具有更高的地理集中度。奥德查和费尔德曼（1996）通过计算创新活动地理集中度的基尼系数证明，相对于一般制造业，美国计算机、控制仪表、电子设备、药品等高技术制造业的地理集中特征更加明显。

虽然知识溢出机制产生的原因是复杂的，公共服务对知识溢出的影响是间接的，但教育有助于人力资本积累，教育、科研服务业发展有助于地方知识溢出的关系却是明确的。因而，通过高质量的教育、科技公共服务，能够提升人力资本素质，营造良好的区域创新环境，强化知识溢出效应，进而优化人力资本、知识资本的空间配置，促进知识、技术密集型产业的地理集中。

三、完善的公共服务有助于增进社会资本，形成有利于要素集聚、效率提升的社会环境

社会资本是指个体在社会结构中所处的位置，以及借助社会网络动员资源的能力。社会资本相对于物质资本和人力资本，存在于社会结构之中，以规范、信任、权威、社会道德等形式体现，有助于增进人与人之间的合作进而提高社会效率和社会整合度。社会资本虽然不直接决定生产要素的空间配置，但在当前我国经济社会转型背景下，社会资本对生产力布局的潜在影响日益深化。首先，有助于形成更加和谐稳定的社会环境，为高端要素资源集聚创造有利条件。其次，有助于深化人与人之间的沟通交流，促进知识和信息的扩散传播，强化知识溢出效应。最后，有助于形成有效的社会信用机制，降低经济活动的不确定性和交易成本。

公共服务的完善对社会资本培育和积累十分重要。一是教育水平的提升能够提高人的综合素质，拓展社会关系网络，使传统上基于血缘、地缘形成的社会资本，向私人关系型社会资本、组织型社会资本和制度型社会资本转化。二是社会保障等公共服务的完善，能够使人的行为趋于长期化，更加注重社会资本的培育和维护。三是均等化、一体化的公共服务体系能够减少社会分割、促进社会融合，增加宏观层面的社会资本存量。总之，在社会层面，公共服务的影响集中体现为社会资本的形成和积累，在我国经济社会转型的背景下，这将对劳动力、知识、技术等生产要素的空间配置产生重要影响。

综上所述，在市场经济条件下，通过促进劳动要素流动、提升人力资本素质、实现知识溢出、增进社会资本，公共服务对生产力布局的影响日益深化，可以概括为集聚效应、创新效应和社会效应。同时，完善的公共服务体系还能够提高真实工资水平，在现阶段公共服务均等化程度不高的情况下，也会对劳动要素流动产生影响。总之，随着我国发展方式转变和发展阶段转换，人力资本、知识、技术、管理等要素在经济增长中的作用越来越突出，公共服务也将成为优化生产力布局的重要政策工具。

第二节　当前我国公共服务体系的总体状况

一、公共服务整体水平有明显提升，但均等化程度亟须提高

近年来，随着我国经济发展和社会转型，民生改善和保障力度明显加大，公共服务整体水平迅速提升。从 2012 年主要公共服务指标看，免费九年义务教育全面普及，高中教育毛入学率、高等教育毛入学率分别达到 85%、30%；基本公共卫生服务均等化水平提高，每千人口执业（助理）医师数、医疗机构床位数有明显增长；社会保障体系不断完善，参保人数、覆盖率和保障水平进一步提高。国家统计局地区发展与民生指数统计监测结果显示，2001～2012年我国各地区民生和社会发展均取得较大进展，东中西部分别年均增长3.68%、4.20% 和 4.54%。联合国人类发展指数也显示，在过去的 30 多年中，中国人类发展指数实现了年均 1.7% 的增长，2012 年达到 0.699，处于中等人类发展水平，公共服务水平的提高是重要因素。

然而，我国的公共服务体系仍处在发展完善之中，不仅投入水平与发达国家尚有较大差距，而且投入效率偏低，区域、城乡和不同社会群体之间的公共服务水平存在较大差异，均等化程度不高。从中国民生指数研究数据分析看，2008～2010 年我国公共服务的区域差异水平虽然呈缩小趋势，但变异系数仍有 0.15，最大最小值比仍有 2.02，说明公共服务均等化水平还有较大提升空间。从具体指标看，不同省市教育、医疗卫生投入水平差距明显，2012 年普通小学、初中生均公共财政预算教育事业费，最高的北京市是最低的贵州省的5.9 倍、5.3 倍[1]，2010 年人均卫生费用，北京市是贵州省的 4.4 倍[2]。《中国人类发展指数 2013》公布的数据显示，2010 年人类发展指数最高的北京达到0.821，比最低的西藏自治区高 44.2%；从教育指标来看，平均受教育年限北京市已达 11 年，而西藏自治区只有 4.8 年，高中教育毛入学率北京市高达98%，西藏自治区只有 60.1%；从预期寿命看，上海市已达 80.26 岁，西藏自

---

① 资料来源于"2012 年全国教育经费执行情况统计公告"。

② 《中国卫生统计年鉴》（2012），中国协和医科大学出版社 2012 年版。

治区只有68.17岁，东部平均预期寿命已超过77岁，西部只有72岁左右。这些数据充分反映了区域间公共服务水平的巨大差异。

二、公共服务投入持续加大，但投入效率和群众满意度有待提升

近年来，我国各级政府明显加大了公共服务领域的投入，公共服务支出水平快速增长，占国家财政支出的比重明显增加。2007～2012年，教育支出占国家财政支出的比重从14.3%增至16.9%，教育、社会保障和就业、医疗卫生三项支出占国家财政支出的比重从29.2%增至32.6%，年均增长约23.1%，2012年国家财政性教育经费已占GDP的4.28%，如图4-1所示。

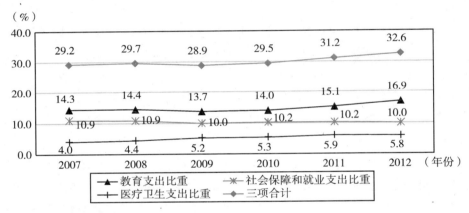

图4-1　2007～2012年教育、社会保障和就业、医疗卫生支出比重

资料来源：《中国统计年鉴》（2013），中国统计出版社。

然而，与投入水平快速增长不相适应的是，公共服务投入效率和群众满意度不高的问题值得关注。一些公共服务项目保基本、可持续不够，盲目追求高端优质，忽视了居民基本需求；一些公共服务定价机制不合理，价格过高，导致中低收入群体难以享受；一些公共服务投入过于重视硬件，对服务质量和运行保障重视不足；等等。这些问题导致大量公共服务投入没有发挥应有效益，甚至因为腐败寻租等原因引发公众不满。中国民生指数研究显示，在公共服务领域，社会服务水平、医疗卫生服务满意度偏低，这与相关领域的投入效率不高、未切实满足群众需求有很大关系。

三、公共服务制度建设取得突破，但一体化程度明显欠缺

近年来，我国在基本公共服务制度建设方面取得很大进展，建立和完善多项重大基本公共服务制度。在教育领域，实现了免费义务教育全面普及，初步建立了职业教育体系；在医疗卫生领域，基本公共卫生服务制度、基本药物制度不断完善，新型农村合作医疗实现全覆盖；在社会保障领域，新型农村社会养老保险、城镇居民社会养老保险、农村最低生活保障制度全面建立，城镇职工基本养老保险实现省级统筹，城乡医疗救助制度普遍实施。同时，公共就业服务体系、住房保障体系制度也在逐步完善。

但是，由于受政府财力、财税体制、户籍制度等因素制约，我国公共服务体系的一体化存在严重问题，在城乡、区域、阶层和职业之间存在制度分割，"碎片化"特征明显，以社会保障领域最为突出。目前，我国养老保险存在城镇职工养老保险、城乡居民社会养老保险两大体系，医疗保险也有城镇基本医疗保险、职工基本医疗保险、新型农村合作医疗三大体系，各地区制度不同，政策不统一，统筹水平、缴费率、待遇标准不一，跨区域转移接续存在障碍，不仅不利于社会公平正义，也对劳动力合理流动产生了严重制约。

总之，我国在公共服务领域取得巨大成就的同时，仍然存在一些制度性缺陷。当前，我国不仅面临着城镇化快速推进、大规模人口流动、老龄化加速等现实挑战，更重要的是，随着发展阶段转换，经济增长越来越多地由主要依靠低成本要素组合驱动，转向更多地依靠产业升级和创新驱动，更加需要调动人们的积极性、创造性。只有加快完善公共服务体系，才能为经济转型和产业升级提供有力支持，才能为生产力布局优化创造有利的社会环境。

第三节 当前我国公共服务状况对生产力布局的影响分析

一、各省区民生和公共服务水平与技术密集型制造业和高技术制造业集聚高度相关

区域公共服务水平的高低，既是经济发展的结果，也反过来会对产业集聚

和优化升级产生重要影响。一般而言，民生和公共服务水平越高的区域，越有能力吸引高端产业要素，越有条件实现产业结构优化升级，技术密集型制造业①集聚程度越高。以国家统计局2010年地区综合发展指数数据为基础分析，可以看到，各省区民生社会发展水平与技术密集型制造业、高技术制造业②的区位熵呈较强的正相关关系，相关系数分别为0.7471、0.7449。民生社会发展水平较高的省区，如北京、上海、天津、江苏、广东等省市，这两类产业的区位熵较高；民生社会发展水平较低的省区，如甘肃、青海、新疆、西藏省区等，相应产业的区位熵较低。如表4-1、图4-1、图4-2所示。

表4-1　　　　　2010年各省区民生社会发展与部分产业区位熵

排序	省区	民生社会发展指数	技术密集型制造业区位熵	高技术制造业区位熵	现代服务业区位熵	高技术服务业区位熵
1	北京	38.02	1.2895	2.0427	1.5533	3.2354
2	上海	34.91	1.5682	2.1427	1.2279	1.9222
3	浙江	33.25	1.0747	0.6210	0.9821	0.9863
4	天津	33.14	1.0226	1.2517	1.1577	1.7087
5	江苏	30.96	1.3921	1.6535	0.8808	0.9357
6	广东	30.91	1.2615	2.2935	0.9514	1.1545
7	福建	30.29	0.7804	1.1190	1.0595	0.8048
8	辽宁	29.57	0.9214	0.4419	0.9357	1.0649
9	吉林	29.46	1.2761	0.5188	0.9105	0.8154
10	山东	29.36	0.9530	0.5772	0.9488	0.6142
11	湖南	28.78	0.8705	0.4578	1.1132	0.8820
12	湖北	28.75	0.9985	0.5674	0.8687	0.7769

① 以行业R&D投入强度为标准，主要指化学原料及化学制品制造，医药制造，化学纤维制造，通用设备制造，专用设备制造，交通运输设备制造，电气机械及器材制造，通信设备、计算机及其他电子设备制造，仪器仪表及文化、办公用机械制造等产业。

② 按照国家统计局口径，指医药制造，航空、航天及设备制造，电子及通信设备制造，计算机及办公设备制造，医疗仪器设备及仪器仪表制造，信息化学品制造等6类。

排序	省区	民生社会发展指数	技术密集型制造业区位熵	高技术制造业区位熵	现代服务业区位熵	高技术服务业区位熵
13	江西	28.36	0.7564	0.6988	0.8570	0.4862
14	山西	28.34	0.3329	0.1869	0.9052	0.5628
15	河北	28.26	0.5475	0.2532	1.0118	0.6351
16	河南	27.97	0.6253	0.3279	0.9880	0.5224
17	海南	27.87	0.5971	0.5802	1.0497	0.7233
18	重庆	27.85	1.3917	0.5436	1.0399	1.0447
19	黑龙江	27.71	0.5035	0.3448	0.8684	0.9133
20	内蒙古	27.56	0.3458	0.1637	0.8580	0.6190
21	广西	27.55	0.8007	0.4193	1.0089	0.6053
22	四川	27.47	0.8570	0.8703	0.9889	0.9233
23	安徽	27.30	0.9296	0.3406	0.8011	0.5793
24	陕西	27.27	0.7348	0.7167	1.2923	1.1880
25	云南	26.44	0.4269	0.2450	0.9091	0.6992
26	宁夏	25.77	0.4330	0.1744	0.8811	0.5696
27	贵州	25.55	0.5058	0.7169	1.0654	0.6080
28	西藏	25.48	0.3091	0.9168	0.6774	0.5332
29	新疆	25.48	0.3455	0.0499	1.0195	0.6013
30	青海	24.95	0.3613	0.1470	0.8596	0.8188
31	甘肃	24.59	0.3679	0.1549	0.9202	0.6305

注：民生社会发展指数为国家统计局 2010 年地区综合发展指数中民生改善和社会发展指数数据，制造业区位熵以各行业总产值计算，服务业区位熵以各行业城镇就业人员计算。

资料来源：国家统计局 2010 年《地区综合发展指数报告》、《中国工业经济统计年鉴》（2011）、《中国高技术产业统计年鉴》（2011）、《中国第三产业统计年鉴》（2011），中国统计出版社 2011 年版。

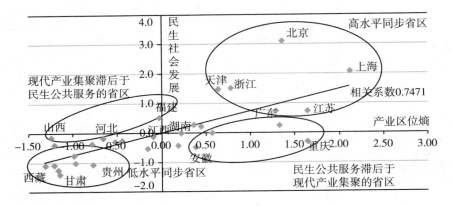

注：图中民生社会发展指数作了标准化处理。

图4-2　2010年各省区民生社会发展情况与技术密集型制造业区位熵

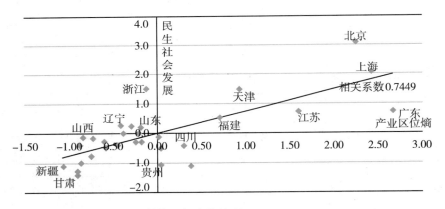

注：图中民生社会发展指数作了标准化处理。

图4-3　2010年各省区民生社会发展情况与高技术制造业区位熵

　　总体而言，高技术制造业的空间集聚特征更为明显，北京、上海、天津、广东等省市民生社会发展水平较高的省区优势明显。在细分行业中，通信设备、计算机及其他电子设备制造业，仪器仪表及文化、办公用机械制造业与民生社会发展水平的相关度最高，分别达到0.7604和0.7491，也主要集聚在京津、珠三角和长三角地区。原因在于，这些高技术类型的产业对高素质劳动力和科技人才的依赖程度很高，而珠三角、长三角和京津地区民生和公共服务水平较高，有利于吸引高端人才和优势企业，从而促进了这些产业的集聚发展。

二、各省区民生和公共服务水平与现代服务业、高技术服务业的集聚高度相关

从 2010 年数据看，与技术密集型制造业的情况类似，各省区民生社会发展水平与现代服务业①区位熵呈较强的正相关关系，相关系数为 0.6235，与高技术服务业②区位熵更是呈高度相关关系，相关系数达 0.8190。从表 4-1 看，民生社会发展水平较高的省区，如北京、上海、天津市等，这两类服务业的区位熵较高，产业优势极为明显；民生社会发展水平较低的省区，如甘肃、青海、西藏等，相应服务业的区位熵较低。如果比较以服务业城镇就业人口计算的区位熵，和以服务业城镇单位就业人口计算的区位熵，可以看到，各省区民生社会发展水平与现代服务业、高技术服务业区位熵的相关性明显加强，分别从 0.3496、0.6782 提高到 0.6235、0.8190。这实际上说明，在现代服务业、高技术服务业发展中，城镇私营企业和个体经济作用越来越大，对就业结构和产业空间分布的影响越来越突出，在市场机制充分发挥作用的条件下，民生社会发展水平高的省区更有条件吸引、集聚相关产业人才，从而实现服务业升级。

从服务业细分行业看，各省区民生和社会发展水平与信息传输、计算机服务和软件业，租赁和商务服务业，科学研究、技术服务和地质勘查业呈比较明显的正相关关系，而与批发和零售业、住宿和餐饮业、居民服务和其他服务业，教育，卫生、社会保障和社会福利业，文化、体育和娱乐业，公共管理和社会组织等呈不同程度的负相关关系。主要原因在于，民生社会发展水平较高的省区现代服务业充分发展，就业结构更加多元化，传统服务业的区位熵相对较低。同时，在中西部欠发达省区，由于市场创造高质量就业岗位的能力有限，社会就业中教育，卫生、社会保障和社会福利业，公共组织和社会管理三个行业的比重明显高于发达省区，使得这些行业的区位熵与区域民生社会发展水平呈较强负相关关系。

---

① 目前，普遍采用的现代服务业统计口径包括：信息传输、计算机服务和软件业，金融业，房地产业，租赁和商务服务业，科学研究、技术服务和地质勘查业，水利、环境和公共设施管理业，教育业，卫生、社会保障和社会福利业，文化、体育和娱乐业。

② 按照国家统计局定义，指采用高技术手段为社会提供服务活动的集合，在统计口径上主要包括信息传输、计算机服务和软件业，科学研究、技术服务和地质勘查业等。

三、各省区民生和公共服务水平与产业人才的集聚高度相关

公共服务水平对高端产业人才集聚具有直接影响。从 2010 年数据看，各省区民生和公共服务水平与每 10 万人大专以上人数、就业人口中大专以上比重、每万人 R&D 人员数、每万人科技人员数、每万人科学家和工程师人数等指标均有十分明显的正相关关系，与每 10 万人大专以上人数、每万人科技人员数、每万人科学家和工程师人数的相关系数超过 0.8，如表 4－2 所示。民生和公共服务水平较高的省区，如北京、上海、天津、江苏等，相关指标远远超过全国平均水平；民生和公共服务水平较低的省区，如西藏、贵州、云南等省区，与发达省区和全国平均水平的差距巨大，人才分布的区域不均衡性比产业分布的不均衡性更高。

表 4－2　　　　　　2010 年各省区人口受教育程度构成和科技人才情况

地区	每 10 万人大专以上人数	就业人口中大专以上比重(%)	每万人 R&D 人员数	每万人科技人员数*	每万人科学家和工程师人数*
全国	8930	10.1	2.55	23.28	14.90
北京	31499	39.0	46.88	55.05	40.16
上海	21952	28.3	11.53	48.95	32.30
浙江	9330	11.6	0.96	59.85	33.77
天津	17480	21.5	5.53	63.09	39.11
江苏	10815	12.0	2.55	50.87	30.41
广东	8214	10.7	0.91	40.65	29.56
福建	8361	10.0	0.91	23.33	15.71
辽宁	11965	13.6	2.98	28.22	19.07
吉林	9890	10.6	3.00	16.63	10.68
山东	8694	8.9	1.17	29.00	19.24
湖南	7595	7.9	1.05	14.00	9.22
湖北	9533	9.2	2.33	18.01	12.00
江西	6847	7.2	1.03	10.84	6.50

地区	每 10 万人大专以上人数	就业人口中大专以上比重(%)	每万人 R&D 人员数	每万人科技人员数*	每万人科学家和工程师人数*
山西	8721	10.8	1.78	26.66	15.80
河北	7296	7.7	0.91	13.13	8.65
河南	6398	6.8	1.22	16.49	9.84
海南	7768	9.0	1.32	4.81	3.62
重庆	8643	10.4	1.26	19.44	12.95
黑龙江	9067	10.3	1.98	17.58	11.29
内蒙古	10208	12.4	1.60	12.66	8.63
广西	5977	7.4	0.88	6.52	4.05
四川	6675	7.0	2.73	15.13	8.82
安徽	6697	7.5	1.00	17.72	11.18
陕西	10556	10.5	7.28	19.31	11.83
云南	5778	6.5	1.31	6.01	3.40
宁夏	9152	12.7	0.72	14.92	10.21
贵州	5292	7.1	0.68	6.90	3.99
西藏	5507	7.1	1.54	1.05	0.67
新疆	10635	13.9	1.57	7.85	4.79
青海	8616	11.5	1.45	9.74	7.29
甘肃	7520	8.1	2.68	12.11	7.81

注：* 为 2008 年数据。

资料来源：中国 2010 年第六次人口普查资料，《中国人口和就业统计年鉴》（2011）、《中国经济普查年鉴》（2008），中国统计出版社。

导致人才分布区域不均衡的主要原因有两方面。一是人才分布与区域教育资源分布、教育投入等直接相关，教育公共服务水平较高的地区，人才集聚水平也越高。例如，虽然陕西省民生和公共服务水平不高，但每 10 万人大专以上人数、就业人口中大专以上比重却明显高于全国平均水平，这与西安高等教育资源密集有很大关系。二是与各地区产业结构、研发投入、科技活动活跃程度密切相关，技术密集型制造业和现代服务业密集的地区，人才集聚较多。例如，广东省每 10 万人大专以上人数较低，但每万人科技人员数、每万人科学家和工程师人数明显高于全国平均水平，这与当地工资和公共服务水平对外地人才的吸引有很大关系。比较而言，后一种原因对人才空间分布的影响更为深远，更应引起关注。

四、各省区民生和公共服务水平与产业集聚也存在着不同步的现象

虽然，在总体上各省区民生和公共服务水平与现代产业集聚呈较明显的正相关关系，但也存在着不同步的现象。从表 4－1、图 4－1 数据分析，以区域民生和公共服务水平与技术密集型制造业、现代服务集聚水平两个维度分析，各省区可以分为四个类别。

第一类是公共服务水平与现代产业集聚高水平同步的省区，以北京、上海、天津、广东、江苏等东部发达省区最为典型。这些省区实现了经济发展、民生改善、公共服务水平提升和现代产业集聚的协调推进，是我国经济社会发展和产业综合竞争力最高的区域。

第二类是公共服务水平滞后于现代产业集聚的省区，以安徽、重庆、四川为代表。这些省区多在中西部，劳动力资源丰富，近年来承接东部产业转移成效明显，实现了技术密集型制造业、现代服务业的相对集聚和快速发展，但受整体经济社会发展水平及人口因素制约，民生和公共服务水平相对滞后，同时也具备了较大的发展潜力。

第三类是现代产业集聚滞后于公共服务水平的省区，以山西、河北最为典型。这些省区多处于工业化快速发展阶段，经济总量、人均收入水平、公共服务水平处于全国中等以上水平，但资源型经济特征明显，重化工业发达，产业结构偏重，技术密集型产业、高技术产业发展相对滞后，面临着产业升级的紧迫任务。

第四类是公共服务水平与现代产业集聚低水平同步的省区，以西藏、甘肃、贵州等省区最为典型。这些省区都在西部，经济社会发展、工业化进程、公共服务水平明显滞后于全国绝大多数省区，是我国目前的最不发达地区，现代产业集聚水平也相应较低。

以上四种类型中，第二、三类最应引起关注，他们体现出的问题对于完善公共服务体系、优化生产力布局具有明显的政策启示意义。

第四节　主要结论和政策建议

一、主要结论

通过以上对我国公共服务体系与生产力布局的分析，可以得出以下结论：

首先，公共服务对生产力布局的影响日益深化，尤其是对技术密集型制造业、现代服务业和产业人才的空间集聚的影响十分明显。民生和公共服务水平较高的省区，在集聚现代产业和高端生产要素中具有突出优势。

其次，在部分典型地区存在着民生和公共服务水平与产业集聚不同步的现象。一些中西部省区现代产业集聚超前于民生改善和公共服务水平提升，一些资源型经济特征明显的省区，民生和公共服务水平相对领先于现代产业发展。

第三，在技术密集型制造业和现代服务业细分行业中，高技术特征更为明显的制造业和服务业类别对公共服务水平的敏感性更高，在空间布局上呈现更为明显的集聚特征，高度集中于北京、上海、天津、广东等民生和公共服务水平最高的省区。

第四，在现代服务业发展中，市场机制在促进区域间要素资源优化配置中作用日益突出，民生和公共服务水平高、市场发育更加成熟、市场化就业比重高的省区吸引优势企业和高端产业人才的优势更为明显，现代服务业、高技术服务业的集聚水平越高。

二、政策建议

可见，随着我国经济体制改革的深化和现代市场体系的完善，公共服务作为重要的政策工具，在促进生产要素优化配置、激发劳动者创新创造活力中的作用日益凸显。从现阶段优化我国生产力布局的角度，建议：

1. 要把加快构建普惠、均等、一体的基本公共服务体系作为公共政策的优先领域。

从优化生产力布局的角度看，现阶段我国城乡、区域之间公共服务水平的巨大差异，一方面增加了劳动要素流动的制度成本，另一方面加剧了城乡之间、城市内部的二元对立，严重制约了经济社会转型和生产效率提升。中共十八届三中全会提出，要以促进社会公平正义、增进人民福祉作为全面深化改革的出发点和落脚点，实现发展成果更多更公平惠及全体人民，就必须加快构建普惠、均等、一体的基本公共服务体系。应稳步加大公共服务投入，强化中央政府对社会保障的支出责任，加快实施"国民基础社会保障包"制度，促进劳动要素在全国范围内的合理自由流动。应以权利公平、机会公平、规则公平为目标，深化教育、就业、医疗卫生等制度改革，促进劳动要素的高效配置。应完善财政转移支付制度，逐步实现区域间人均可支配财力的均等化，努力缩小各地区公共服务水平的差距，提升欠发达地区经济发展的潜力。

2. 把改善教育、职业培训和科技创新服务等作为完善公共服务体系的着力点。

公共服务对生产力布局优化的作用，归根到底是通过对人——这一最基本生产要素的影响实现的。在公共服务体系中，教育、职业培训等对人力资本数量增加和质量提高有直接影响，科技创新体系则对强化知识溢出效应有重要影响。因此，从优化生产力布局角度，除了积极发展高等教育，培育高层次人才之外，应大力加强中等职业教育，打通职业教育和普通教育之间的转换通道，增加职业教育的吸引力，培育更多高素质产业工人。应加快发展职业培训体系，充分发挥财政资金的引导作用，鼓励社会化培训机构发展，增加对农民工等职业培训的补贴力度和针对性，强化企业培训责任，加大对一线就业职工的培训投入力度。同时，应积极构建区域创新服务体系，打造科技创新公共服务平台，鼓励企业自主建立产业联盟，完善高层次人才引进机制，运用良好的公共服务筑巢引凤、吸引人才。

3. 应立足各省区实际情况，充分发挥公共服务在促进区域协调发展中的政策工具作用。

充分认识到民生和公共服务与生产力布局、产业集聚之间的相辅相成关系，根据自身实际情况，灵活采取不同政策组合。对于高水平同步地区，要在稳步提高民生和公共服务水平的基础上，增进政策的包容性、开放性，使更多的外来人口能够平等享受公共服务，实现人口、产业的合理高效集聚，提升经济发展的内在活力，促进社会和谐。对于公共服务水平滞后于现代产业集聚的地区，要着力保障和改善本地区民生，提升公共服务水平，使经济发展成果更多惠及人民群众，更加充分地释放人口红利。对于现代产业集聚相对滞后于公共服务水平地区，要着力促进区域产业结构升级，大力发展现代制造业和服务业，同时加快发展教育、科技、职业培训等公共服务，全面提升本地区人力资本素质。对于低水平同步地区，要加大中央财政转移支付力度，加快推进基本公共服务均等化，逐步缩小与全国平均水平的差距，同时因地制宜发展特色现代产业，探索绿色发展新模式。

4. 要加快完善市场经济体系，深化政府职能转变，使公共服务在市场机制作用下有效推动生产力布局优化。

市场机制在资源配置中最大范围、最广程度地发挥作用，是公共服务有效推动生产力布局优化的重要前提。应加快构建更加成熟完善的劳动力市场、人才流动机制、知识产权交易平台，发挥公共服务的引导调节作用，提高劳动、知识、技术、管理等生产要素的配置效率。应深化政府职能转变，积极利用市场机制优化公共服务供给模式，加大政府购买服务力度，提高公共服务供给水平和投入绩效。应加快教育、医疗、文化、科研等事业单位改革，放宽市场准入，以市场机制为基础优化专业人才配置，改善公共服务质量，促进现代服务业快速发展。

（执笔人：王辉）

第五章

环 境 规 制 与 生 产 力 布 局

　　环境规制一般是指针对环境所制定的各项政策和措施的总和。不同的环境规制会对人口和经济活动的分布带来不同方向的影响。而研究环境规制与生产力布局的关系，不可回避的一个问题是自然环境条件对生产力布局的作用。自然环境条件是生产力布局最重要的基础，同时也是针对性的环境规制政策制定的重要前提。因此，本章研究的对象不仅局限于环境规制的政策措施本身，同时也将区域自然环境条件统一纳入研究范围，主要研究区域生态环境本身或者环境承载力是否与生产力布局相协调，环境规制政策是否有效并促进生产力布局的优化。从政策要达成的目标来讲，为促进市场经济条件下生产力布局的优化，环境政策的制定与完善也应该服从和服务于两方面的目标，其一是保持环境的可持续性，充分尊重区域自然环境条件，并使人口和经济活动的集聚与环境承载力相适应；其二是完善环境政策规制，保障区域生产力布局公平有效，并促进生产力布局的优化协调。

第一节　我国区域环境规制发展趋势及特点

一、我国环境政策的发展脉络及特点

新中国建立初期，我国针对很多资源破坏、污染治理的问题出台了相关规定及政策文件[①]，但尚未明确地形成基于环境保护的政策思路。以 1972 年我国参加斯德哥尔摩联合国人类环境会议为起点，我国环境政策开始正式起步。经过 40 多年的努力，我国已初步形成了一套比较完整的环境政策框架，这些政策在环境保护和生态建设等方面发挥了重要的作用。总体来看，我国环境政策的发展呈现出以下特点。

1. 环境政策体系不断完善，环境保护的地位和作用日益增强。

目前我国已经基本形成了集目标、战略、措施、保障机制于一体的环境政策体系，并在产业、能源、资源等多个领域都有专门的配套环境政策。从发展历程看，我国环境政策的涵盖的领域不断拓宽，组织架构也不断完善。经过 40 多年的发展，我国出台了 100 多份国家政策文件，形成了 31 项环境保护相关的法律、46 项行政法规、几百项部门规范规章政策、千余件地方性规章，出台了千余项国家环保标准，建设了 85 个国家生态工业示范园区[②]，初步形成了相对完善的国家环境政策体系（见表 5-1）。

表 5-1　　　　　　　　　　我国主要环境政策脉络

时间	核心内容
1972	参加斯德哥尔摩联合国人类环境会议，环境保护工作起步。
1973	第一次全国环境保护会议，通过《关于保护和改善环境的若干规定》。
1974	成立了国务院环境保护领导小组，形成了"三同时"制度。
1978	环境保护正式纳入宪法。

① 如 1950 年《政务院关于治理淮河的决定》、1964 年《城市工业废水、生活污水管理暂行规定》等。

② 数据统计来自环境保护部网站。

续表

时间	核心内容
1979	颁布了《环境保护法（试行）》，环保纳入法制轨道，法规开始不断完善。
1982	建立国家环境保护局。
1983	第二次全国环境保护会议，把环境保护作为我国的一项基本国策。
1989	第三次全国环境保护会议，提出了新的"五项制度"，促进经济与环境协调发展。
1992	联合国"环发"大会后，制定了可持续发展战略，提出了 10 个方面的政策。
1993	提出"三个转变"的思路。
1994	公布《中国 21 世纪议程》。
1995	确定实施经济体制和经济增长方式两个根本性转变，开始淮河治理。
1996	第四次全国环境保护会议，全国推行总量控制和绿色工程。
2002	第五次全国环境保护会议，制定环境保护五年计划。
2005	中央人口资源环境工作座谈会提出生态文明概念。
2006	第六次全国环境保护会议，提出新"三个转变"、四项工作与八大措施。
2007	中共十七大报告中将生态文明列为全面建设小康社会目标之一。
2009	中共十七届四中全会把生态文明建设提升到与经济建设、政治建设、文化建设、社会建设并列的战略高度，作为中国特色社会主义事业总体布局的有机组成部分。
2011	第七次全国环境保护会议，统筹考虑发展、转型和环保，根据主体功能区规划，实行分类指导，在试点的基础上逐步推广排污权交易，引导公众参与。
2012	党的十八大报告提出建设美丽中国。

注：（1）"三同时"是指要求所有新建、改扩建项目的防治污染设施必须与主体工程同时设计、同时施工、同时投入运行。

（2）"五项制度"包括环境保护目标责任制、城市环境综合整治定量考核、污染物排放许可证制、污染集中控制和污染限制治理制度。

（3）"三个转变"是指从末端治理向全过程控制转变，从单纯浓度控制向浓度与总量控制相结合转变，从分散治理向分散与集中治理相结合转变。

（4）新"三个转变"：一是从重经济增长轻环境保护转变为保护环境与经济增长并重；二是从环境保护滞后于经济发展转变为环境保护和经济发展同步；三是从主要用行政办法保护环境转变为综合运用法律、经济、技术和必要的行政办法解决环境问题。

资料来源：根据相关文件整理。

同时，我国环境政策的地位和作用不断提升。从国家的定位来看，环境政策从 20 世纪 80 年代的基本国策变为 90 年代可持续发展的国家基本战略，21 世纪又进一步成为科学发展观的重要内涵以及我国"五位一体"建设的重要组成部分，环境保护战略地位不断提升。从机构设置来看，环保机构也不断升级，从最初非常设机构国务院环境保护领导小组办公室升级为国家环保局，后又提升为环保总局，2008 年变成环境保护部，成为国务院组成部门。从国家的投入来看，我国环境污染治理投资逐年递增，2012 年已经超过了 8000 亿元，占 GDP 的比重也不断升高，2010 年时曾接近 2%（见图 5 - 1）。

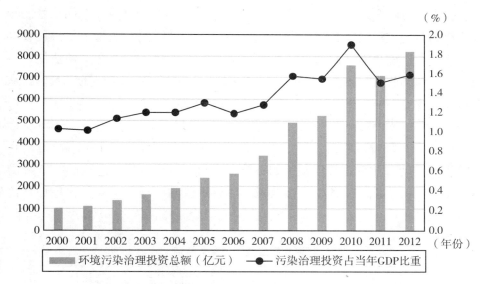

图 5 - 1　我国环境污染治理投资及占 GDP 比重（2000～2012）

资料来源：国家统计局《中国统计年鉴》，中国统计出版社 2001～2013。

2. 环境政策的设计理念不断深化，从污染治理走向生态文明建设。

20 世纪七八十年代我国的环境政策主要是基于污染治理的理念而设计的，此时期重点在于建立环境标准法规、排污收费与许可制度、城市环境综合整治等方面，其总原则就是"谁污染，谁治理"。步入 90 年代之后，随着工业化进程加快，环境质量恶化加速，经济增长付出了昂贵的生态环境成本。环境政策的设计理念从污染治理转向了可持续发展，环境政策不再"头痛医头脚痛医脚"，而开始强调经济增长方式的转变，提高能源利用效率，积极发展环保产业，并运用经济手段保护环境，强调"谁治理，谁收益"。进入 21 世纪，我国的环保政策设计理念又有了进一步的深化，环境保护被纳入了"五位一体"中生态文明建设的大框架下，并强调经济增长与环境保护并重并同步发展。这种理念下，加强环境保护成为推进生态文明建设的根本途径，环境政策制定越来越突出经济与环保的协调和双赢，如 2011 年第七次全国环境保护会议上就强调要坚持在发展中保护、在保护中发展。

3. 环境政策工具逐渐多样化，从政府行政命令向市场化转变。

环境规制工具可以分为命令—控制式的直接规制、市场经济下的激励工具和间接的柔性工具（见表 5 - 2）。早期我国环境政策多为政府的直接管制，如标准控制、行政许可等，没有充分利用市场提供的价格、税收、信贷等经济杠杆。随着环境政策的不断完善，政策工具也不断从政府直接管制向间接管制转变，市场化的工具被更多地引入，收费、交易等成为主体。而随着经济社会的发展进步，环境政策规制工具从依靠行政办法保护环境向综合运用法律、经济、技术和必要的行政办法转型，且出现了环境标志等更加柔性的工具，公众参与的力度也不断加强，环保政策工具呈现出多样化的态势（见表 5 - 3）。可以看出，从"标准控制——排污收费——排污许可证交易制度——环境标志"这一系列环境政策的发展过程中，政府的管制职能不断降低，政府由环境政策的推动者转变为环境政策的引导者；而企业则由环境政策的被动接受者逐步转变为环境政策的主动参与者，政策手段的市场化、多样化趋势日益明显。

表 5 - 2   环境规制工具的种类与特征

类型	种类	主要特征
直接规制	技术标准、技术规制、命令和禁令等	优点：简单易行、易于操作 缺点："一刀切"，缺乏灵活性
市场激励	环境税、排污收费、减排补贴、押金—退款、交易许可证、税费减免等	优点：灵活性强、激励效应大等 缺点：有的工具适用范围小，税费等费率难以确定
柔性工具	市场创建、环境标志、环境认证、自愿协议、环境信息披露等	优点：环境行为由被动变为主动等 缺点：不具有法律约束力等

资料来源：Testa F. The link between environment and competitiveness ［J］. Journal of Environmental management，2010，（9）：10.

表 5-3 中国常用的环境保护政策工具

直接规制	市场激励	柔性工具	
命令—控制手段	市场经济手段	自愿行动	公众参与
污染物排放浓度控制	征收排污费	环境标志	公布环境状况公报
污染物排放浓度总量控制	超过标准处以罚款	ISO 14000 环境管理体系	公布环境统计公报
环境影响评价	二氧化硫排放费	清洁生产	公布河流重点断面水质
"三同时"制度	二氧化硫排放权交易	生态农业	公布大气环境质量指数
限时治理制度	二氧化碳排放权交易	生态示范区（省市县）	公布企业环保业绩试点
排污许可证制度	节能产品补贴	生态工业园	环境影响评价公众听证
污染物集中控制	生态补偿费试点	非政府环保组织	加强各级学校环境教育
城市环境综合整治定量考核制度		环保模范城市/环境优美乡镇/环境友好企业	中华环保世纪行（舆论媒介监督）
环境行政督查		绿色 GDP 核算试点	

资料来源：张坤民：《当代中国的环境政策：形成特点与评价》，载《中国人口·资源与环境》2007 年第 17 期。

4. 环境政策作用机制由点及面，从事后治理发展为全程管控。

我国的环境政策是从问题入手，从污染治理开始的。而从 20 世纪 90 年代初，我国污染防治开始实行从末端的治理向全过程的控制转变，从源头上减少资源破坏和环境污染。同时，我国的环境政策还经历了从分散治理向分散与集中治理相结合的转变，从单纯浓度控制向浓度与总量控制相结合的转变，从点源治理到流域和区域的环境综合治理的转变，环境政策作用范围也从主要污染物、重点企业和地区拓展到综合污染防治、产业转型升级和流域、区域的综合治理。这种转变在环境政策领域实现了点线面治理的有机结合，形成了全程的环境政策作用机制。

5. 环境政策的参与主体多元化，从政府主导转向公众参与。

我国环境政策发展过程的另一个重要特点是政策主体逐渐多元化，公众参与环境治理的权限和范围越来越宽。从环保资金来看，我国的环境政策不仅靠政府投入，还通过开放市场来吸引外资和私人投资，投资主体更加多元；从政策实施工具来看，自愿行为和公众参与手段不断涌现，公众参与环境政策的形式更加多样；从环境监督来看，不仅依靠政府建立环保法律法规，还发挥各种非政府组织的作用，监督的手段更加灵活。目前我国环境政策的公众参与包括举报投诉、信访制度、听证制度、环境影响评价公众参与制度、新闻舆论监督制度和公民监督参与制度等（吴荻等，2006），公众参与在环境政策制定与执行中越来越重要。

二、我国区域环境规制的总体态势

由于我国区域间自然条件和发展阶段存在较大差异，环境规制逐渐形成了"分类指导"的政策体系。在我国总体环境规制政策体系的框架下，我国已经形成了包括全国主体功能区规划、跨区域（如流域）和次区域的环境政策文件、各类部门规章和规范、各类生态敏感区专项方案、各地方发起形成的地方环境规制等较为全面的区域环境规制体系。

1. 我国区域环境规制政策正逐渐全面铺开。

我国区域环境政策实践活动可以追溯到 1988 年开始的淮河流域水污染防治行动，其后其他重点流域也逐渐开始了治理工作。此后，各类区域环境规制政策不断出台，涉及的领域不再限于污染治理，涉及的区域范围不断扩大，区域环境规制的措施也更加多样。比较典型的如酸雨控制区和二氧化硫污染控制区、三北防护林工程、京津冀大气污染协同治理工程，等等。此外，各类跨区域的自然保护区以及近些年出台的跨区域规划中的环境协调政策也都可以算作区域环境规制政策的范畴。同时也应看到，虽然我国区域环境规制政策在不断地完善，但仍存在区域治理范围不合理、治理手段不科学、环境监督不到位等各种问题，未来区域环境政策还有待于不断地丰富和调整，以使其更加科学合理、有的放矢。

2. 区域环境规制政策的力度差异明显。

由于各地区的环境规制政策措施和力度均不同，为准确刻画区域环境规制的差异，这里分别对各省的环境规制强度和历年的变化趋势进行分析。为简便起见，这里选取中国环境统计年鉴中历年每单位平均排污费作为区域环境管制强度指标，来比较东中西区域的环境规制差异及变化趋势。

从 2010 年各省市环境规制现状来看，各省市规制强度差异明显。内蒙古、山西等资源大省的环境规制强度最大，超过全国平均水平 3 倍以上。而除西藏外，北京、广东、福建、吉林等省市环境规制强度则较小，显示出这些经济相对发达地区在环境收费措施上力度相对较小（见图 5－2）。

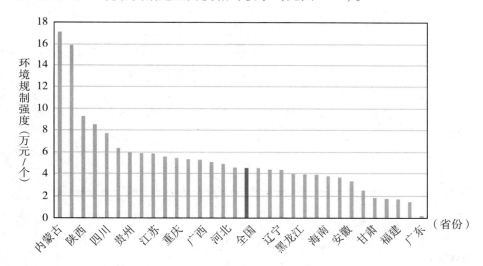

图 5－2　2010 年各省市环境规制强度

资料来源：国家统计局：《中国环境统计年鉴》（2011），中国统计出版社 2011 年版。

从发展的趋势来看，环境规制呈现出比较明显的分化特征。中西部地区在早期环境规制强度较低，而在 2005 年之后则超越了东部地区且一直领先，呈现出先抑后扬的态势，而东部地区则呈现出先扬后抑的格局。区域环境规制强度与地区发展阶段、产业结构以及环境治理的需求密切相关。中西部地区大多处于工业化初期和中期阶段，经济发展的愿望与环境保护相比要更强烈，因此，早期中西部环境规制的力度和投资强度都较弱，虽然 2005 年之后中西部地区因环境问题日益凸显，环境规制的强度超过了东部地区，但其环境污染治理投资仍然较小，中部和西部一直都低于东部地区（见图 5－3、图 5－4）。

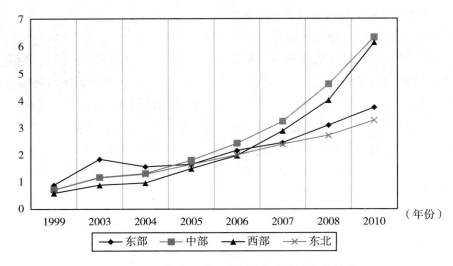

图 5 - 3　近年来四大区域环境规制强度变化趋势

注：其中部分年份没有区域排污收费统计，下同。

资料来源：国家统计局：《中国环境统计年鉴》（1999 - 2013），中国统计出版社 2013 年版。

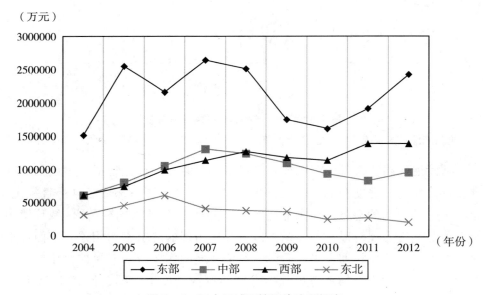

图 5 - 4　四大区域环境污染治理投资

资料来源：国家统计局：《中国统计年鉴》（2005 - 2013），中国统计出版社 2013 年版。

第二节 环境规制对生产力布局的作用

一、环境规制影响区域经济增长

环境规制政策对经济增长的影响有两方面：一方面，环境规制政策通过征收税费、准入许可等方式提高了经营成本，会带来地区产出和效率的损失；另一方面，环境规制政策会通过提高人力资本和研发投入、引领绿色消费等途径作用于生产要素，进而带来产出增加和效率的提升（见图5-5）。而就具体作用路径而言，环境规制对经济的作用一方面是通过直接作用于企业，提升企业经营成本、推动企业创新，进而影响部门经济和国家/地区经济，另一方面是通过间接作用于环境，并通过环境影响企业、部门和国家/地区经济（见图5-6）。因此，环境规制政策对经济增长的影响机制较为复杂，需要针对实际情况进行具体分析。

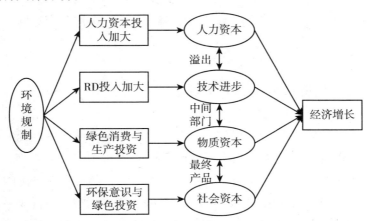

图 5-5 环境政策促进经济增长的传导路径

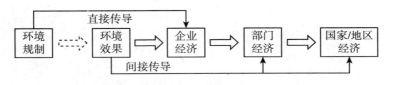

图 5-6 环境规制的区域作用机制示意

环境政策对经济增长和效率影响研究中最典型的观点是 Porter（1991、1995）提出的著名的"波特假说"。他认为严格恰当的环境规制有利于资源环境效率的改善、技术进步创新以及生产率的提高，因而有利于企业（地区）竞争力的提升。很多学者通过实证对该假说进行检验，而对于我国的环境规制政策是促进还是阻碍经济增长，目前仍存在争议。研究表明，虽然长期来看环境规制会对中国企业的技术创新存在一定的激励作用（黄德春等，2006；赵红，2008），但较强的环境规制政策（如排污收费政策）在短期内会造成行业产出下降（张友国，2004），给地区效率带来较大损失（李静，2012）。

环境规制政策对不同区域的作用也是不同的。一般而言，我国的东部地区因为经济发展水平较高，对环境规制政策的敏感度较低，提升环境规制标准（如增加排污费）对地区经济的影响则相对较小；而中西部地区由于经济发展相对落后，对环境规制政策的敏感度要更高，提升环境规制标准对中西部地区带来的经济和效率损失要更大（李静，2012）。这主要是因为目前国家对于地区污染物进行控制或收费的政策在短期内并未形成对企业生产率的有效激励。"节能减排"等环境规制措施更主要地表现为政府强加给企业的额外压力，而非企业自觉的行动。而全国"一刀切"的节能减排措施则会使对政策更为敏感的中西部地区受到更大制约，因而有必要针对不同区域实行差别化的环境规制政策。

二、环境规制推动区域产业转移

环境规制政策对生产力布局的另一个重要影响是推动区域产业转移。因为较高的环境规制会提高地方企业的污染治理成本，进而使总成本增加，利润被压缩，在可以区域自由流动的情况下，企业会倾向于向环境规制较低的地区转移（见图 5－7），即在其他条件不变的情况下，高耗能、高污染的行业会从环境规制政策严厉的地区流向环境规制政策相对宽松的地区，这就是著名的"污染天堂"假说（张可云等，2011）。该假说被广泛应用在国际产业转移的研究中。

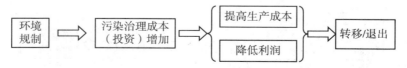

图 5－7　环境规制与污染企业转移机理

就我国而言，各省之间环境规制力度存在较大差异，在这种情况下，污染密集型产业就会有动力从环境规制力度大的省份向环境规制力度小的省份转移，从而导致环境规制小的省份沦为污染密集型产业规避高环境规制的污染天堂。很多研究证实了我国区域环境规制会促进产业在东中西部区域之间的转移（张可云等，2011）。从我国近年来区域产业结构变动与环境规制的变化中也可以看出这一趋势。我国东部地区①环境规制强度不断提高，进而促进企业向中西部转移，使东部地区环境规制强度与二产比重反向变动（见图5-8）；而中西部地区虽然环境规制也遵循国家标准并呈现强度不断提高的趋势，但在承接东部产业转移的具体操作过程中，为了吸引更多的产业，从而在实际产业环境规制强度上可能有所放松，从而导致西部地区环境规制强度与二产比重呈现同向变动（见图5-9）。环境污染治理投资与二产比重的变动也呈现同样的趋势（见图5-10、图5-11）。从近年来具体区域工业结构变动情况也可以看到，除了劳动力成本因素制约的劳动密集型产业外，向中西部转移的产业很多是污染密集型产业，受到环境规制影响较大（见表5-4）。近年来很多重工业企业向内陆搬迁的例子也证实了这一点。

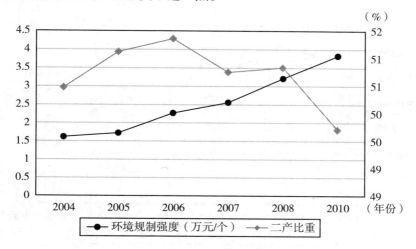

图 5-8　东部地区环境规制与二产比重变动趋势

资料来源：国家统计局：《中国环境统计年鉴》，中国统计出版社（2005~2013）；国家统计局：《中国统计年鉴》，中国统计出版社（2005~2013）。

---

① 这里东部地区包括：北京、天津、河北、辽宁、山东、上海、江苏、浙江、福建、广东、海南省市，除港澳台外其余地区为中西部地区。本章除四大区域划分外，东部与中西部划分与此相同。

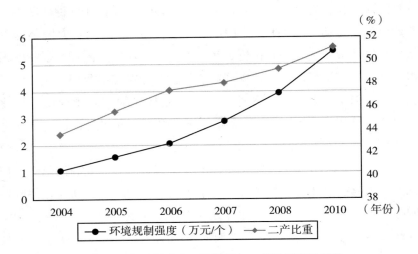

图 5 - 9　中西部地区环境规制与二产比重变动趋势

资料来源：国家统计局：《中国环境统计年鉴》（2005 - 2013）、《中国统计年鉴》（2005 - 2013），中国统计出版社 2013 年版。

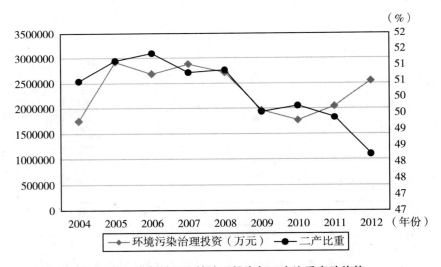

图 5 - 10　东部地区环境治理投资与二产比重变动趋势

资料来源：国家统计局：《中国统计年鉴》（2005 - 2013），中国统计出版社 2013 年版。

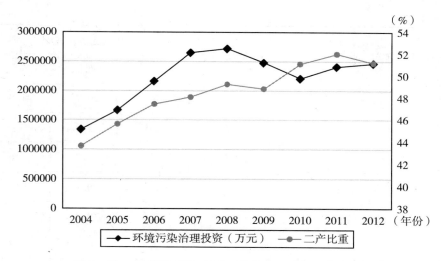

图 5 - 11　中西部地区环境治理投资与二产比重变动趋势

资料来源：国家统计局：《中国统计年鉴》（2005 ~ 2013），中国统计出版社 2013年版。

表 5 - 4　　　　　2005 ~ 2008 年我国区域产业结构变动与产业转移状况　　　　单位:%

转出行业	东部转出比例	转入地区及比例		
		中部	西部	东北
饮料制造业	9.3	4.5	3.1	1.6
木材加工及竹藤棕草制品	8.5	5.1	2.1	1.4
家具制造业	7.8	3.5	2.2	2.1
非金属矿物制品业	7.7	4.4	0.8	2.6
食品制造业	6.9	3.9	1.1	1.9
农副食品加工业	6.5	3.1	0.7	2.7
纺织服装鞋帽制造业	6.0	2.5	0.6	2.8
金属制品业	5.6	1.5	1.6	2.5
专用设备制造业	5.6	2.6	0.7	2.3
塑料制品业	4.8	1.6	1.1	2.1

续表

转出行业	东部转出比例	转入地区及比例		
		中部	西部	东北
仪器仪表办公机械制造业	4.7	2.8	0.9	1.0
皮革毛皮羽毛及其制品业	4.5	2.9	1.6	—
通用设备制造业	4.5	1.2	0.7	2.6
电气机械及器材制造业	4.1	2.8	0.7	0.6
印刷业和记录媒介的复制	4.1	2.0	0.8	1.4
造纸及纸制品业	3.8	2.8	0.4	0.5
医药制造业	3.7	3.3	—	0.4
有色金属冶炼及压延加工业	3.5	3.5	—	—
纺织业	2.9	2.3	0.6	—
文教体育用品制造业	2.7	2.1	0.4	0.1
橡胶制品业	2.6	1.8	0.2	0.7
工艺品及其他制造业	2.5	1.5	0.1	0.9
化学原料及化学制品制造业	1.8	2.2	0.3	—
电子及通信设备制造业	1.4	0.7	0.6	0.1
黑色金属冶炼及压延加工业	1.1	0.7	0.4	—
石油加工及炼焦业	0.1	0.0	0.1	—
交通运输设备制造业	0.1	0.1	0.0	—

注：表示该地区该行业占全国同行业的份额下降。

资料来源：国家统计局：《中国统计年鉴》（2005、2009）、《中国经济普查年鉴》（2004、2008），中国统计出版社。

第三节　区域环境规制与生产力布局的主要矛盾

尽管我国已经初步形成了相对完善的区域环境政策体系，且对生产力布局起到了重要的影响。但在市场条件下，我国区域环境规制与生产力布局仍然存在不平衡、不协调、不可持续的矛盾，主要体现在三个方面：资源环境优势与生产力布局不一致、环境承载力与生产力布局不匹配、环境规制政策与区域协调发展相脱离。

一、资源环境优势与生产力布局不一致

我国区域资源和环境基础差异较大，如何能结合地区资源环境优势来优化生产力布局一直是区域发展的重点和难点。从我国现状人口与产业布局来看，生产力布局与资源环境的优势并未紧密结合，很多地区的资源环境优势并未充分转化为区域发展动力。

从中国主要能源和矿产资源的地区分布比重来看，中西部地区在储量上占据绝对优势，很多资源的比重占到95%以上。但多年来，这一优势并没有转化为经济发展的优势动力，2012年中西部的GDP比重仅占全国的38%。甚至，这一优势却成为很多环境问题的来源，形成了"资源诅咒"。2012年中西部地区的废水、生活垃圾排放量均接近全国的50%，二氧化硫排放量已经超过东部，占到64.5%。可以说，长期以来，中西部地区在资源、环境等方面为东部地区发展做出了重要贡献，东部地区有必要进行相应的资源和生态补偿。

表5-5　　　　　　　区域资源、环境与生产力分布　　　　单位：%

	石油	天然气	煤炭	铁矿	锰矿	铬矿	钒矿	人口	GDP	废水	SO$_2$	生活垃圾
东部	31.41	3.44	6.73	59.32	11.24	1.32	1.77	41.25	62.00	52.82	35.50	53.43
中西部	68.59	96.56	93.27	40.68	88.76	98.68	98.23	58.75	38.00	47.18	64.50	46.57

资料来源：李静：《中国地区环境效率的差异与规制研究》，社会科学文献出版社2012年版；《中国统计年鉴》（2013），中国统计出版社2013年版。

　　同时，中西部地区的资源环境优势并未转化为资源环境的发展效率。通过计算 2012 年我国四大区域的人口、GDP、生态足迹①，我们可以大致了解我国区域生产力分布状况。进而，可以计算出我国区域的生态效率（单位生态足迹所产生的 GDP），以反映我国各区域单位资源占用所得到的产出，也就是区域资源环境的发展效率。可以看到，我国西部地区生态足迹占全国的比重为 23%，约为东部地区的一半，但生态效率仅达到东部地区的 1/3（见图 5 - 12）。从各省区的生态效率与人均 GDP 的关系也可以看出，我国省域的生态效率与地区发展水平基本呈线性关系（见图 5 - 13），中西部发展相对落后的省份虽然在资源、环境条件上有一定优势，但并未将其转化为发展的动力和效率。

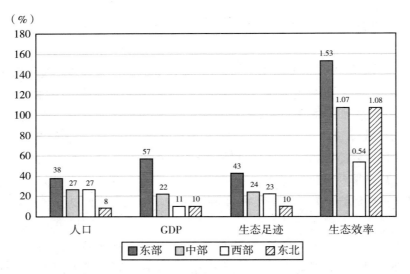

图 5 - 12　区域生产力分布与生态效率

资料来源：根据《中国统计年鉴》（2013），中国统计出版社 2013 年版数据计算。

---

　　①　生态足迹指对一个区域能否继续存在，所需要支撑的生态系统面积，是一种生态占用的概念。计算方法来自杨开忠等（2000、2014），数据来自中国统计年鉴及各省区统计年鉴，因数据获取原因，未包含西藏。

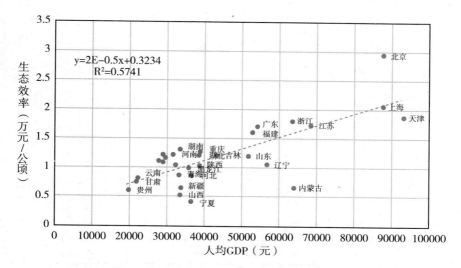

图 5 – 13　区域生态效率与人均 GDP 的线性关系

资料来源：根据历年《中国统计年鉴》数据计算，中国统计出版社。

二、环境承载力与生产力布局不匹配

　　资源环境等自然条件是影响人口和经济分布的长期因素，从宏观视野看，人类和经济活动的空间分布与资源环境承载力的空间格局大体一致；但从中观和微观层次看，环境承载力与生产力布局存在不匹配现象，部分地区的人口和经济活动聚集程度超越了当地的资源环境承载能力。

　　资源和环境是人类生存的根本条件，也是经济发展的基础要素，从整体来看自然条件仍然是影响人口区域分布的重要因素。在 20 世纪 30 年代，著名地理学家胡焕庸发现，从黑龙江瑷珲至云南腾冲作一条直线把中国分成东南和西北两块，在线的两侧，自然条件显著不同，承载人类和经济活动的能力相差悬殊：东南半壁为全国面积的 36%，却聚集了全国人口的 96%，而西北半壁 64% 的国土面积上只生活了 4% 的人口。根据最新的人口普查数据测算，70 多年来，我国人口分布格局只有两个百分点左右的变化（见图 5 – 14）。这说明，我国人类和经济活动的空间分布与资源环境承载力的空间格局总体上是一致的。

　　不过，在中观和微观层次上，区域人口和经济的集聚程度与其资源环境的承载能力不匹配的现象却屡见不鲜。水资源过度开采和空气严重污染是这种不匹配的突出反映。海河流域的水资源利用率已经超过 100%，中国 50 个

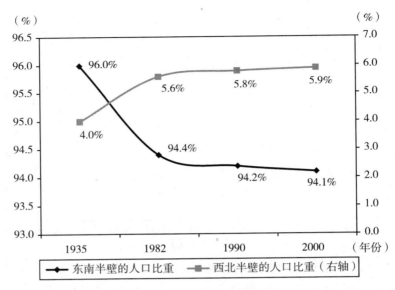

图 5 − 14　中国分县人口密度（2010）和中国人口分布的东西变动

资料来源：根据历年《中国统计年鉴》计算，国家统计局。

最大的城市均因过度开采地下水而出现地面沉降现象。在人口规模排前 500
位之内的城市中，只有不到 1％ 达到了世界卫生组织推荐的空气质量标准；
在世界上污染最严重的 10 个城市之中，有 7 个在中国。这些都表明人口和
经济的聚集程度与资源和环境的承载力发生较大的偏差，透支了区域经济持
续发展的潜力。

　　为比较我国区域生产力布局与环境承载力的状况，本章采用与生态足迹类
似的方法计算了区域的生态承载力（不含水资源）①。比较各省区市人口、
GDP、生态足迹等分布状况和区域的承载能力，可以看出我国东部地区的生态

---

　　① 生态足迹指对一个区域能否继续存在，所需要支撑的生态系统面积，是一种生态占用的概念。
计算为便于比较，这里将生态承载力也用占用面积来计算，界定为一个地区所能提供给人类的生态生
产性土地的面积总和。计算公式为：$EC = N \sum_i a_i y_i e_i$。其中，EC 为总人口的生态承载力，N 为人口
数，a_i 为 i 类生态生产性土地人均生产量，y_i 为产量因子（Yield Factor），e_i 为等量因子。等量因子就是
一个使不同类型的生态生产性土地转化为在生态生产力上等价的系数。本文使用的等量因子来自世界
自然基金会（World Wide Fund For Nature）地球生命力报告 2006（Living Planet Report 2006）。产量因子
是将各地区各生态生产性土地类型转化为可比数值，通过用地区单位面积生产力除以世界单位面积生
产力得到。本章采用的产量因子参考联合国粮农组织（FAO）以及相关统计年鉴数据计算得出。因数
据获取原因，计算未包含西藏。

承载力要明显低于中西部,但所承载的人口和经济活动要远超过中西部地区。从各省区来看,除内蒙古、山西等个别省份外,我国各省区市的生态承载力与生态足迹呈现出明显的相反格局,西部生态承载力高的省份生态足迹反而较低,而东部沿海发达省份生态承载力较低,但生态足迹却全国领先,说明人口和经济活动的分布与区域的生态承载力严重不匹配。而区域经济的集聚程度与其资源环境的承载能力不匹配,最终导致资源过度开采、环境加速恶化,直接影响人们的生活健康和经济发展的可持续性。

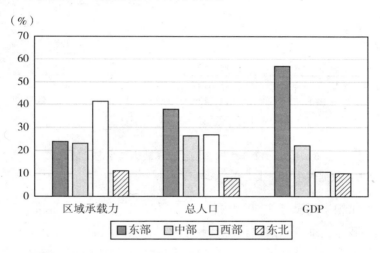

图 5-15 2012 年中国区域承载力、人口、GDP 分布

资料来源:根据《中国统计年鉴》(2013)数据计算,中国统计出版社 2013 年版。

三、环境规制政策与区域协调发展相脱离

区域协调发展是新时期生产力布局的题中之意。而我国现行的环境规制政策与区域协调发展的要求存在脱节和矛盾之处,进而带来了一系列的区域问题。

1. 我国环境规制政策仍不完善,尤其是区域性政策需要加强。

目前我国的全国性环境规制政策体系已相对完善,但区域性的环境政策发展很不充分,很多区域性的环境政策至今仍难以有效落实,如跨区域的生态补偿机制、跨区域协同治理机制等。同时,我国很多环境政策还是采用全国"一刀切"的方式,未能有效反映地方的资源环境特点和环境治理需求,如我国生态

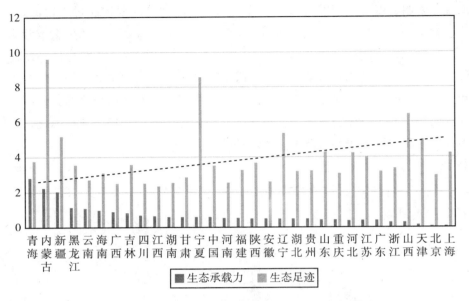

图 5 - 16　2012 年中国省区生态承载力与生态足迹分布

资料来源：根据《中国统计年鉴》（2013）数据计算，中国统计出版社 2013 年版。

建设补偿政策很多还没有体现区域的成本差异，仍是全国统一标准，环境政策的区域针对性较差。此外，我国目前很多环境规制政策还沿承计划经济的命令—控制思路，没有充分发挥市场的作用，很多市场性政策工具需要加强研究。

2. 环境规制政策与区域政策的协同性不足。

由于我国的环境政策主要是基于传统的环境治理问题导向发展而来的，所以环境政策重点都主要放在如何实现环境治理和环境建设方面，很多环境政策并未纳入区域经济发展战略之中进行统筹设计。环境政策落后与经济社会发展战略更多地变成一种区域政策的补充。再加上我国部门设置带来机构协调能力不足等问题，很多环境政策在制定中大多起到一种辅助的作用，在执行过程中也会遇到部门和地方的阻力。

3. 各类区域环境政策之间的相互补充和协调性有待加强。

其一，政策设计缺乏统筹，如目前排污收费政策是削减污染排放的有力手段，但不能充分反映资源的稀缺性，排污许可制度有利于资源合理分配但不利于削减排放，二者的互补有利于发挥各自优势，而目前很多地区均采用单一方式。

其二，政策手段单一，环境管理中的行政手段比较完善，但依靠市场的工具仍然比较少。

其三，政策目标缺乏协调，很多环境政策都是出于某一单一目标而制定的，并未与其他政策目标统筹考虑，如一些控制措施过于僵化，一味地强调减排控制而忽视了发展。

4. 区域环境政策的落实受到管理体制的制约。

一方面，政策受到部门管理分割的影响。如生态保护政策往往是分领域由各行政管理部门分别制定和执行，而相关政策之间存在着重复交叉、事权划分不明确等问题。

另一方面，政策受到地区利益的制约。环境问题外部性较强，往往需要实现跨区域协调。而我国现行的以行政区划为单位的环境管理体制，环境保护部门的工作很大程度上是受制于地方政府，这往往带来区域协调不畅，甚至各自为政，为谋发展而不惜损害其他地区利益的现象。

第四节　优化生产力布局的环境政策建议

一、将区域环境规制纳入国家治理体系框架中，推动区域环境规制向区域协同治理转变

党的十八届三中全会提出要把推进国家治理体系和治理能力现代化作为全面深化改革的总目标，完善党领导下经济、政治、文化、社会、生态文明和党的建设等各领域体制机制、法律法规安排和相互协调。这就要求我国区域环境政策应该由传统的规制思维转向国家治理的思维，推动区域环境规制向区域协同治理转变。第一，要充分发挥市场决定性作用，完善市场为基础的政策引导和规制体系。一方面，丰富区域环境政策工具，形成命令—控制型、经济激励型、鼓励引导型等多管齐下的政策手段；另一方面，加强环境政策研究，进一步丰富完善已有政策类别，提升政策的科学性和有效性。第二，加强环境政策与区域发展战略的协同。将环境规制合理融入经济社会发展战略，实现环境政策目标与国家/区域发展目标协调一体，以区域规划为基础，合理界定环境政策范围，加强环境功能区划与区域规划的协同融合。第三，强化不同环境政策的协调推进。以科学分析为基础，合理确定不同的环境政策目标，加强共性环

境问题的政策对接。第四，进一步强化多元主体参与，不断完善区域利益协调和主体利益协调机制。

二、充分发挥市场的决定性作用，完善以市场为基础的区域环境政策体系

1. 以区域承载力为基础，按照地域分工协作的要求，建立符合地区发展优势的产业结构和经济结构。

各地区的自然资源条件、经济发展水平和产业发展基础不同，地区的发展优势也就有不同。要依托各地发展优势，做好统筹协调，促进形成各具特色、互补互助的地区产业结构和经济结构。在充分考虑区域生态补偿的前提下，引导生态资源和能源向东部地区和生态效率高的区域进一步聚集，进一步完善区域合理化分工，提高整个区域和国家的生态效率。

2. 理顺资源要素的价格管理体制，完善资源收益的分配机制。

提高资源要素的配置效率，加快理顺资源要素的价格管理体制，完善资源收益的分配机制。重点包括四个层面：一是完善资源性产品的定价机制，理顺资源输出地和资源输入地间的上下游价格关系，构建反映市场供求关系、资源稀缺程度，以及资源的取得成本、开采成本、生态环境治理成本，包括资源枯竭后的退出成本在内的价格体系。二是在全国全面推进资源税费的改革，按照税收和税源相一致的原则，构建地方政府间的税收协调机制，促进地区间税收合理分配和区域协调发展，逐步解决"背离"问题。三是逐步取消区域性税收优惠政策，建立以产业调整为主导的税收优惠政策。四是选择防治任务繁重、技术标准成熟的项目开征环境税，尽快试点将碳税纳入环境税范围，来部分反映资源生产和使用所导致的环境成本，征收方式可参考当地污染物征税方式。

3. 发展多样化的区域环境规制工具，建立完善、精细、针对性强的政策工具体系。

环境问题形成机制复杂，需要多样化的政策工具进行协同。一是在环境政策工具领域更多地引入市场机制，推动技术和绩效标准的命令—控制型政策手段转向市场型转变，鼓励更多地利用市场手段来解决环境问题。二是加强多种手段协同，在市场工具起主导作用的同时，加强柔性工具的使用，鼓励公众参与治理。三是以命令—控制手段保底线，进一步严格环境标准，划定环境保护

红线。四是加快引入排污权交易制度，优化权益的区域配置，用市场手段来控制污染排放。

三、更好发挥政府作用，重点加强区域间的政策协调

1. 加强区域环境政策协调，进一步推进跨区域综合治理。

一是加快研究建立以生态补偿为主体的横向转移支付制度。积极推进建立特定流域的上下游之间，生活用水的水源地和使用地之间的横向生态补偿转移制度。

二是构建区域碳转移标准核算制度，建立区域碳转移的补偿机制。

三是加强机构协调，设置跨部门、跨区域的环境管理协调机构，以协调部门间、行业间、地区间、企业与社会间有关环保的各种利益关系。

四是丰富区域环境政策协调方式，采用刚性和柔性相结合的组织形式，建立协调机构保障实施，通过区域联席会议、环境论坛等形式促进了解，增强信息、技术交流。

2. 严格环境标准，构建有效的环境监管体系。

按照科学发展观和生态文明建设的总体要求，对各地区的经济发展都要进一步提高环境标准。在严格执行总量控制的前提下，可根据地区差异细分各项污染物排放标准、排污收费标准等。改革现有环境监管体制，建立全国垂直统一的环境监管体系，并在大区和基层设立分支机构，减少地方保护主义对环保执法的不利影响，减少地方政府短期行为对长远发展造成的不利影响。

3. 引导各地区转变发展理念，倡导绿色发展。

树立生态环境也是生产力的观念，积极谋求绿色发展，变被动适应能源物质消耗和排放标准为主动降低资源消耗，减少排放。确立生态发展权观念，变生态补偿为权益购买。树立生态环境也是生产力的观念，一个地区良好的生态环境不仅是该地区居民生产生活的内在要求，也是该地区居民向其他未能实现绿色发展的地区索取报酬的权益。改变 GDP 为主的政绩考核体系，减少政府不当干预与引导。

四、依托主体功能区政策实施分区域差别化治理

依托主体功能区细化区域环境政策，实施合理的环境功能区划，推进分类

分区管理。根据资源环境禀赋和区域的环境承载能力，立足资源优势，实行针对性的环境政策。鼓励生态资源和能源向优化开发和重点开发区域集中，进一步促进提高此类地区的生态效率。增加对限制开发区和禁止开发区用于公共服务和生态环境补偿的财政转移支付，加强对限制开发区、禁止开发区的公共服务设施建设、生态建设和环境保护的支持力度。

1. 确立以严控污染为底线、以发展为重心的重点开发区环境政策。

一是要坚守底线，严格控制开发过程中新增的环境污染和生态破坏，加强环境影响评价和环境风险防范，采取"预防为主，综合防治"的环境保护模式，重视从源头控制污染。

二是严格环境准入，严控新的污染源，逐步缓解既有的结构性污染。

三是注重发挥市场机制作用，开展排污权交易和环境税试点，强化激励性和自愿性政策工具的应用。

四是积极推动清洁生产，设立基金鼓励环保技术研发和创新。

2. 建立环境保护与稳步发展并重的优化开发区环境政策。

一是制定严格的污染物排放标准，实施污染排放总量控制与紧缩政策，加强政府环境监管和环境执法，坚决淘汰浪费资源、污染环境的工艺、设备和产品，实行结构性污染企业惩罚政策，严格实施排污许可证制度。

二是鼓励采用环境经济政策工具，加强利用环境政策中的市场手段来调节生产和消费行为，如建立排污权交易制度，征收环境税，实行产品的环境认证制度，税收优惠政策等。

三是加强绿色创新产业扶持，推动产业升级。

3. 形成积极改善、审慎发展的限制开发区环境政策。

一是建立更加严格的环境政策，实施惩罚性污染物排放标准，利用环境政策的约束功能限制不合理的开发。

二是实施财政转移支付和生态移民政策，扩大生态补偿的使用领域和范围，进一步完善相关的配套政策，促进生态修复和建设。

三是严格产业发展准入，制定允许发展产业目录。

4. 明确加强环境保护、完善生态建设的禁止开发区环境政策。

一是实行强制性的环境保护，严格控制人为因素对自然生态的干扰，严禁任何不符合主体功能区政策的开发活动。

二是通过建立和完善有关财政支持制度，加强这些区域的生态建设。

三是完善区内不同类别、不同区域居民的补偿标准和扶持措施，并制度化施行。

四是加强开发区管理体制改革，并将禁止开发区的环境保护纳入政府考核绩效体系。

（执笔人：兰宗敏）

参考文献

[1] 国务院发展研究中心课题组：《主体功能区形成机制和分类管理政策研究》，中国发展出版社 2008 年版。

[2] 黄德春、刘志彪：《环境规制与企业自主创新——基于波特假设的企业竞争优势构建》，载《中国工业经济》2006 年第 3 期，第 100～106 页。

[3] 李静：《中国地区环境效率的差异与规制研究》，社会科学文献出版社 2012 年版。

[4] 孙志燕、高世楫：《环境政策存在的若干问题及调整思路》，载《学习时报》2007 年第 4 期。

[5] 吴荻、武春友：《建国以来中国环境政策的演进分析》，载《大连理工大学学报》（社会科学版）2006 年第 27 卷第 4 期，第 48～52 页。

[6] 杨开忠：《谁的生态最文明——中国各省区市生态文明大排名》，载《中国经济周刊》2009 年第 32 期，第 8～12 页。

[7] 杨开忠、杨咏、陈洁等：《生态足迹分析理论与方法》，载《地球科学进展》2000 年第 15 卷第 6 期，第 630～631 页。

[8] 杨开忠等：《全国社科基金重大项目"新区域协调发展理论与政策研究"课题组，2014 年中国省区市生态文明水平报告》2014 年版。

[9] 张可云、傅帅雄：《环境规制对产业布局的影响——"污染天堂"的研究现状及前景》，载《现代经济探讨》2011 年第 2 期，第 65～68 页。

[10] 张坤民：《当代中国的环境政策：形成、特点与评价》，载《中国人口·资源与环境》2007 年第 17 卷第 2 期，第 1～7 页。

[11] 张晓：《中国环境政策的总体评价》，载《中国社会科学》1999 年第 3 期，第 88～99 页。

[12] 张友国：《一般均衡模型中排污费对行业产出的不确定性影响——基于中国排污费改革分析》，载《数量经济技术经济研究》2004 年第 5 期，第 156～160 页。

[13] 赵红：《环境规制对企业技术创新影响的实证研究——以中国 30 个省份大中型工业企业为例》，载《软科学》2008 年第 22 卷第 6 期，第 121～125 页。

[14] Porter. M. American's Green Strategy, Scientific American. 1991, 264 (4)：168.

［15］ Porter. M. E. ， C. van der Linde. Towards a New Conception of the Environmental Competitiveness Relationship ［J］. Journal of Economic Perspectives. 1995, 9 （4）: 97 – 118.

［16］ Testa F. The link between environment and competitiveness ［J］. Journal of Environmental Management, 2010, （9）: 10.

第六章

城市规模与城市产业结构的关系研究

　　与一个国家一样，一个城市的产业发展及产业结构的变化直接反映了城市的效率，影响了城市的可持续发展能力。与其他的大国一样，中国的城市体系比较复杂，既可以按照城市规模划分小城市、中等城市、大城市和超大城市，也可以按照行政层级划分直辖市、省会城市、计划单列市、地级市、县级市等，还可以按照地区划分成不同区域的城市。不同类型的城市之间在区位、人口规模、行政影响力、文化历史等方面存在较大的差异，这些因素都将影响着城市的发展和产业结构的变化。研究城市体系与其产业结构的关系，不仅对中国城市化发展路径选择，而且对具体城市的产业发展方向和政策选择具有十分重要的参考价值。当然这对于未来全国的产业空间布局更是意义重大。本章重点通过比较不同类型的城市产业发展之间的差异，找出中国城市发展过程中存在的一些典型事实，为今后城市化基础的推进和城市生产力的布局提供研究参考。

第一节　引　　言

　　对于城市类型与城市产业发展之间的关系，或者说是一国内部生产力是如何在不同类型的城市之间布局的研究，大多集中在研究人的布局和经济布局的关系，即城市规模与城市产业发展之间的关系。经过长期的研究，城市地理学家存在两种截然不同的观点，一种认为生产力布局与城市体系存在明显的层次（Hierarchy）对应关系，即城市的经济职能随着城市规模的增长而增强；另一种则认为城市的体系存在专业分工的特征，由于比较优势的差异、规模经济、外部性等因素导致形成不同专业化的城市（Markusen et al., 2003）。

　　早期的研究中层次理论比较盛行。基于这一理论，生产力的布局是由城市规模、产品和服务的市场属性决定的，换句话说生产力布局内生于城市的规模体系，同样类型的城市，其产业结构也将相似。如 Noyelle 和 Stanback（1984）研究发现城市规模的差异决定着城市的产业结构的差异；Esparza 和 Krmenec（1996）研究发现生产型服务业城市布局存在明显的层次关系，大城市服务大市场，小城市则服务周边的小市场。如果这一理论完全证实，则意味着直接通过政策调整城市生产力布局的空间很小，而只能通过调整城市规模或者通过发展政策影响城市规模因而影响城市生产力布局。

　　随着城市分工理论研究的深入，尤其是随着新贸易理论和新经济地理学理论的发展，对于城市专业化的研究越来越多。如 Henderson（1974）研究发现，对于地理特征相同的城市，由于存在产业内部溢出效应而产生的规模经济，城市呈现高度的专业化；Fujita 等人（1999）的研究指出城市内部上下游产业之间的联系带来的外部性（Jacobs-type externalities），城市可以促进上下游产业的集聚，城市产业可以表现出多样性。这些研究表明城市产业结构与城市自身的规模并一定表现出层次对应关系，城市产业发展取决于各种因素带来的产业集聚和扩散两股力量的均衡。这意味可以通过政策努力来改变城市的发展轨迹。

　　然而，由于产业属性和城市功能差异使得这两种理论反映的现象常常同时存在，即有些产业的发展与城市规模表现出明显的层次对应关系，而另外一些产业的发展则表现出随机专业化特征。Markusen 等（2003）研究通过对不同类型职业就业状况与城市规模的关系证实了这一点。其研究发现商业和金融类就业与城市规模呈现明显的层次对应关系；同时也发现更多的职业表现出随机专业化的特征。

从以上研究的梳理来看，城市产业发展与城市类型之间关系可能比较复杂，不同的相互关系可以为城市发展的决策者提供不同的政策启示和参考。这也是本章研究的主要目的。本书试图通过中国的数据分析中国城市规模和城市产业发展两者之间的关系，找出不同规模城市产业发展的典型特征和不同产业城市布局的典型特征。

第二节　数据来源及其描述性统计分析

一、数据来源

中国目前的统计体系尚未提供非常系统、匹配的城市规模和城市产业发展的数据。从目前已有的数据来看主要有以下几个来源。（1）人口普查的资料，提供了人口数据和就业数据，不过就业数据分类较粗，没有对制造业行业进行细分。（2）历年《城市统计年鉴》也提供了就业数据，不过只涉及单位就业人员，没有私营和个体以及自我雇佣和非正式就业人员的行业数据，而且《城市统计年鉴》提供的"就业数据"与"人口普查资料"一样缺乏对制造业的行业细分；对于经济数据，城市统计年鉴分类更粗，工业部门只有总产值，而且没有具体行业划分。（3）其他统计数据库可以提供细分行业的工业部门总产值和就业数据，不过这些统计数据则是各个地级市整体的统计值，而非城市本身。

鉴于此，本章放弃采用总产值或者增加值等经济指标，而是采用就业数据来反映产业结构。同时考虑单一数据来源无法提供详细行业分类的就业数据，本书试图将人口普查的数据与工业部门的统计数据整合起来。利用人口普查得到地级市人口数据和大行业分类的就业数据，然后利用地级市工业部门分行业的就业数据来细化人口普查资料中的制造业就业数据，从而得到完整统一的各地级市的分行业的就业数据。遗憾的是无法得到城市本身的数据，考虑到城市劳动力主要从事制造业和服务业，因此本章在分析的时候主要分析非农业就业结构。

二、不同类型城市的特征描述

这里主要根据人口规模对地级市进行分类。具体根据其城镇人口规模①划分成六组，即50万人以下、50万～100万人、100万～300万人、300万～500万人、500万～1000万人和1000万人以上的地级市。根据这一标准对330个地级以上市进行了分组，按照城镇人口规模从小到大，各组的地级市数量分别是：42个、73个、165个、29个、15个和6个，相应的城镇人口平均规模分别达到：27万、77万、180万、394万、646万和1400万左右。从各自的城市化率来看，呈逐步提高的趋势，即城镇人口规模越大的地级市城市化率越高，其中城镇人口规模在1000万人以上的地级市平均城市化率接近80%，而城镇人口规模在50万人以下的地级市城市化率则只有33%。从产业结构来看，农业就业人员的比重与城市化率呈反向关系，即城镇人口规模越大的地级市，农业就业人员比重越低，其中城镇人口规模在50万人以下的地级市70%左右的劳动力从事农业；而城镇人口在1000万人以上的地级市这一比重只有17%左右。与农业就业正好相反，服务业就业比重则与地级市的规模呈正向关系，城镇人口在1000万人以上的地级市接近一半人员从事服务业，而50万人以下的地级市则只有21%的人员从事服务业。与农业和服务业都不同的是，第二产业就业比重则与城市规模呈倒"U"形形态，即城镇人口规模在1000万以下的地级市，城市规模越高第二产业就业比重越高，而当人口规模超过1000万人时，第二产业就业比重又有所下降。

表 6 – 1　　　　　按地级市城镇人口划分不同规模的城市主要指标

	城市数量	人口规模	城市化率（%）	农业（%）	第二产业（%）	服务业（%）
<500k	42	271830	33	70	10	21
500k～1m	73	770775	37	65	14	21
1～3m	165	1798230	45	55	21	24
3～5m	29	3939706	55	43	29	28

---

①　需要指出的是，下文在提到城市规模时如未特别指出均指其城镇人口规模。

续表

	城市数量	人口规模	城市化率（%）	农业（%）	第二产业（%）	服务业（%）
5～10m	15	6461975	70	20	41	39
10m +	6	13997879	78	17	35	48
合计	330	27240395	51	48	24	28

资料来源：作者计算。

第三节　主要研究方法

现有的研究提供许多不同的方法来研究城市类型与其产业结构的关系，如区位商、聚类分析法、Churning index 等（Bergsman，1972；Henderson，1988；Duncan Black and Henderson，2003）。具体的研究过程是首先构建反映城市产业结构的指标，然后比较同一类型的城市产业结构是否具有同样的特征；后者比较具有同样产业结构特征城市之间的类型是否一致。如 Henderson 等（2003）首先采用聚类分析方法依据产业结构对不同城市进行聚类，然后在此基础上找出不同城市类型的产业结构特点，比较组间和组内城市规模等差异来分析城市规模和城市产业结构的关系。

本章将采用区位商的方法来反映产业结构的特征。区位商是反映某一产业专业化程度的指标，即表示 i 地区 j 行业在本地总产出中的份额与整个 j 行业占全国经济总产出的份额之比，其计算公式是：

$$LQ_i^k = \frac{X_i^k / \sum_i^n X_i^k}{\sum_k^N X_i^k / \sum_k^N \sum_k^n X_i^k} \quad (i=1,2,\cdots,n; k=1,2,\cdots,N) \quad (6-1)$$

其中，LQ_i^k 表示 k 地区 i 行业的区位商，表示 k 地区 i 行业的产出指标，n 为行业数量，N 为地区数量。其含义是：当时 $LQ_i^k > 1$，意味着 k 地区在 i 行业具有比较优势，而且 LQ_i^k 越大表明 k 地区 i 行业专业化程度越高。

在区位商的基础上，通过比较不同类型的城市的产业结构差异来研究城市体系与城市产业结构的关系。

第四节　城市体系与城市产业结构的关系分析

利用前面整理的数据，计算了不同类型城市非农业就业人员的区位商。根据不同类型城市不同行业的区位商，可以总结出如下典型事实。

一、从大的行业来看，以资源为基础的采矿业和电力行业表现出典型的专业化特征，制造业、建筑业和服务业则反映出一定层次体系特征

表 6－2 给出了 2010 年不同规模城市非农业产业就业区位商数据。从图中不同规模城市区位商表现出来的特征可以将这些行业划分成四类：

表 6－2　　　　不同规模市非农业产业就业区位商（2010 年）

	＜500k	500k～1m	1～3m	3～5m	5～10m	10m⁺
采矿业	2. 051 (2. 230)	2. 384 (3. 020)	1. 331 (2. 150)	0. 703 (2. 020)	0. 243 (0. 480)	0. 305 (0. 520)
制造业	0. 384 (0. 180)	0. 607 (0. 260)	0. 917 (0. 360)	1. 140 (0. 390)	1. 289 (0. 560)	1. 024 (0. 410)
电力、燃气及水的生产和供应业	1. 838 (0. 010)	1. 489 (0. 600)	1. 137 (0. 570)	0. 862 (0. 360)	0. 718 (0. 350)	0. 693 (0. 350)
建筑业	1. 164 (0. 460)	1. 238 (0. 510)	1. 172 (0. 430)	0. 972 (0. 290)	0. 708 (0. 300)	0. 666 (0. 390)
服务业	1. 283 (0. 200)	1. 125 (0. 170)	1. 000 (0. 180)	0. 935 (0. 230)	0. 918 (0. 290)	1. 088 (0. 210)

注：括号内的数据为组内城市间区位商的标准差。

资料来源：作者计算。

（1）采矿业和电力、燃气及水的生产和供应业的区位商与城市规模呈一种负向关系，即城市规模越大这两个行业的区位商越小。如 50 万人以下地级市采矿业平均区位商达到 2.051，而 1000 万人以上的城市只有 0.305；50 万人以下地级市电力行业的平均区位商相当于 1000 万人以上的城市的 3 倍。但是如果结合表中各组城市内部区位商的标准差来看，规模较小的城市分组中虽然这两个行业的平均区位商较高，但是其标准差也较高，这说明并不是所有的规模较小的城市这两个行业的区位商都较高。这正好印证了前面分析中提到专业化特征。究其原因则是由于这两个行业都是以资源为基础的行业，城市之间布局主要取决于各自的资源禀赋优势。

（2）制造业整体的区位商与城市规模之间表现出倒"U"形形态关系。数据显示 1000 万人以下的城市分组中，随着城市规模的扩大，制造业的优势越明显。其中 500 万~1000 万人的城市制造业的区位商最大，达到 1.289。而对于 1000 万人以上的城市其区位商则低于 500 万~1000 万人和 300 万~500 万人的城市。而且对比不同城市分组之间的标准差，可以看出尽管不同分组之间标准差存在一定差异，但整体来看各组的标准差都不是太高。因此整体来看，制造业呈现出层次体系的特征①，即城市规模越大，制造业优势越明显。具体就倒"U"形形态来看，则主要是由于产业集聚的向心力和离心力之间的博弈导致的。一方面，随着城市规模的扩大，本地市场效应等因素带来的规模经济促进制造业的集聚；另一方面随着城市规模的扩大，要素成本、环境成本等不断提高，则抑制制造业的过度集聚。最终这两股力量在一定规模水平达到均衡，形成最优的集聚规模，因而形成了倒"U"形形态。

（3）建筑业区位商则与城市规模呈现反向关系。从图中显示的数据来看，建筑业大致表现为城市规模越小，其区位商越大。300 万人以下城市建筑业的平均区位商都在 1.1 以上，而 300 万人以上的城市建筑业的平均区位商都在 1.0 以下，1000 万人以上的城市建筑业平均区位商在只有 0.666。不过具体来看建筑业平均区位商最高是 50 万~100 万人的城市组。

（4）服务业整体的区位商与城市规模之间表现出微弱的"U"形形态关系。从 1000 万人以下的城市组来看，城市规模与服务业区位商表现出反向关系。50 万人以下的城市服务业区位商②最高，随着人口规模的增大，逐步

---

① 这种层次体系很难判别城市规模和产业发展之间谁是内生的关系。

② 需要特别强调的是这里的区位商只计算了非农业就业的人群。

降低至 500 万～1000 万人城市组的 0.918 最低值，然而 1000 万人以上城市又有所提高。整体来看服务业区位商与城市规模之间呈现出些许的"U"形形态。不过与制造业倒"U"形形态存在两点不同，一是服务业区位商在不同规模城市组之间差异并没有制造业那么大；二是各城市组内部各城市服务业区位商的标准差比较接近，而且比制造业要低很多。这说明虽然服务业布局与城市规模之间的关系没有制造业那么明显，但是服务业的这种关系更加稳定。换句话说服务业是这些大类行业中层次体系关系中表现最稳健的部门。

二、制造业内部多数行业表现出专业化特征，500 万～1000 万人的城市比其他规模的城市表现出更强制造业竞争力

这里对制造业进行了细分，具体测算了不同规模城市 29 个制造业部门各自的区位商（见表 6-3）。根据表 6-3 的数据可以总结出如下几点制造业分行业布局与城市规模之间的关系：（1）以资源为基础的和中间投入品制造业规模较小的城市表现更强的比较优势。从表 6-3 的测算结果来看，规模较小的城市在许多资源为基础的和中间投入品制造业方面区位商大幅高于规模较大的城市。其中，酒、饮料和精制茶制造业、石油加工、炼焦和核燃料加工业、有色金属冶炼和压延加工业三个行业中，50 万人以下的城市平均区位商最高；农副食品加工业、烟草制品业、化学原料和化学制品制造业、黑色金属冶炼和压延加工业等四个行业，50 万～100 万人的城市组拥有最高的平均区位商。这类制造业由于受制于资源的约束，大多分布在资源富集地区或者是更容易获取这些资源的地区①。同时由于这些制成品大多属于初级制成品，因而上下游产业联系较弱，往往很难发挥制造业的"前向联系"和"后向联系"作用，带动上下游产业的发展，进而很难推动城市整体产业发展和城市的成长。

---

① 比如沿海的港口城市，其获取进口矿石的成本明显低于内陆城市。

表 6 - 3　　　　　　　不同规模城市制造业就业区位商（2010 年）

行业	<500k	500k~1m	1~3m	3~5m	5~10m	10m+	标准差 平均值
农副食品加工业	1.098	1.479	1.180	1.183	0.604	0.342	(0.953)
食品制造业	0.605	0.813	1.072	0.962	0.854	1.160	(0.767)
酒、饮料和精制茶制造业	1.410	1.290	1.229	0.859	0.660	0.630	(1.150)
烟草制品业	0.139	1.512	0.661	1.510	1.368	0.765	(2.488)
纺织业	0.123	0.398	1.062	1.522	1.138	0.352	(0.717)
纺织服装、服饰业	0.044	0.240	0.954	1.321	1.225	0.992	(0.790)
皮革、毛皮、羽毛及其制品和制鞋业	0.126	0.123	0.726	1.350	2.176	0.554	(1.378)
木材加工和木、竹、藤、棕、草制品业	0.846	1.154	1.420	1.105	0.340	0.204	(1.623)
家具制造业	0.236	0.240	0.824	0.882	1.908	1.136	(1.067)
造纸和纸制品业	0.340	0.744	1.029	1.064	1.242	0.733	(0.805)
印刷和记录媒介复制业	0.272	0.592	0.736	1.052	1.503	1.512	(0.887)
文教、工美、体育和娱乐用品制造业	0.000	0.144	0.679	1.107	1.910	1.403	(1.382)
石油加工、炼焦和核燃料加工业	1.594	1.359	1.385	0.702	0.322	0.692	(2.080)
化工原料和化学制品制造业	1.000	1.206	1.165	1.005	0.689	0.711	(0.807)
医药制造业	0.364	0.690	1.060	1.101	0.956	0.976	(0.828)
化学纤维制造业	0.037	0.301	1.007	1.302	1.738	0.134	(1.215)
橡胶制品业	0.014	0.223	0.877	1.234	1.467	1.076	(0.877)
塑料制品业	0.091	0.281	0.781	1.154	1.666	1.211	(0.840)
非金属矿物制品业	1.030	1.180	1.200	1.025	0.743	0.505	(0.825)

续表

行业	<500k	500k~1m	1~3m	3~5m	5~10m	10m⁺	标准差平均值
黑色金属冶炼和压延加工业	1.046	1.656	1.076	1.252	0.640	0.456	(1.913)
有色金属冶炼和压延加工业	1.844	1.825	1.107	1.043	0.702	0.359	(1.767)
金属制品业	0.115	0.284	0.924	1.126	1.382	1.125	(0.810)
通用设备制造业	0.053	0.381	0.838	1.432	1.365	0.964	(0.600)
专用设备制造业	0.127	0.291	0.880	1.275	1.295	1.179	(0.528)
交通运输设备制造业	0.065	0.449	0.759	1.314	1.136	1.658	(0.845)
电气机械和器材制造业	0.029	0.224	0.759	0.896	2.028	1.217	(0.787)
计算机、通信和其他电子设备制造业	0.008	0.147	0.492	0.728	2.083	2.343	(1.187)
仪器仪表制造业	0.015	0.147	0.604	1.006	2.040	1.627	(0.855)
其他制造业	0.168	0.393	0.939	1.625	0.886	0.955	(0.988)

注：括号内的数据为组内城市间区位商的标准差。

资料来源：作者计算。

（1）消费品和资本品产业区位商大多与城市规模呈倒"U"形关系。从表中的数据来看，大多数据消费品和资本品产业部门随着城市分组的规模的提高，其平均区位商不断提高，但是当城市规模达到一定程度后，区位商又出现了降低的态势。不过有三个行业的区位商随着城市组规模的增大而不断提高，这三个行业分别是食品制造业、印刷和记录媒介复制业和计算机、通信和其他电子设备制造业。其中食品制造业、印刷和记录媒介复制业则可能是由于城市规模越大越容易形成"本地市场效应"。另外这两个行业大多要求较短的运输时间和交易时间，这也决定着其必须与需求市场联系更加紧密。而对于通信和其他电子设备制造业可能的原因是由于其属于高技术产业，因而对高素质的劳动力需求较多，而这些劳动力更趋向于生活在规模较大的城市。

（2）制造业内部绝大多数行业表现出随机的专业化特征。表6－3中还给出了各行业不同规模城市组标准差的平均值。从表中的数据来看，标准差平均值最低的也达到了0.528，最高的则已超过2.0。相对较高的标准差说明制造业分行业的区位商与城市人口规模之间关系并不稳健，并非具有同样规模的城市会表现出同样企业制造业分行业结构特征，也就是说制造业内部绝大多数行业表现出随机专业化的特征。

（3）500万～1000万人的城市比其他规模的城市表现出更强的制造业竞争力。图6－1给出了不同规模城市组拥有最高区位商的行业数量。对比可以发现与其他规模的城市组相比，500万～1000万人的城市组拥有的最高的区位商行业数量最多。全部29个行业中，有11个行业500万～1000万人的城市组在6个不同规模的城市组中拥有最高的区位商。这说明500万～1000万人的城市比其他规模的城市表现出更强制造业竞争力，城市的发展也更有活力。另外也可以看出100万～300万人的城市在制造业的发展方面缺乏专业化，只有2个行业拥有最高的区位商。仔细比较还可以发现，这两个行业的区位商虽然高于其他城市组，但是差异较小。

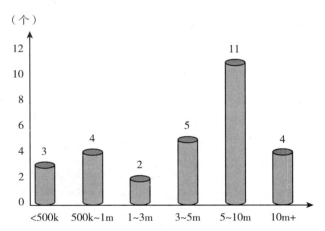

图6－1　不同规模城市组拥有最高区位商的行业数量

资料来源：作者计算。

三、生产型服务业、房地产和文化娱乐业表现出较强层次体系关系，规模较小的城市则主要发展生活类服务业和公共服务业

表6－4给出了服务业内部不同行业不同规模城市分组的区位商。从各行

业区位商与城市规模之间的关系来看，可以总结出如下两大特点：

（1）规模较大的城市生产型服务业和部分生活类服务业区位商是相对较高的。从表6－4测算的结果来看，交通运输、计算机服务和软件业，信息传输、批发和零售业，金融业，租赁和商务服务业，科学研究、技术服务和地质勘察业等生产型服务业最高的区位商都出现在人口规模最高的1000万人以上城市组。而且大多呈现出随城市规模递增的趋势。表6－4还给出了不同行业不同城市组内部区位商的标准差，可以看出除了科学研究、技术服务和地质勘察业的标准差较高外，其他生产型服务业的标准差较小。这意味着生产型服务业的布局与城市规模之间表现出很强对应关系，规模较大的城市服务更大的市场。这一结论与Esparza和Krmenec（1996）的研究结论非常吻合。另外生活类服务业中房地产业、文化、体育和娱乐业两大行业也表现出较强的层次关系，规模较大的城市拥有较高的区位商。

表6－4　　　　　不同规模城市服务业就业区位商（2010年）

行业	<500k	500k～1m	1～3m	3～5m	5～10m	10m⁺	标准差平均值
仓储和邮政业	1.323	1.216	1.072	0.925	0.777	0.978	(0.333)
交通运输、计算机服务和软件业	0.933	0.872	0.767	0.901	1.092	1.901	(0.455)
信息传输、批发和零售业	0.928	0.980	1.007	0.992	0.993	1.019	(0.210)
住宿和餐饮业	1.525	1.191	1.042	0.839	0.899	1.033	(0.352)
金融业	1.048	0.978	0.892	0.961	1.042	1.375	(0.345)
房地产业	0.741	0.592	0.684	0.887	1.285	2.147	(0.523)
租赁和商务服务业	1.049	0.757	0.712	0.826	1.091	2.252	(0.587)
科学研究、技术服务和地质勘察业	0.971	0.666	0.609	0.893	1.292	2.312	(0.835)
水利、环境和公共设施管理业	1.811	1.156	0.880	0.897	1.012	1.344	(0.503)

续表

行业	<500k	500k~1m	1~3m	3~5m	5~10m	10m⁺	标准差平均值
居民服务和其他服务业	1.004	1.166	1.054	0.956	0.871	0.944 ▬▬ ▬▬▬	(0.310)
教育	1.647	1.434	1.059	0.929	0.798	0.820 ▬▬ ▬▬▬	(0.425)
卫生、社会保障和社会福利业	1.464	1.267	1.962	0.947	0.793	0.914 ▬▬ ▬▬▬	(0.365)
文化、体育和娱乐业	1.276	0.872	0.803	0.950	1.088	1.672 ▬▬▬ ▬	(0.522)
公共管理和社会组织	2.391	1.538	1.059	0.876	0.749	0.802 ▬▬ ▬▬▬	(0.693)

资料来源：作者计算。

（2）与其他城市组相比，50万人以下的城市组在部分生活类和公共服务业方面拥有最高的区位商。表中的数据还显示50万人以下的城市组在住宿和餐饮业以及水利、环境和公共设施管理业，教育，卫生、社会保障和社会福利业，公共管理和社会组织等公共服务业方面拥有高于其他规模城市组的平均区位商。应该说这些规模较小的城市这些行业的区位商较高，并不能说明这些行业具有较大竞争优势，而更多只是说明这些城市其他产业发展较为不足，这些生活类和公共服务业占据了城市经济的主体。

第五节　主要结论及政策启示

本章收集了全国330个地级以上城市人口及其46个非农行业就业数据，同时按照地级以上城市城镇人口对城市进行分组，利用区位商来对比不同规模城市产业结构的差异，分析城市生产力的布局状况。根据前面的分析可以得出如下的主要结论：

1. 整体来看，中国的城市规模与城市产业结构之间不存在绝对层次体系或者专业化的特征，而是两种关系并存。

2. 从大的行业来看，采矿业和电力、燃气及水的生产和供应业的区位商与城市规模呈一种负向关系，表现出典型的专业化特征。制造业整体的区位商与城市规模之间表现出倒"U"形形态关系。建筑业区位商则与城市规模呈现反向关系。服务业整体的区位商与城市规模之间表现出微弱的"U"形形态关系。制造业、建筑业和服务业则反映出一定层次体系特征。

3. 以资源为基础的和中间投入品制造业规模较小的城市表现更强的比较优势。消费品和资本品产业区位商大多与城市规模呈倒"U"形关系。制造业内部绝大多数行业表现出专业化特征。500万~1000万人的城市比其他规模的城市表现出更强的制造业竞争力。

4. 生产型服务业、房地产和文化娱乐业表现出较强层次体系关系，规模较小的城市则主要发展生活类服务业和公共服务业。

附表 6 - 1 　　　　　　不同规模城市制造业就业区位商标准差

行业	<500k	500k~1m	1~3m	3~5m	5~10m	10m+
农副食品加工业	1.220	1.460	1.010	1.130	0.720	0.180
食品制造业	0.730	1.130	0.990	0.510	0.550	0.690
酒、饮料和精制茶制造业	1.960	1.730	2.030	0.560	0.360	0.260
烟草制品业	0.400	6.380	1.920	3.530	2.030	0.670
纺织业	0.320	0.390	1.170	1.260	0.950	0.210
纺织服装、服饰业	0.110	0.540	1.010	1.470	0.880	0.730
皮革、毛皮、羽毛及其制品和制鞋业	0.290	0.310	1.540	2.290	3.130	0.710
木材加工和木、竹、藤、棕、草制品业	3.110	1.950	2.170	2.150	0.260	0.100
家具制造业	0.870	0.920	1.160	1.000	1.840	0.610
造纸和纸制品业	0.880	0.990	0.890	0.780	0.920	0.370
印刷和记录媒介复制业	0.630	1.170	0.960	1.110	0.840	0.610

行业	<500k	500k~1m	1~3m	3~5m	5~10m	10m⁺
文教、工美、体育和娱乐用品制造业	0.000	0.370	1.370	2.580	2.450	1.520
石油加工、炼焦和核燃料加工业	4.220	3.120	2.940	1.440	0.320	0.440
化工原料和化学制品制造业	1.500	1.200	0.790	0.600	0.380	0.370
医药制造业	0.500	0.770	1.310	0.880	1.140	0.370
化学纤维制造业	0.200	1.430	1.870	1.470	2.230	0.090
橡胶制品业	0.050	0.480	1.730	1.060	1.420	0.520
塑料制品业	0.130	0.250	0.950	1.230	1.450	1.030
非金属矿物制品业	1.280	0.790	1.250	0.740	0.670	0.220
黑色金属冶炼和压延加工业	2.910	2.750	1.570	2.670	0.750	0.830
有色金属冶炼和压延加工业	2.570	3.750	1.630	1.750	0.710	0.190
金属制品业	0.270	0.820	1.290	1.140	0.810	0.530
通用设备制造业	0.080	0.530	0.680	1.060	0.730	0.520
专用设备制造业	0.250	0.400	0.660	0.830	0.510	0.520
交通运输设备制造业	0.140	0.170	1.060	1.210	0.600	0.890
电气机械和器材制造业	0.060	0.330	0.760	0.670	1.890	1.010
计算机、通信和其他电子设备制造业	0.040	0.420	0.830	0.900	2.140	2.790
仪器仪表制造业	0.050	0.450	0.840	0.990	1.560	1.240
其他制造业	0.360	0.630	1.690	1.890	0.730	0.630

附表6-2　　　　　　　　不同规模城市服务业就业区位商标准差

行业	<500k	500k~1m	1~3m	3~5m	5~10m	10m+
仓储和邮政业	0.460	0.320	0.380	0.250	0.330	0.260
交通运输、计算机服务和软件业	0.290	0.180	0.230	0.510	0.550	0.970
信息传输、批发和零售业	0.230	0.160	0.170	0.220	0.280	0.200
住宿和餐饮业	0.680	0.330	0.310	0.290	0.270	0.230
金融业	0.340	0.290	0.310	0.420	0.410	0.300
房地产业	0.720	0.310	0.470	0.640	0.480	0.520
租赁和商务服务业	0.660	0.490	0.370	0.410	0.410	1.180
科学研究、技术服务和地质勘察业	0.740	0.550	0.500	0.750	0.850	1.620
水利、环境和公共设施管理业	0.790	0.560	0.320	0.380	0.380	0.590
居民服务和其他服务业	0.290	0.370	0.320	0.410	0.290	0.180
教育	0.650	0.520	0.320	0.350	0.390	0.320
卫生、社会保障和社会福利业	0.540	0.330	0.290	0.360	0.360	0.310
文化、体育和娱乐业	0.610	0.290	0.350	0.580	0.410	0.890
公共管理和社会组织	2.250	0.520	0.460	0.340	0.270	0.320

（执笔人：何建武）

第七章

大企业在生产力布局中的作用

　　企业是生产力布局的微观单位和基础，企业区位选择历来是经济布局的基本问题。随着经济发展，在企业数量不断增加的同时，一些企业的规模越来越大，这说明在规模效应的作用下，企业规模的扩张仍然是经济发展的重要形式之一。所谓大企业包括大规模企业、企业集团和跨国企业等形式。从目前统计的情况看，大企业已经成为一个国家或地区经济的主体。一般而言，一个国家和地区大企业仅占全部企业数的5%左右，然而大企业提供的增加值会占到整个产业总产值的60%以上，常常被称为一个国家和地区的顶天立地的支柱企业；而占95%以上的中小企业提供的增加值可能只有整个产业总产值的40%以下，由于这些中小企业提供了更多的就业，同时又有效地支撑了大企业的发展，因此它们也被形象地称为不可或缺的铺天盖地的辅助性、基础性企业。

　　从生产力布局的角度看，一个国家和地区生产力布局状况决定于其主要行业中的大企业的布局格局。大企业是国家和地区生产力布局的"红花"，而伴随着其分布的辅助性的中小企业就是必不可少的"绿叶"，两者共同构成的一个国家和地区经济发展的鲜花。显然，作为花朵的大企业是国家和地区经济布局的主体，在生产力布局中起着决定性作用。

第一节　大企业在生产力布局中的一般规律

大企业都是某行业或某几个行业的佼佼者，其空间位置占有行为对整个行业（或有关行业）和某个地区（或一些地区）都具有重要的，甚至是决定性的影响。大企业在生产力布局中的作用规律可以概括为以下三条。

一、大企业的规模扩大和对中小企业的带动决定了生产力在局部空间上的集聚

大企业是生产力布局集中化的经济基础，具体说来有两个途径，即大企业自身的规模化和由大企业带来的众多中小企业在局部空间上的聚集化（当然，还有同类中小企业聚集化的另一种模式）。从大企业自身的规模化看，在规模效益的作用下，企业产品产量（或服务量）的增加，必然要求生产要素的聚集，从而导致大企业的产生，在空间布局上则表现为生产力布局的集中，由此带来了更高生产效率，是生产力发展的重要过程之一（新企业的出现是另一个过程），也是一个产业功能园区产生的重要途径。从大企业带来的众多中小企业的聚集化看，在聚集效应的作用下，大企业起着吸引众多相关配套和辅助性中小企业的作用，也起着提升和改善产业园区基础设施条件和能力的作用，这些都为各类企业的聚集、提高企业间共用的基础设施、就近开展协作交易活动以及相互传播产品信息和先进的技术与管理经验提供了良好高效的平台，成为产业集群和产业园区不断升级发展的重要机制。

二、大企业的不断扩张带来了生产力在更大空间上的扩散

大企业形成后并没有结束其影响生产力布局演变的使命，接下来对生产力布局的影响表现为产业的传播和空间的扩张，在更大空间上促进生产力布局的展开和均衡化。一般而言，大企业（连同新企业的产生）产业传播和空间扩张上有两种途径，一是就近传播和扩张模式，一是等级传播和扩张模式。所谓就近传播和扩张模式是指大企业在同一个产业园区、同一座城市、同一个城镇

群内的传播和扩张。早期由于交通基础设施的限制，这种模式比较多。所谓等级传播和扩张模式是指大企业按照城镇规模层次体系实现的跨地区分级别的传播和扩张模式。随着交通和通信基础设施的完善和便利水平的提高，这种模式成为成功的大企业传播和扩张的主要模式。

大企业传播和扩张的内容包括同质产品扩张、纵向产业链延伸、横向关联产业联合、综合产业集团发展等形式。同质产品扩张指向异地扩张发展同样产品的产业，这与企业的规模化类似，不同之处也许在于前者涉及异地新厂房建设，后者则主要在原有厂区发展。纵向产业链延伸指大企业发展或兼并其产业链上下游产业的企业，可以是就近也可能是异地。横向关联产业联合指大企业进一步发展和兼并与其产业有关联产业的企业，如同原料类产业、同技术类企业等。综合产业集团发展指大企业最终可按照自身的实力发展和兼并其构想的多重产业体系组成的综合企业集团，以实现企业资源的有效合理配置，这是企业发展的最高境界。

大企业传播和扩张的方式有两种，即新建（早期方式）和兼并（现代方式）。大企业传播和扩张的范围可从就地、区域、全国直到全球。大企业传播和扩张过程可分四个阶段，即产品扩张阶段、销售体系建立阶段、生产体系扩散阶段、建立经营管理和研发地区总部阶段等。产品扩张阶段是指大企业传播和扩张初期，首先是利用现有的销售渠道，扩散区域的市场推销自己的产品，树立品牌。销售体系建立阶段，向目标市场建立的市场基础，就可以构建自己的销售体系了，以便进一步巩固市场地位并赢取市场销售环节的利润。生产体系扩散阶段，当产品达到成熟并且市场销售体系也建立起来后，生产环节的扩展，或对外直接投资就顺理成章了，这样可以通过减少生产成本（包括利用当地廉价生产要素、减少运输费用、规避区域和关税壁垒等），获得生产领域更高的收益。建立经营管理和研发地区总部阶段，这是大企业扩张的最高阶段，也是大企业全球化的最高模式，它可以充分利用世界各地的各类生产要素资源，实现全球最佳配置，从而获得其他任何形式的大企业难以获得的最佳收益。

三、大企业的发展决定了城镇内部空间布局结构和区域城镇体系的形成

事实上，大企业或若干大企业的发展和扩张过程，也是城镇和城镇体系的

形成过程。一方面，大企业的规模化和吸引中小企业聚集，为城镇发展奠定了坚实的产业基础。在城镇规划学上，一般都将产业特别是工业就业人群（工业化革命之后更是如此）称为城镇基本人口，其他人群均称为引致或附属人口。如果一个城市发展比较成功，就可能形成和出现3～5个大企业，以及由这些大企业吸引带来的产业或企业集群，并形成若干产业园区，成为这个城市空间布局的基础，若干不同质量层次的居民区将围绕其出现，城市服务产业和管理体系将由此产生，城镇内部空间结构也由此形成。

另一方面，在大企业向外传播和扩张的过程中，不仅会促使中心城区的扩张和发展，而且还会带动郊区周边卫星城镇的产生和发展，形成近距离、关系密切的中心城区与郊区一体化的城镇圈体系；而通过所谓等级扩张还可能带动现有城镇按规模等级形成大企业分层经营结构，促进不同等级的城镇按照不同要求发展，从而形成大中小城镇协调发展的城镇体系（当然，这其中也有不断出现的中小企业的发展与带动，但是，比较稳定的、比较有力的城镇发展力量，仍然是已经成熟和成功的大企业）。

第二节　当前国外发达国家大企业空间布局演变的基本特点

一、多数成熟行业领头的大企业形成总部集中分布格局，形成产业运营中心

在大企业规模化和聚集化基础上，属于某个产业的若干领头的大企业还会将各自的总部集中布局在某个特定城市，以便形成既相互竞争，又能有效协调行业发展面临的各种共同事务和对策的自发体制，这就是所谓产业运营中心。

在西方发达国家已经出现了某行业中所有主要企业的公司总部集中分布于某一城市（及周边临近地区）的产业运营中心。这些产业运营中心是在市场经济条件下，在各种区位条件影响下，经过区域分工、产业集聚和市场竞争的长期考验，而逐步形成的具有影响全国乃至世界的产业生产和布局活动的产业总部的集聚中心。产业运营中心在某城市（及邻近周边地区）的形成需要具备以下条件：一是该产业主要企业的公司总部在该城市的集中；二是该城市及其周边地区已经成为一定规模的产能聚集区；三是该城市具有决定该产业在全

国各地合理布局的功能。美国作为世界最发达的经济体，其多类产业已经产生和形成了各类产业运营中心，在国际上具有十分明显的典型性和示范性。根据有关分析和统计，目前美国拥有的具有全美国甚至全世界影响的产业运营中心包括：五大湖地区的匹斯堡钢铁运营中心（全国三大钢铁公司总部集中于此，虽然钢铁生产环节已经大大压缩，地区经济结构转型已获得巨大成功，但其作为美国乃至世界钢铁产业运营中心的地位仍然没有变，每年都会组织在本地或其他地方召开世界钢铁大会）、底特律三大汽车总部（虽然遭遇城市破产的命运，但其汽车产业运营中心的功能仍然在发挥作用）、芝加哥大宗农产品加工和期货中心（美国5大农产品加工企业总部所在地，提供着全美80%以上的农产品需求和90%以上的农产品出口量，绝对的农产品加工行业发展公共政策协调和政策建议形成中心）、东部地区的波士顿高等教育中心、纽约世界金融中心，西部地区的西雅图飞机制造中心、硅谷信息技术产业中心，南部地区的奥尔良的石化中心等。

二、大企业生产环节依托城镇体系和市场所在地实现空间的合理布局

在大企业经营管理总部向特定大城市集中的同时，其生产环节则显示为依托城镇体系和市场所在地实现空间的合理布局的总体态势，这是完全符合随着交通通信条件改善，各产业生产环节越来越向市场所在地靠拢的生产力布局演变的基本规律的。

从世界范围内的制造业布局演变规律来看，各行业中的大企业规模不断扩张并不断向外扩散，形成跨地区或跨国企业集团，遵循着"大分散、小集中"的原则，初步形成了以城市和城市群为依托的、不断接近产品消费地的全球分布格局，出现了具有世界影响的产业带。随着世界工业化进程的不断发展，越来越多的地区被纳入世界工业化进程中来，世界工业化分布逐步形成了"大分散"的格局；在各个具体的工业化地区，制造业则主要集中分布在以城镇为依托的地理点上，形成"小集中"的格局。跨国大企业集团"大分散、小集中"布局态势的最高形式就是，在世界行业运营中心的总体规划指导下，依托城市群而形成的具有世界影响的产业带，又称为世界级的城市群绵延带，打造符合全球消费市场分布格局的世界性生产体系。目前，世界公认的具有全球产业生产布局体系和销售网络的大企业（或企业集团）基本都集中在

全球 500 强企业排名中，而且都是一些靠前的企业或企业集团。另外，具有全球布局的大企业和企业集团，其生产和销售环节依托的公认的世界级城市群绵延带主要有：美国东北部大西洋沿岸城市群绵延带、欧洲西北部城市群绵延带、北美五大湖城市群绵延带、日本太平洋沿岸城市群绵延带、英国以伦敦为核心的城市群绵延带和以上海为中心的长江三角洲城市群绵延带等（见专栏 7 - 1）。

专栏 7 - 1　世界六大城市群绵延带

一是美国东北部大西洋沿岸城市群绵延带。该城市群从波士顿到华盛顿，包括波士顿、纽约、费城、巴尔的摩、华盛顿几个大城市，共 40 个城市（指 10 万人以上的城市）。该城市带长 965 公里，宽 48～160 公里，面积 13.8 万平方公里，占美国面积的 1.5%。该区人口 6500 万，占美国总人口的 20%，城市化水平达到 90% 以上。

二是欧洲西北部城市群绵延带。这一超级城市带实际上由大巴黎地区城市群、莱茵—鲁尔城市群、荷兰—比利时城市群构成。主要城市有巴黎、阿姆斯特丹、鹿特丹、海牙、安特卫普、布鲁塞尔、科隆等。这个城市带10 万人口以上的城市有 40 座，总面积 14.5 万平方公里，总人口 4600 万。

三是北美五大湖城市群绵延带。该城市群分布于五大湖沿岸，从芝加哥向东到底特律、克利夫兰、匹兹堡，并一直延伸到加拿大的多伦多和蒙特利尔。该城市群与美国东北沿海城市群共同构成了北美的制造业带。

四是日本太平洋沿岸城市群绵延带。又称东海道城市群。一般指从千叶向西，经过东京、横滨、静冈、名古屋，到京都、大阪、神户的范围。该城市群一般分为东京、大阪、名古屋 3 个城市圈。这个区域面积 3.5 万平方公里，占日本全国的 6%。人口将近 7000 万人，占全国总人口的 61%。

五是英国以伦敦为核心的城市群绵延带。

六是以上海为中心的长江三角洲城市群绵延带。这个城市群由苏州、无锡、常州、扬州、南京、南通、镇江、杭州、嘉兴、宁波、绍兴、舟山、湖州等城市与上海一起组成。面积 10 万平方公里，人口超过 7240 万。

（资料来源：2004 年南通首届世界大城市群高层论坛有关材料）

三、企业研发中心成为知识和技术创新聚集的新载体

从世界大企业或企业集团未来发展趋势看，它们越来越重视企业研发中心的建设。研发中心是国际大企业知识和技术创新、聚集的新载体，是大企业和企业集团未来发展和扩张的新动力。大企业研发中心的布局与企业总部和区域分部的区位选择不完全一样。据统计，美国大约80%的企业研发中心与其总部和区域分部的区位选择一致，还有大约20%则不尽相同，原因是企业研发中心不仅需要接近市场，以了解产品的销售动力，寻找新产品的线索，另一方面还要接近科研中心和高素质人才，如工程师、科学家、高级技工等的集中地，因此，企业研发中心空间分布比企业总部和区域分部布局范围广，但企业生产和销售网络范围相对又小一些。

根据现有资料分析，目前西方发达国家大企业研发中心空间分布特点：一是大多依托企业总部、区域分部和较大规模的生产环节企业的区位来布局；二是由于研发中心的重要性越来越大，市场导向越来越明显，因此，其空间布局越来越向企业生产环节和销售网络靠拢，其分散趋势明显大于总部的扩散趋势；三是，跨国企业的研发中心都集中在发达国家，新兴市场国家也开始成为跨国企业的研发中心另一个重要的区位选择地点；四是，企业研发中心自身也开始出现新产品创意、方案设计和产品研制等过程的分工和布局上的空间差异。

第三节 我国大企业空间布局的现状与问题

一、大企业引领生产力布局优化趋势初见端倪

以工业企业为例，2012年中国大型工业企业8799家，仅占全部规模以上工业企业总数的2.6%，然而，其主营业务收入却占全部规模以上工业企业主营业务收入的40.3%，在我国工业体系中的地位越来越重要。从布局看，这些大型工业企业绝大多数都布局在大中以上规模的城市中，除了一些资源开采型企业的生产单元外。也就是说，大型工业企业一般都是依托中等规模以上的

城市分布的，这符合生产力布局要尽量接近中心市场的一般原则。如果再将服务业考虑在内，结论更是如此，因为服务业都是直接为消费者和生产者服务的，它们更需要接近市场、接近人口集中的城镇。

从大企业促进生产力布局优化角度看，目前我国大企业在各地区开发区建设中的引领作用十分突出。有一种说法是一个城市或地区经济要发展起来有"做大"、"做强"、"做优"和"做精"四条路，所谓"做大"就是引进国有大中型企业，当然引进国外大型跨国公司更好，这样一下子就能使当地 GDP 翻好几番，起到立竿见影的效果，因此，一时成为各地区促进和提升地方经济规模和水平的热点做法；如果引不来这些大企业，那就"做强"，即选择当地最有发展前途的、经济实力最强的支柱性企业，采取各种优惠措施，提高其区域竞争力，尽快成为能够有效参与区外竞争，并能有力带动地区经济发展的龙头企业；如果一个地区连这样的支柱产业也没有，那就只好"做优"了，即选择若干具有比较优势的产业和企业，通过改善投资环境，创造更佳的发展空间，使它们尽快发展成为地区优势产业，带动地区经济全面发展；如果一个地区连优势产业也没有，还有一条路，那就是花大力气"做精"，即依托当地优势资源和现有的中小企业，鼓励它们充分发挥自身独特的技术和手艺优势，在小规模上尽量做出特色精品来，以获得细化小市场的发展空间（所谓土特产品精深加工市场空间）。

这里需要指出的是，对比西方发达国家大企业在布局中的作用可以看出，我国的大企业空间布局没有达到行业总部集中布局、海外投资大型母公司层出不穷的水平和高度。只是有个别行业，如上海的金融运营中心、北京的高等教育集中地等所谓"运营中心"初现端倪。这与我国企业规模发展水平还不高、企业体制改革还不到位、国家区域交通体系还有待进一步完善等因素有一定的关系。

二、大企业在生产力布局中存在三个问题

1. 大企业空间布局机制不活，政府干预和审批程序过多。

目前，我国大企业多为国有企业，虽然经过多轮改制，但仍然存在政府干预过多、体制不顺、机制不活、经营目标不明、发展动力不足等问题。在空间布局上，我国大企业多集中在大和特大城市，向周边二三线城市、远距离的区域中心城市以及向国外市场扩散和发展的能力和动力还不足，这一方面是国有

企业自身空间扩展意识不强，向条件相对较差的地区扩张的意向不强烈，缺乏不断开拓市场的正常体制机制；另一方面也是国有大企业还缺乏谋划在全地区、全省和全国乃至全球构建统一的空间布局目标和框架战略体系的能力和胆识。目前，虽然已经出现了国有大型企业与地方政府谈判协调的机制，但一方面这种协调机制并不规范，缺乏科学论证和市场调查的依据；另一方面，也仍然受中央政府有关部门的过多干预的影响，难以做到布局决策自主化、区位选择的最优化（或次优化）。

2. 大企业与其他企业之间的关系不顺，带动中小企业发展能力不强，企业兼并和合理破产体系尚未健全。

国有大企业依然呈"大而全"的经营模式，如果这里的"大而全"是指产品和研发等企业经营上的多元化、多产业化，那是符合大企业和企业集团不断扩张的规律的，问题是这里指出的大型国有企业的"大而全"是指不该由其承担的、完全应当由政府承担的公共社会责任和义务，而且这类责任和义务有增无减、越来越多，一个大型企业基本就是一个功能十分全面的大社会，这样的大型国有企业是难以在现代国际市场上生存和立足的，也就更谈不上对外扩张了。"大而全"的国有企业还严重影响了中小企业发展，抢占了它们的发展空间，影响了其有效的空间聚集和产业集群的形成和发展；"大而全"的国有企业也没有必要去开展正常的兼并扩张活动，难以起到应当起到的促进企业重组优化（或正常破产）的作用和责任。

3. 区域交通体系、城镇体系以及开发区管理体制等都还有待进一步改善。

大企业的有效扩张不仅取决于其自身经营的成功，同时也取决于有关向外扩张的硬软条件的成熟和改善。目前，我国区域交通体系、城镇体系以及开发区管理体制等都还有待进一步改善。从区域交通体系来看，虽然我国高铁技术引进和发展的成功令世界瞩目，但无论是交通网络线路长度和质量都与我国经济发展、大企业扩张和布局优化的要求还有较大的距离，与西方发达国家也有不小的差距。从城镇体系看，目前我国初步形成了由"657座城市＋20000个建制镇＋60万个建制村（包括300万个自然村）"组成的城镇乡村居民点体系，这个体系城市数目太少，没有对整个全国辽阔的国土面积形成有效的城镇功能的辐射，不能承担起优化全国生产力布局的功能和责任。从开发区管理体制看，等级管理体制限制了大企业按照市场规律对企业扩张区位的正确选择；开发区过于宽松和不平等的土地出让模式不利于大企业有效组织集约高效的布局空间；开发区混乱的招商方式极不利于以大企业为中心、以产业链为纽带、以产业集群为载体的结构合理的布局空间的形成。

第四节　促进大企业在我国生产力布局优化中
发挥更大作用的若干政策建议

一、建立让大企业按市场配置的规律自主选择布局区位的机制

企业是市场的主体，最了解市场，也最能感受到市场巨大的压力和最佳商机。因此，让市场机制在企业区位选择中发挥决定性作用，进一步归还大企业应当拥有的空间布局决定自主权，就成为理所当然的选择。党的十八届三中全会明确提出了用资产管理代替企业管理的未来国有企业改革的大方向，其中也自然包括将大企业在更大范围内，乃至全球范围内合理优化布局其发展空间的决定权归还给他们的想法和措施。

但是，要真正实现这一措施，还需要做很多具体工作。首先，一定要进一步确定政府与市场的关系，要明确政府的工作不应当以经济建设为中心，而是应当以投资环境建设为主、为中心，经济建设应当是企业和社会为中心的职责，由此形成良好的政府、社会和企业的合力分工新体系（为此，一年一度的"政府工作报告"也应当修改为"国家或地区发展与政府工作报告"，以明确政府与市场明确分工的责任和义务），为大企业发展创造更大的压力和动力，也为他们创造广阔的发展空间，也包括更加自由地按其最熟知的市场机会选择新布局空间。

二、继续完善城镇体系，为大企业区位布局提供更多更好的选择

大企业区位布局优化必须有效依托不断完善的城镇体系。未来我国城镇化和城镇体系建设将走以人为核心的、城乡一体化的、具有中国特色的新型城镇化和城镇建设的道路，其主要内容包括：2030 年城镇化水平达 70% 以上，城镇人口达 10.5 亿人以上（中央农村工作会议提出了三个一亿的具体要求），稳步提高户籍人口城镇化水平，消除城镇内部"二元结构"；完善城镇规模层次结构，针对"大的太大、小的太小，缺乏中间环节"的结构问题，以 100

万～200 万人口中间规模城市、城市圈、城镇群为建设重点，建设形成"2000座城市＋2 万个建制镇＋40 万个建制村（包括 150 万个自然村）＋150 万个上规模的家庭农庄"组成的城镇乡村规模体系，其中新的城镇规模体系由国家级城市、区域性中心城市、县城和建制镇组成；优化城镇空间分布格局，针对"东密、中散、西稀，辐射有空白"的分布问题，以中西部地区为重点，建设形成 21 个城市群组成的"两横三纵"的空间格局，并一张蓝图干到底。这样的新城镇体系将为未来我国大企业有效合理布局和扩张提供必要的空间背景基础和前提条件。

三、进一步强化城镇政府为大企业发展提供良好投资环境的职能（三个环境建设）

大企业的合理空间布局当然不能完全摆脱政府的干预，问题是政府必要的正确干预应当有利于企业区位正确的选择，而不是影响或阻碍这种结果的产生和发展。一般来说，政府对大企业发展和布局正面干预职能，主要应当体现在所谓三个环境的建设上，即良好的投资环境、积极的政策环境和优美的生态环境。就良好的投资环境而言，主要包括各类越来越好的基础设施条件、不断完善的产业配套基础、不可缺少的各种优质生产要素条件等。就积极的政策环境而言，要切实推行企业经营负面清单和政府权力的正面清单的改革措施，创造更加规范、公平公正竞争的法治和政策环境，包括企业合理税收制度、兼并和破产制度、企业质量和诚信制度、企业社会责任制度等。从优美的生态环境看，要建立底线管理机制，在不断合理调整生态环境质量标准的基础上，进一步强化对企业的生态环境执法，加大污染物排放和生态破坏行为的监管，鼓励企业改进生产清洁工艺，合理调整空间布局，为建立生态环境友好企业和城市创造条件。

四、规范各类产业园区建设，充分发挥产业协会和企业家协会的作用

1. 进一步完善开发区管理体制，创造更加良好的有利于大企业扩张的平台。

要更新开发区规划理念，按照新城区的建设目标开展开发区规划、设计和

建设，一方面确保与所依托的城镇形成良好的空间合作分工关系，另一方面在开发区空间内实现综合城区的整体多功能规划，为区内企业提供更加全面的服务。要进一步发挥产业协会和企业家协会等企业中介机构在企业布局选择中的咨询作用，各开发区都要积极联系和沟通这些具有专业化知识的产业协会组织，争取他们有效参与开发区的各项规划、建设和管理事务中来，以便他们更好地在产业园区招商引资、基础设施建设、产业集群形成、公共技术开发和公共政策制定以及企业布局咨询等方面发挥更好更大的作用。

2. 要让大企业成为开发区建设的主体。

至少可以考虑建立一种让具有开拓性的大企业独立规划管理建设新开发区的新区域开发模式（目前企业开发区模式虽然存在，但数量还比较少，在区域经济中发挥的作用还不大）。让龙头企业牵头，按照产业开发区的政策法规要求，根据其做大做强的发展目标，自主规划和开展整个开发区的建设，以更加直接和便利地推动企业的扩张和带动区域经济的发展。

3. 引导以大企业总部集中分布的行业营运中心的形成和发展，以逐步替代政府对具体行业发展不必要的直接干预和管理。

（执笔人：刘勇）

第八章

政绩考核与生产力布局

第一节　引　　言

改革开放以来，不同地区间产业同构、重复建设、产能过剩的现象始终是伴随着我国经济社会发展过程中的顽疾[1]。2013 年中央经济工作会议明确指出：当前要"加快调整产业结构，提高产业整体素质"，"把化解产能过剩矛盾作为工作重点"，并提出"要合理安排生产力布局，对关系国民经济命脉、规模经济效益显著的重大项目，必须坚持全国一盘棋，统筹规划，科学布局"。

在我国现行体制中，政绩考核一向被认为是上级政府引导和约束下级政府，尤其是下级政府主要领导干部行为的主要手段；如何构建科学合理的政绩考评体系，也一向被认为是能够有效地转变地方政府观念和行为、加快推进发展方式转变的关键内容[2]。

一方面是在当前生产力布局中，各级地方政府的不当行为被认为

---

[1]　董辅礽："计划经济与市场经济中的中央与地方关系"，引自董辅礽等著：《集权与分权——中央与地方关系的构建》，经济科学出版社 1996 年版，第 6 页。

[2]　张军扩等主编：《发展战略与区域经济：调查与研究（2011 年）》，上篇"研究与探索——科学发展评价体系"，经济科学出版社 2012 年版。

是引起产能过剩和生产力布局难以优化的重要原因之一；一方面是希望通过政绩考核体系来有效约束地方政府的行为。因此，"如何完善当前的政绩考核体系来解决重复建设、产能过剩问题，推动我国生产力的优化布局"就成为当前亟待研究的重要课题。本章试图探讨："政绩考核是否能够在解决重复建设和产能过剩问题、推进我国生产力布局优化中发挥作用，以及如何才能更好发挥其作用。"文章将围绕"什么是造成改革开放以来我国长期性产能过剩和生产力布局难以优化的根本原因？""在我国当前的体制下，政绩考核体系是如何在调节上下级政府关系，尤其是中央与地方关系中发挥作用的？"以及"政绩考核体系能否在优化生产力布局中发挥作用？""如何改进政绩考核工作以促进我国生产力布局的优化？"三个主要问题展开。

第二节　改革开放以来我国生产力布局难以优化的根本原因

一、计划经济体制下生产力布局基本上控制在中央的决策范围内，难以出现持续性的产能过剩的局面

从表面的现象来看，各地严重的重复建设和产能过剩现象，似乎是从改革开放以来才开始持续产生的现象。因为理论上在计划经济的体制下，实行的是"全国一盘棋"式的投资建设和生产力布局。各个地方在名义上并不存在各自的独立利益，正如毛泽东同志在"论十大关系"中所论述的，"为了建设一个强大的社会主义国家，必须有中央的强有力的统一领导，必须有全国的统一计划和统一纪律"，之所以还有时要强调地方的特殊性、发挥地方的积极性，根本上是"为了整体利益，为了加强全国统一所必要的特殊"①。因此从实践层面来看，计划经济体制下生产力布局基本上都是由中央来决策和控制的，很难会产生持续性的、非常严重的各地重复建设和产能过剩现象。

---

① 毛泽东（1956）"论十大关系"，政治局扩大会议讲话，《人民日报》，1976年12月26日。

二、市场经济体制下地方政府成为发展经济的主体，政府与市场的关系不完善直接导致重复建设和生产力布局难以优化的局面

我国的改革开放，体现在经济体制层面上，是从"计划经济体制"向着"市场经济体制"的转换。在计划体制下并不成其问题的各地重复建设和产能过剩的现象，在向市场经济的转换过程中却极其严重且持续地爆发出来，所以非常顺理成章地，人们就会认为正是市场经济的推行才会导致严重的各地重复建设和产能过剩的现象。

正是在市场体制下，分散决策代替了统一决策，加上市场存在的信息不对称和人们在做决策时的有限理性等因素，因此不可避免地就会导致重复建设和产能过剩的问题。所以在这个意义上，如果要说"重复建设和产能过剩问题"是"推行市场经济的错"，也是不无道理的。

然而，仔细地分析我国各地重复建设和产能过剩现象，却还有着一些自身独有的特点，也就是这种各地投资的冲动和重复建设的现象，几乎总是伴随着我国经济社会发展的起起伏伏，具有长期性和持续性的特点。而反观同样实施市场经济的其他国家，尤其是那些成熟市场经济国家，虽然它们也会经历严重的产能过剩现象（例如经济危机来临之时），但这种投资过度和产能过剩，更多是周期性的、暂时性的。很显然，我国这种长期性和持续性的各地重复建设和产能过剩现象，与其要说是"推行市场经济的错"，更确切地不如说是"推行市场经济不到位的错"。

因为政府与市场的关系没有理顺，政府的职能转变不到位，各级地方政府出于迅速做大本地经济总量、提升税收收入等各种因素的考虑，不当利用手中的行政权力，过度介入本地经济发展和投资建设的各方各面，大量兴建各种项目和推行各种的招商引资，才有可能造成我国这种长期性和持续性的重复建设和产能过剩现象。在市场经济刺激下，地方政府成为一个个的利益主体，就像有的学者所指出：在地方政府推动本地经济发展的过程中，"最令人印象深刻的并非市场的自由化，而是政府的公司化行为和谋利倾向"①，正是地方政府在不完善市场经济体制下某种程度的"异化"，才使得这种持续性、大规模的重复建设现象成为可能，造成我国生产力布局迟迟难以优化。

---

① 周飞舟：《以利为利——财政关系与地方政府行为》，上海三联书店2012年版，第247页。

三、中央与地方关系没有理顺是产生重复建设和生产力布局难以优化的最重要原因之一

我国的改革开放，不仅是一个由"计划经济体制"向"市场经济体制"转变的过程，也是一个中央逐渐向地方逐渐放权的过程。如前所述，我国长期性和持续性的重复建设和产能过剩现象，与各个地方过度干预经济活动是密不可分的。然而，各个地方要想进行大量投资建设和招商引资，只有愿望是不够的，还必须具有相应的权力和手段。改革开放以来，在"计划投资、税收、价格、外汇、引进外资、预算外资金"等各个方面，中央逐渐不同程度地放松了集中统一，给予地方政府以更多的自主权。很显然，正是这种中央向地方的放权，各个地方的大量投资和重复建设，才可能由地方的"主观愿望"变成活生生的"现实"。所以从这个意义上，我们也可以说"重复建设和产能过剩问题"正是"中央向地方过度放权的错"。

然而我们同样可以看到，纵观世界上一些其他国家，它们在中央与地方关系的安排上，赋予地方的权力可能要比我国大得多，地方发展自身经济的自主性也大得多，但国家的重大基础设施建设和生产力总体布局的结果却最后还能体现出"全国一盘棋"的特色，从而避免严重和持续性的重复建设和产能过剩问题。就像托克维尔在描述英国的中央集权所能达到的程度："政府集权达到了它可能达到的最高点；国家就像一个单独的人在行动……可以随意将自己的全部权力集结和投放在它想指向的任何地方"①，尽管英国同时具有很强的地方自治传统，地方在发展本地经济时有着很大的自主性。

事实上，以我国当前的投资建设过程来看，目前在很大程度上还保留着传统计划经济的中央集权特色，尤其是在审批阶段中央政府部门相对地方政府仍然有着绝对的权威。"跑步（部）进京"是许多地方政府开展项目（尤其是重大项目）建设所必不可少的一个阶段。然而，就是在这种所谓的严格管理和审批之下，重复建设和产能过剩却一直成为我国经济发展过程中挥之不去的一个顽疾。

实际上，以中央政府部门目前这种有限的人力资源和能力而言，根本难以对于幅员辽阔、各地差异显著的全国的各种建设项目做到有效管理；再加上一

---

① 托克维尔：《论美国的民主》（上卷），商务印书馆 1997 年版。

些全国性的投资建设项目往往是由实力和影响力强大的中央国有企业进行操作，中央政府部门也经常很难对其施加足够的影响。与此同时，考虑到中国规模巨大、差异明显的各个地区，即使大幅增强中央政府部门的能力（尽管这也是绝对必要的），但也很难做到对地区的各种建设项目进行有效监管。

正是当前中央与地方关系调整的不到位，从而造成一方面中央政府自身能力有限，政策执行极度依赖地方，难以真正做到对地方做到有效管控，无法真正遏制地方的重复现象；另一方面中央政府又管辖范围过度，过多的各种地方事项需要中央审批，地方决策的自主性严重缺乏。

目前在投资体制中还主要依靠中央部门的审批抑或所谓备案制来保证中央政府的意志，以及协调各地方政府之间的利益。由于行政审批抬高了企业的准入门槛，它在客观上以一种非市场的手段来隐性保障了某些所谓重要行业的利润。于是尽管各地在这些行业也许并不具备优势，但由于管制造成的高额利润的吸引，各个地方就有十分的积极性千方百计挤入到管制的行业中。这样管制越严厉，利润就越高，吸引力越大，地方的积极性就越高，汽车行业中就是一个非常明显的例子。

综合来看，我国由计划经济体制向市场经济体制的转轨过程中，市场与政府的关系调整不到位、中央与地方的关系调整不到位是导致我国产生持续性的产能过剩和生产力布局难以优化的最根本原因。

第三节　政绩考核在调节中央与地方关系、引导地方官员观念和行为中的作用

一、政绩考核在改变地方官员观念、引导地方政府行为方面具有重要作用

政绩考核工作是选拔任用和管理监督地方干部的必要手段，如何进行科学合理、全面有效的考核，是引导地方干部行为的关键。

事实上在 2009 年 10 月，为了全面贯彻落实科学发展观，建立和完善体现正确政绩观要求的干部考核评价体系，中央组织部就制定了《关于建立促进科学发展的党政领导班子和领导干部考核评价机制的意见》，并配套下发了

《地方党政领导班子和领导干部综合考核评价办法（试行）》、《党政工作部门领导班子和领导干部综合考核评价办法（试行）》、《党政领导班子和领导干部年度考核办法（试行）》，已将科学发展观涵盖的各主要方面纳入了干部考核内容，突出对人口资源、社会保障、节能减排、环境保护、安全生产、社会稳定、党风廉政、群众满意度等约束性指标的考核，并就如何改进考核方式、扩大考核民主、强化考核结果运用进行了全面细致地规定，促使地方领导班子和领导干部把科学发展观的要求落实到经济社会发展各个方面。2013 年 11 月，党的十八届三中全会《关于全面深化改革若干重大问题的决定》进一步明确提出，要"完善发展成果考核评价体系，纠正单纯以经济增长速度评定政绩的偏向，加大资源消耗、环境损害、生态效益、产能过剩、科技创新、安全生产、新增债务等指标的权重，更加重视劳动就业、居民收入、社会保障、人民健康状况"。

可以说，地方干部的政绩考核评价工作在专业化、制度化和系统化等方面，近年来已经有了长足的进步，对于转变地方干部发展理念、引导地方干部合理行为也取得了明显的效果。

二、当前政绩考核工作所面临的最大问题之一是如何有效地减少上下级政府之间的信息不对称

由于在考核过程中，下级政府拥有更多的当地信息，上下级政府之间会存在着信息不对称，考核内容越全面、考核体系越复杂，信息不对称的程度就越严重。因此，考核的有效性根本上取决于上级部门克服信息不对称的能力。一般情况下，上级部门通过指标设定、统计、检查、审查、评估等各种手段，通过一系列的繁复过程得出考核的结果。每一类指标的考核实施，几乎都需要花费大量的时间、人力、物力。而现实中就以目前政府已有的能力来看，尤其是相对薄弱的统计监测能力，很难保障许多考核的有效性。例如碳强度（单位地区生产总值的二氧化碳排放）是目前最为重要的地方考核指标之一，也是"十二五"规划中明确规定的约束性指标。然而由于全国大部分地区的二氧化碳统计监测体系尚在建立的过程中，就很容易使相应的考核流于形式。

因此，在上级部门考核能力有限的情况下，考核指标并非越多越好。如果一味地想通过大量行政投入来大幅提高考核能力，从而消除上下级政府的信息不对称，在理论上做不到（只要有政府层级区分，信息不对称就会存在），在

现实中也很难行得通（成本过高以至于没有现实可行性）。

与此同时，如果想通过大幅提高惩戒的力度来有效提高考核的作用（例如采用一票否决、下级政府在完不成相关指标考核时其直接上级领导也担负连带责任等），其效果也是有限度的。过于严苛的惩罚措施可能会产生"物极必反"的效果，反而容易导致"目标替代"效应（即下级政府会将更多的精力用于如何应付上级部门的考核，而非真正完成工作上）和"政府间的共谋行为"的现象（即不同层级政府串通合谋来共同应对更上一级部门的考核）。这些现象在组织学理论中早已得到验证[①]，在现实中也屡见不鲜。

总之，在存在信息不对称和政府能力有限的情况下，干部考核评价内容并非越多越好，惩戒措施也并非越严越好。如何能够以较低成本有效地减少不同政府层级之间的信息不对称，决定着政绩考核工作的成败，在很大程度上也决定着能否有效改变地方干部行为的成败。

第四节　改进政绩考核工作以促进我国生产力布局的优化

一、政绩考核在当前推动我国生产力优化布局中起到的是扬汤止沸而非釜底抽薪的效果

如上所述，我国之所以会产生持续产能过剩、生产力布局长期难以优化的问题，根源于在当前改革的过程中政府与市场、中央与地方之间的关系尚未理顺。所以，要从根本上推进我国的生产力布局优化。

一方面要真正让市场在资源配置中起到决定性的作用，有效解决政府既当"运动员"、又当"裁判员"的问题。只有地方政府的角色归位了、过度的经济职能和利益驱动消除了、不当权力被有效限制住了，才会真正形成地方政府既无愿望、也无能力来从事相关重复建设的局面。

另一方面必须构建中央和地方关系的新格局。首先要拥有一个强大稳定、具有相应执行力的中央政府。我国作为广土众民的大国，中央的决策不能事事

---

① 周雪光：《基层政府间的共谋现象——一个政府行为的制度逻辑》，载《社会学研究》2008 年第 6 期。

委托给地方，通过各级地方政府的层层委托代理来达到个体老百姓身上，这必然导致各级政府在执行过程中激励不相容的局面，难以保证中央决策的有效性，也无法真正阻止地方政府的不当行为。正如汉密尔顿在《联邦党人文集》中论述美国要构建一个强大具有执行力、直接作用于个人的联邦政府的必要性时所言："现存邦联构造上的主要和根本缺陷就是，立法只能规范各州或者各州政府，只能规范它们的团体或者集体的地位，而无法规范到各州的个人身上……如果我们依然拥护那种建立一个全国性政府的方案……那么，我们就必须使联盟的权威延伸到公民个人的身上，因为个人才是政府固有的最好对象。"① 因此，在事关全国生产力布局的重要事项上，中央政府更多需要采取"一竿子到底"的做法，构建中央相关部门的执行力，从而在根本上保证全国一盘棋、统筹规划，实现生产力的优化布局。其次，一个再精明强干的中央政府，也不可能事无巨细地去管理一个大国的一切事务。中央政府必须要收缩自己的管辖范围，将大部分的地方事务管理权限下放到地方，充分保障地方应有的自主发展权利。在生产力布局方面，中央政府应该做到"该管的才管、应管的管好"，造就一个"作用范围有限领域但强有力"的中央政府。

所以，要真正在源头上解决我国生产力布局优化问题，有赖于政府与市场、中央与地方关系的合理调整。然而，这些重大关系的调整，都事关整个国家根本制度的深刻变化，并非可以在短期内一蹴而就。在近期这些重要的制度安排还难以发生有效变革的条件下，利用政绩考核来在一定程度上引导和制约地方政府的行为，不失为一条可行之道。与此同时，在政府能力有限、上下级之间存在信息不对称和激励不相容的情况下，需要对政绩考核工作能够发挥的作用有一个清醒的、符合实际的认识，不能通过一味地增加考核内容、加大考核强度试图来彻底改变地方政府的行为，这样做的结果更多会是适得其反或是流于形式，难以有效起到遏制重复建设、优化生产力布局的效果。

二、加大群众参与、发挥地方民主和监督是改善政绩考核、推动我国生产力优化布局的重要举措

如前所述，要有效发挥政绩考核对地方干部观念和行为的引导作用，减少上下级政府（也就是考核者与被考核者）之间的信息不对称是关键。有鉴于

---

① 汉密尔顿、麦迪逊和杰伊：《联邦党人文集》，中国社会科学出版社 2009 年版。

上级政府有限的统计监管能力，要减少政绩考核过程中信息不对称的最好办法不是一味地加强"从上到下"的管理，而是要转换思路，充分发挥出"从下到上"的评价监督作用。理论和事实均表明，干部做得好不好，群众最有发言权。事实上，地方干部之所以会常常具有不顾地方资源、环境资源，盲目招商引资上项目尤其是那些对生态环境影响比较大的重化工业项目；或是只重视经济增速而忽视居民福利改善，根本上看是由于当地的群众缺乏发言权和评价权，难以形成对本地干部的有效制约和监督

实际上，2009 年出台的上述地方干部政绩考核《办法》也已经将"群众满意度"作为约束性指标纳入考核内容中，并要求"加大群众满意度在考核评价中的分量"。然而，在现实操作的过程中，一方面民意调查参加人员范围多为来自基层的党代会代表、人大代表、政协委员，普通群众代表的比例偏少，难以真正有效反映广大群众的意见；另一方面评价标准和形式尚不完善，由于标准不明、相关的执行制度和规范不严格，导致不少地方的"群众满意度"评价常常是认认真真走过场，难以真正起到群众对领导干部进行合理评价的作用，也无法利用群众监督来有效解决政绩考核过程中存在的信息不对称问题。

所以，要有效发挥政绩考核对于遏制产能过剩和地方重复建设、推进生产力布局优化的作用，其中一个重要途径是要完善现有的政绩考核体系，尤其是要针对考核过程中存在的信息不对称问题，切实加强当地群众对于地方干部的"满意度评价"，大大提升"群众满意度评价"在整个政绩考核中的地位和作用。

第一，要完善群众满意度评价的内容和程序，应由上级组织部门或者专业的第三方机构来组织相关的评价，不能仅由被评价的对象来组织。此外，要大力拓展参与群众的范围和人数，可以通过采取抽样调查的方式以保证参与群众的足够代表性。

第二，要切实发挥"群众满意度评价"的作用，相关的评价结果应在地方干部的升迁中真正起到作用，组织部门需要制定相应的规范程序以保证群众满意度评价如何起作用、起到怎样的作用，以防止对干部的群众满意度评价和相关政绩考核变成走形式、走过场。

政绩考核是引导地方干部观念和行为的重要手段，而要真正有效发挥它的作用，遏制地方重复建设和产能过剩，推进我国生产力布局的优化，根本途径之一是要完善相应的政绩考核体系，充分调动地方群众的参与性和积极性，依

靠地方民主和监督来真正使得地方官员的行为受到合理的制约。

（执笔人：宣晓伟）

参考文献

［1］董辅礽等著：《集权与分权——中央与地方关系的构建》，经济科学出版社 1996 年版，第 6 页。

［2］张军扩等主编：《发展战略与区域经济：调查与研究（2011 年）》，经济科学出版社 2012 年版。

［3］毛泽东："论十大关系"，政治局扩大会议讲话，《人民日报》，1976 年 12 月 26 日

［4］周飞舟：《以利为利——财政关系与地方政府行为》，上海三联书店 2012 年版。

［5］托克维尔：《论美国的民主》，商务印书馆 1997 年版。

［6］周雪光：《基层政府间的共谋现象——一个政府行为的制度逻辑》，载《社会学研究》2008 年第 6 期，第 1~20 页。

［7］汉密尔顿、麦迪逊、杰伊：《联邦党人文集》，中国社会科学出版社 2009 年版。

第九章

生 产 力 布 局 理 论 分 析

生产力布局，是指国家在全国范围内对生产力的总体布局。从理论上说，生产力布局，是指生产力要素资源在区域空间上的配置或组合。提出生产力布局问题，一是源于各类生产部门和企业所需要的空间条件上的差异性；二是源于地域空间上各特定地区所具备的空间条件的差异。一般来说，生产力布局可以分为三个层次：宏观布局，也就是生产力的全国总体布局；中观布局，也就是产业部门和地区生产力布局；微观布局也就是城镇范围内企业内部的布局。

在"一五"期间，中国划分为两大经济地带：沿海和内地；到了1958年，划分了东北、华北、华东、华南、西北、西南、华中七大经济区。在20世纪60年代，为了战备需要，划分为一线、二线、三线三大经济地带，后将原来华中、华南区合并为中南区，成为六大经济区。改革开放以来，中国又划分为东部沿海、中部内陆和西部边远三大经济地带。每一个经济地带都存在着二元经济成分。东部沿海地区生产力水平较高，但资源相对不足，中部地区次之，西部内陆地区生产力不发达，但资源占据优势。从新中国成立50多年来生产力布局战略调整的实践过程中，中国政府每一次对生产力总体布局的重大调整，经历了从均衡发展到非均衡发展，也经受了"公平"与"效率"抉择的痛苦。

国内外对优化生产力布局做了系统的研究，提出一系列的理论观点。

1909 年韦伯工业区位论，1933 年克里斯泰勒德国南部中心地原理，1964 年，杜贝地区差异论；1978 年涅克拉索夫区域布局规划理论；19 世纪 30 年代前，社会资源配置能达到帕累托最优，主要代表性研究成果有索罗—斯旺模型[①]、大推进理论[②]、贫困恶性循环理论[③]、低水平均衡陷阱论[④]和临界最小努力[⑤]论等平衡发展理论；20 世纪 60 年代和 70 年代中心—外围理论，主要有缪尔达尔的"循环积累因果理论"（Myrdal，1957）、赫希曼的"核心—边缘理论"（Hirschman，1958）等；20 世纪 60 年代，美国发展经济学家弗里德曼（Friedman）从国家角度提出"中心—边缘理论"，对赫希曼的"核心—边缘区理论"作了补充（Friedman，1966）；弗里德曼认为，经济要素在空间上从一个地区扩散，在另一个地区集聚，会形成经济发展中心及其外围地区。

邓小平对区域经济协调发展理论做出重大贡献。邓小平认为，沿海先发展起来，这是一个事关大局的问题。内地要顾全这个大局。反过来，发展到一定的程度，又要求沿海拿出更多的力量来帮助内地发展，这也是个大局。那时沿海也要服从这个大局。

邓小平生产力布局理论是区域发展非均衡战略理论的重要组成部分。结合中国的实际情况，有很多创新。比如，根据地理条件，提出兴办深圳、珠海、汕头、厦门经济特区的重大决策；1991 年邓小平对开发开放上海浦东新区提出了新的更高的要求。培育新的发展极和经济增长点，实现经济跨越式发展。

对外开放是邓小平生产力区域布局理论的重要内容，邓小平说："对外开放具有重要意义，任何一个国家要发展，孤立起来，闭关自守是不可能的，不加强国际交往，不引进发达国家的先进经验、先进科学技术和资金，

---

① Solow R M. A Contribution to the Theory of Economic Growth [J]. Quarterly Journal of Economics, 1956, 70 (2): 203 - 223.

② Rosenstein-Rodan P N. Problems of Industrialization of Eastern and South-Eastern Europe [J]. Economic Journal, 1943, 53 (1): 43 - 50

③ Nurkes R. International Problems of Economic Develop-ment [J]. American Economic Review, 1952, 5 (1): 64 - 73.

④ Nelson R R. A Theory of the Low Level Equilibrium Trap [J]. American Economic Review, 1956, 46 (2): 894 - 908.

⑤ Leibenstein H. GeneralX-efficiency Theory and Economic Development [M]. London: Oxford Univeristy Press, 1978: 189 - 191.

是不可能的。"① 在这个指导思想下，优先发展了东部地区，并且实施西部大开发战略。

生产力布局问题，在西方经济学中称为资源配置问题，1957 年经济学家 Michael Farrell 基于生产效率测度研究，引入了一系列线性规划方法研究资源配置效益问题。

第一节　微观经济学和规范经济学中的生产力布局理论

一、厂商理论

研究影响资源配置和分配的厂商行为理论。它是微观经济学的组成部分。

二、福利经济学

福利经济学是研究社会经济福利的一种经济学理论体系。它是由英国经济学家霍布斯和庇古于 20 世纪 20 年代创立的，是从福利观点或最大化原则出发对经济体系的运行予以社会评价的经济学。

第二节　区域经济学中的生产力布局理论

从区域经济角度来看，生产力布局理论主要有以下几种。

一、平衡发展理论

平衡发展理论的基础是哈罗德·多马新古典经济增长模型。平衡增长理论认为，落后国家存在两种恶性循环，即供给不足的恶性循环（低生产率——

---

① 《邓小平文选》第三卷，人民出版社 1993 年版，第 117、307 页。

低收入——低储蓄——资本供给不足——低生产率）和需求不足的恶性循环
（低生产率——低收入——消费需求不足——投资需求不足——低生产率），
而解决这两种恶性循环的关键是所有的经济部门和地区实施平衡发展战略。代
表性理论有罗森斯坦·罗丹的大推进理论和纳克斯的平衡增长理论。平衡增长
理论受到了不平衡增长理论的挑战。中国曾一度采取平衡发展战略，注重沿海
与内地平衡发展，平衡布置生产力，但是发展迟缓，效果不理想。

二、梯度推进理论

梯度理论（gradient theories），它认为经济的发展趋势是由发达地区向次
发达地区，再向落后地区推进，处于高梯度地区的产业会自发地向处于较低梯
度上的地区转移。美国工业化先是从东北区开始，然后西移；日本现代经济先
是从东京湾、大阪湾开始，现已形成东京湾、大阪湾、伊势湾和沮户内海沿岸
的"三湾一海"格局。20 世纪 80 年代上半期，中国东部沿海开放取得了瞩目
成就，诞生了梯度理论。但东部进一步发展面临中、西部争夺原材料和市场的
矛盾，此时，政府十分重视国际大循环理论。在循环经济理念下优化产业布
局，在企业内开展小循环，在区域内开展中循环，在国家内开展大循环。三大
经济地带之间客观存在经济、文化、政治、社会发展方面的循序渐进、由高到
低梯度差距和规律，但是如果按照"梯度推移理论"来发展，中国经济的发
展和生产力布局由不均衡到均衡必将经历一个很长的时期。

对于生产力的布局问题，不能只考虑"均衡"与"不均衡"的问题。
当前中国经济问题，更应着眼于"结构合理"上。以"点区理论"来代替
梯度推移理论的理由是努力打造一个新型的产业结构合理化机制和竞争
机制。

三、反梯度推进理论

它改变那种认为经济、技术的发展从东到西、亦步亦趋的观念，实现生产
力的非均衡性跳跃式发展。反梯度理论由郭凡生（1986）提出，他认为反梯
度理论承认存在经济技术发展不平衡的梯度。向静林（2009）认为反梯度推
移的实质是双重产业革命，是经济增长方式由粗放型增长向集约型增长的本质
转变，是落后地区发挥后发优势进行赶超的跨越式发展方式。

在中西部实行反梯度推进战略，引进先进技术和建设资金，实现国民经济的大发展。这是因为中西部地区生产力水平的总体提高，已基本上建立了比较完整的产业体系。

四、增长极理论（growth pole theory）

增长极模式是区域生产力扩散的基本模式，增长极的概念首先由法国经济学家普劳克斯（Perroux）于1950年提出。增长极理论指社会经济客体在特定城市的集聚而使经济的高效发展，又进一步向外围地区扩散，带动这些地区的发展。增长极包含两层含义：产业增长极和空间增长极。短期内迅速崛起的点状区域，如城市、工业区、经济特区等。新古典经济学学者认为空间经济要素配置可以达到帕累托最优，增长极概念重视创新和推进型企业的重要作用，鼓励技术革新。

五、空间均衡理论

空间均衡，意味着人口、经济、资源与环境协调的一种空间上的帕累托效率状态，空间均衡并不表示经济活动在区域空间上均匀分布，而是代表一种与地区资源环境禀赋相协调、符合可持续发展要求的区域生产力布局状态；它的宗旨是生态、经济、社会的综合效益最大化发展。其中，区位论（The Location Theory）的发展已有一百五十多年的历史，在西方一直被认为是工业布局的理论基础。主要以1826年冯杜能《孤立国同农业和国民经济的关系》（约翰·冯·杜能，1997）、1909年韦伯《工业区位论》（阿尔佛雷德·韦伯，1997）为代表。韦伯的主要思想，就是区位因子（即生产在某场合进行所获得的收益最大的地点）决定生产场所。韦伯把运输成本作为影响工业区位的基本定位决定性因素。相比较来说，美国胡佛的运费理论比较完整。1993年克里斯泰勒的《德国南部中心地原理》（沃尔特·克里斯泰勒，1998）为代表的古典区位论，将城市的空间作用和等级问题作为研究对象，提出了中心地理理论；而市场区位论就是以贸易范围与市场区域大小来讨论生产力布局。代表人物廖什（A. LOSCh）认为各类市场范围皆呈六角形态，因为它的供应面积既大于圆形，也大于四边形与三角形；他认为不断扩大市场范围，企业追求的是最大利润。20世纪60年代中期，佩鲁的弟子，法国著名经济学家布代维尔重新研究了经济空间的含义。布代维尔认为，经济空间包括与一定地理范围相联系的经济变量之间的结构关系，将区域分为三类：均质区域；极化区域；计划区域。

在生产力布局中体现空间均衡理念，这就需要在实践中，有的地区主要以开发为主，有的地区主要以保护为主,；要结合生产力布局的主要内容，提出包括交通、能源、环保等在内的基础设施建设内容，并要依三次产业进行空间布局引导。

六、区域布局规划理论

区域布局规划理论是以区域布局规划作为研究对象，以苏联的涅克拉索夫等学者为代表（H. 涅克拉索夫，1987）。其研究的指导原则是马克思、列宁的社会再生产理论。

区域分工理论讨论了在资源和要素不能完全、自由流动的情况下，各个区域在经济交往中就必然要按照比较利益的原则，选择和发展具有优势的产业进行分工；生产力布局的区域协调发展理论，以区域均衡发展和区域非均衡发展相融合为主要发展理念。

七、点轴开发理论

点轴开发理论由波兰经济学家萨伦巴和马利士提出。它是增长极理论的延伸。增长极理论是由法国经济学家弗朗索瓦·佩鲁在 20 世纪 50 年代提出的一种布局理论。这一理论的出发点是抽象的经济空间，这种空间由若干中心（极、焦点）组成，每个中心吸引力和排斥力都拥有一定的场。两个增长极及其中间的交通线就具有了高于增长极的功能，理论上称为发展轴。发展轴应当具有增长极所有特点，作用范围更大。点轴发展理论基本上符合生产力空间运动的客观规律。它通过重点轴线的开发和渐进扩散形式，推动城镇周围乡村经济的发展。

例如中国长三角城市群的发展推动沿江地带和都市发展，反过来也推动长三角的发展。

八、网络开发理论

在法国著名经济学家佩鲁的增长极理论和中国著名地理学家陆大道先生的点轴理论①基础上，魏后凯先生认为将从点轴开发逐步走向网络开发②。

网络开发理论是点轴开发理论的延伸。以均衡分散为特征，将增长极、增长轴的扩散向外推移。该理论要求对已有的传统产业进行改造，又要求全面开发新区，促进城乡一体化。网络开发已成为珠三角、长三角发展模式的主要选择。

九、城市群③

在极点发展和点轴发展的基础上，一些地区由于区位条件优越，大量企业向该地区集聚，促进了极点及点轴的进一步发展，极点及点轴开发迅速聚集，逐渐形成城市群。英国城市规划学者在1915年就提出过集合城市（Conurbatinn）"的概念。城市地区与扩展的大都市区概念要追溯到法国地理学家戈特曼，他研究了北美城市化的空间模式，于1996年引用了"大都市带（megalopolis）"的概念。美国和日本已进入点轴群发展阶段，中国的长三角、珠三角、京津冀地区目前是迅速发展的城市群。

产业集群理论由克鲁格曼、波特等提出，产业集群是在产业发展过程中，由相互关联的企业与机构在一定地域内集中分布所构成的产业群。

点、轴、群主要的发展方向是工业化、三产化、城镇化，面的主要发展方向是农业生产、生态保护和建设。

第三节　市场经济条件与中国生产力布局的理论关系

市场经济条件下中国生产力布局如何进行呢？

---

① 陆大道等：《区域发展及空间结构》，科学出版社1995年版。
② 魏后凯：《走向可持续协调发展》，广东经济出版社2001年版。
③ 贺有利、张仁陟：《点轴理论的分析》，载《兰州大学学报》（社会科学版）第35卷第4期，2007年7月。

第一，市场经济下的生产力布局机制，必须先要转换政府在生产力布局中的职能，由原来政府主导的经济职能尽快转向为市场经济服务与管理的职能，创造生产力布局市场环境；市场经济下的生产力布局机制主要旨在建立市场的供求机制、价格机制、竞争机制，在这种体制下确定企业分布，实现企业的有机地域组合和地区生产力的空间。

第二，合理的区域生产力布局模式应遵循空间均衡原则，这就要求经济与人口在一定空间趋于均衡；同时也要遵循生态效益原则，考虑资源约束和自然的"承受度"。这里提及一个专业词——环境承载力（Environmental Carrying Capacity），可以理解为某一区域环境在某一特定时期维持某种环境状态条件下所能提供的对人类活动支持能力的阈值。它反映了人类与环境相互作用的界面特征，是研究环境与经济是否协调的一个重要判据①。在产业布局优化中，必须将产业活动安排在环境承载力限度内。

国家要有合理的生产力布局总体目标、基本框架以及实施政策手段。总体目标需要考量适度倾斜，总体协调，效率优先，兼顾公平。而生产合理布局的准则应当是：从获取原材料到获得产品的生产过程中，劳动损耗最少，即国民消耗最小。

第三，中国政府还是地方政府都采取非均衡发展方式取得成就，但是付出了巨大的资源和环境代价，特别是在供应廉价土地和低价基础设施上互相拼杀；产业功能分布不清晰，缺乏"扎堆效应"；城区经济与郊区经济没有"联动效应"。如果帮助改变落后地区产业结构，那么就牺牲了等量投资在经济发达地区的收益。

把化解产能过剩作为产业结构调整和新的生产力布局的重点，通过扩大内需、并购重组等措施，满足资源整合共享、要素优化配置的需求；比如浦东提出了新的生产力布局：7 + 1，即陆家嘴金融贸易区板块、上海综合保税区板块、张江高科技园区板块、金桥出口加工区板块、临港产业区板块、南汇新城板块和国际旅游度假区板块，再加上后世博板块。

第四，根据国家生产力布局目标强化生产力布局市场机制的作用，培育各种要素市场；根据比较优势进行专业化分工，促进地区主导产业的发展、推进当地机会成本较低的产品；突出协调发展，集中有限资源和资本向重要行业、

---

① 洪阳、叶文虎：《可持续环境承载力的度量及其应用》，载《中国人口·资源与环境》1998 年第 3 期，第 54 – 58 页。

关键领域和大型企业集中。合理组合生产力的规模、结构、布局和时序，使生产力系统发挥最大效益；形成全国统一市场，发挥企业应有经营自主权的积极性，合理规划城市发展的结构和布局。发展电力、煤炭、石油和天然气等能源工业，加强公路、水运、空运和铁路建设及与此配套的汽车、机车、船舶和飞机制造；为了促进中国生产力诸因素间的平衡和布局状况合理化。

第五，生产力布局重心向东倾斜过大，使得加工产业生产能力和生产要素偏重于东部地区，造成以原料业为主的初级品生产产业结构前倾化严重，采掘、原材料工业比重过大，增长慢、附加价值低。因此，要加大力度将中西部发展为资源加工型经济，以产业导向目录为基础，努力打造国家资源加工业和基础制造业，加大中西部的优势资源和能源就地开发和使用比重。

第六，要制定市场经济条件下生产力布局相关制度和标准，并进行督导监察。有的学者认为生产力合理布局包括以下内容：经济增长快速化；有的认为：产业结构合理化、经济联系密切化、资源配置最优化、经济效益高度化。生产力布局是否合理，其衡量的标志主要有：区域间经济关系良性循环、区域经济有较强的增长力度、区域间产业结构有较强的和谐度、区域间经济差距不断缩小、区域经济联合有较强的横向协作力。孙德山、凌艳锡认为[1]："生产力布局的原则要使生产尽可能接近原料、燃料产地和消费地区，以合理组织运输，减少劳动消耗，取得较好的经济效果。要达到这个目标，对于不同的工业部门应当具有不同的要求。例如：黑色冶金、重型机械制造、基本化工、森工、制糖等专业，在生产过程中消耗原料较多，更要注意接近原料产地；电力生产、有机合成工业、用电解法生产的有色金属、铁合金、电石等工业，在生产过程中消耗大量能源，要更加注意接近燃料动力产地；仪器制造、无线电技术、石油加工、玻璃、家具、服装、食品等工业，有些产品不便运输，有些产品需及时供应居民需要，宜接近消费地区；农业布局要有利于因地制宜，开展多种经营，促进生产结构的合理和生态的良性循环。生产力布局应考虑的主要因素：自然资源、能源、水源及其他自然条件，劳动力资源、技术力量、交通运输机及其他社会经济条件、政治和国防条件。"

第七，市场经济条件下生产力布局需要正确的战略和战术，有的专家提出了"T"形发展战略，即经济特区—开放城市—经济开发区，有的专家提出了"菱"形发展概念，即以京津作为北部的增长极点，上海为东部的增长极点，

---

① 孙德山、凌艳锡：《社会生产力的合理布局》，载《计划经济研究》1982 年第 39 期。

成渝为西部的增长极点，武汉为中部的增长极点，广深为南部的增长极点，将5个极点链接起来在地理空间位置上呈现出菱形状的发展核心。

国务院发展研究中心研究员刘勇认为：在"十一五"时期，中国宏观区域经济格局将增加一条南北向的国家级开发轴线，即京哈和京广（京九）轴线。这条新的开发轴线基本上将中部地区链接了起来，建立全国第四增长极。东北作为一个整体经济区，将有可能成为未来中国经济的"第四增长极"。

还要特别注重生产力布局的优化模型，要利用投入产出法原理，建立最佳布局的线性规划数学模型。并考虑要有效利用地方的生产设备、自然资源、劳动力，在全国综合布局；从运输费用最小的原则出发，使工业各部门与其相应的原料产地接近。

（执笔人：陈湛匀）

下篇

发展战略和城镇化
问题研究

第十章

稳增长、防通胀的关键在于提高非贸易部门的效率

　　金融危机爆发以来，中国经济面临的外部环境迅速恶化，外需增长速度大幅下降，虽然 2010 年和 2011 年出现了恢复性增长，但是 2012 年以来的数据再次显示了国际经济增长乏力。针对如何应对外需可能的长期低迷，目前的研究基本都是从需求的角度寻求对策，即通过促进内需来抵御外需下降的负面影响。虽然需求方面的政策可以迅速缓解经济之痛，但是过度的需求政策容易加剧经济的不平衡，给经济埋下长期的通胀隐患。与之不同的是，本章试图从长期视角出发，指出应对外需持续低迷的供给方面的政策着力点，以期能够在保持适当经济增速的同时抵御通胀压力。

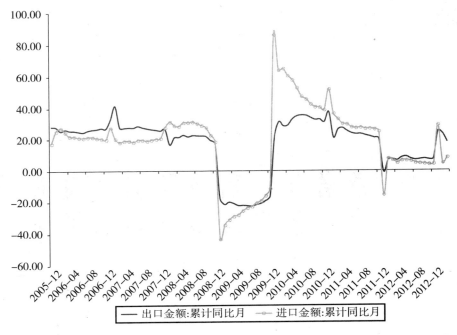

图 10 -1　出口和进口的增速变化（%）

资料来源：WIND 数据库。

第一节　可贸易部门生产率明显高于非贸易部门 使得外需下降带来整体增长速度的 较大幅度下降

　　正如诺奖得主库兹涅茨所强调的，经济增长与结构变化密切相关，相互作用，相互影响。一方面有利的结构变化会促进经济增长速度的提高；另一方面经济增长带动收入的提高，反过来也会促进结构的变化。回顾中国经济过去几十年的高速增长过程，就是一个结构变化促进经济增长的过程。与其他成功的亚洲经济体一样，出口导向型发展模式极大地推动了工业化进程，促使了由农业经济向工业经济的快速转化，实现了经济的高速增长。在这一过程中，一方面对外开放使中国较快地融入国际产业分工，大幅提高了可贸易部门①的生产效率，促进了可贸易部门的快速增长；另一方面，可贸易部门的快速扩张带来了资源的重新配置，由低效率部门向高效率部门转移，同时可贸易部门技术的快速进步也对非贸易部门产生了技术溢出效应。

从这一过程来看，带动经济高速增长的是可贸易部门的快速增长，或者说经济增长的重要引擎是可贸易部门。可贸易部门之所以能成为经济增长的重要动力，源自于其相对非贸易部门而言拥有更快的生产率增长速度②。图 10 - 2 给出了中国可贸易部门和非贸易部门生产率的变化。首先从图 10 - 2 上半部分来看，改革开放以来的三十多年中，可贸易部门劳动生产率的增长速度达到年均 7.5%，2011 年的劳动生产率是 1978 年的 10 倍；而非贸易部门劳动生产率的年均增速只有 5.3%，比可贸易部门低了 2 个百分点以上。另外 Dong He 等人（2012）利用行业和企业数据对 21 世纪以来的可贸易部门和非贸易部门的全要素生产率（TFP）进行了估计，指出 2001 ~ 2010 年期间，可贸易部门 TFP 年均增长速度接近 5%；而非贸易部门仅达到 2.4%，要比可贸易部门低 2.5 个百分点。

国际经验同样表明，可贸易部门的生产率提高速度要快于非贸易部门。图 10 - 3 给出了日本和韩国 1980 ~ 2005 年间不同部门 TFP 的增长率。可以看出，日本制造业的 TFP 增长最快，年均 1.67%；电气水行业、农业和服务业的 TFP 增长较慢，年均增速不足 1%；而采掘业和建筑业 TFP 甚至是负增长。对于韩国，TFP 整体增长速度要远高于日本，其中电气水、制造业以及农业的 TFP 增长速度较高，超过 5%；而采掘业、建筑业以及服务业的 TFP 较低，尤其是服务业，TFP 年均增速不足 2%。如果将制造业部门看成可贸易部门，而其他行业看成非贸易部门，可以得到与中国同样的结论。

---

① 对于可贸易部门和非贸易部门的划分学术界没有什么统一的标准。但是在以往的研究文献中，学者们给出了两类明确标准。其一是由 De Gregorio（1994）和 Engel（1999）提出的，当一个部门的出口占总产出的比重超过 10% 则被认为是可贸易部门，否则被认为是非贸易部门；其二是由 Bems（2008）给出的，Bems 将商业部门认为是一个基准的可贸易部门，只要某部门的出口占总产出的比重超过商业部门，则被认为是贸易部门，否则视为非贸易部门。根据这两项标准，对于中国来说绝大多数制造业都属于可贸易部门；而大多数服务业以及农业、建筑业以及电力等部门则属于非贸易部门。不过大多数的研究人员在分析的过程中会简单地将制造业视为可贸易部门，而将服务业视为非贸易部门。

② Feder（1982）的研究指出，由于出口导致了更高的设备利用效率、规模经济、技术进步的激励、国际竞争的压力，以及管理效率的提高，使得出口部门边际效率要高于非出口部门。

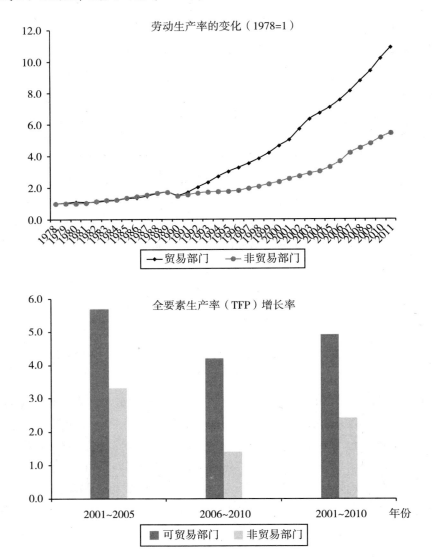

图 10 - 2　可贸易部门和非贸易生产率的变化

注：对于图 10 - 2 中的上图，由于就业数据的限制，简单将工业部门视为可贸易部门，而将服务业作为非贸易部门；对下图，作者根据将大多数制造业（不包括食品加工业）归为可贸易部门；而将农业、电力以及大多数服务业视为非贸易部门，另外还有一些由于数据不足的原因没有列入研究。

资料来源：《中国统计年鉴》（2012），中国统计出版社（上图）；Dong He 等（2012）（下图）。

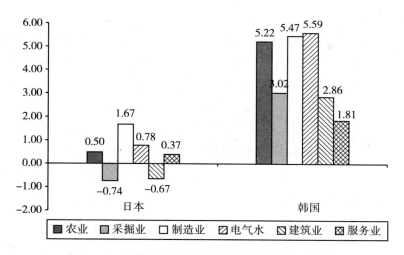

图 10 – 3 日韩各部门 TFP 的增长率（1980~2005）

资料来源：REITI（经济产业研究所），http：//www. rieti. go. jp/cn/database/d03. html。

从供给角度来看，因为可贸易部门生产率提高的速度明显快于非贸易部门，出口的快速增长带来了可贸易部门的迅速扩张，进而带来整体经济的高速增长。从金融危机之后的经济表现来看，也正是因为外部需求的下降，导致了高速增长的可贸易部门增长速度的迅速下降，进而导致整体经济增长速度较大幅度的下滑。

第二节　中国出口和可贸易部门的较慢增长
　　　　将是未来的常态

　　从全球环境来看，欧美债务危机仍然十分严峻，主要经济体接二连三地采取宽松的货币政策，"以邻为壑"的贸易保护主义纷纷卷土重来；同时有望带领全球经济回归正常增长轨道的新技术革命尚未真正显现。据此可以预期慢增长将可能成为今后一段时期全球经济的常态。全球经济的持续低迷在很大程度上意味中国出口将很难恢复之前的高速增长。

　　另外从国际经验来看，回顾那些同样采取出口导向型政策促进经济快速崛起的亚洲新兴经济体的发展历程，可以看到一个共同的规律：伴随这些新兴经济体经济的快速增长，其实际汇率都出现了较大程度的升值。图 10 - 4 的上半部分给出了亚洲五个经济体从 1960 ~ 1990 年间本币对美元的实际汇率的变化情况。从图 10 - 4 中的数据显示的结果来看，这一期间日元、新元、韩元、港币和台币对美元的实际汇率都有所升值，其中升值最多的日本，其实际汇率上升了 240%，平均来看，这五个经济体实际汇率平均上升了 119%。实际汇率的升值在一定程度验证了巴拉萨—萨缪尔森效应，即快速追赶的经济体通常在高增长的过程中伴随着名义汇率的升值或者国内通胀的加剧。

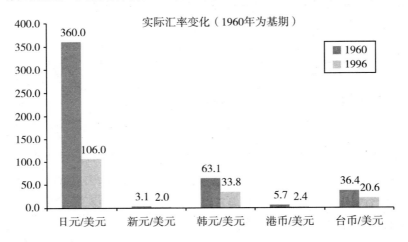

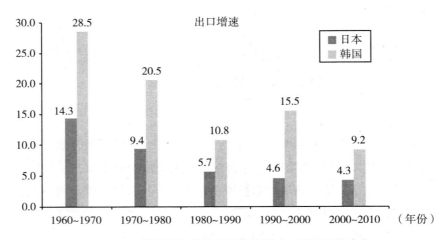

图 10 - 4　亚洲新兴经济体实际汇率及出口增长率的变化

资料来源：许宪春：《中国未来经济增长及其国际经济地区展望》，载《经济研究》2002 年第 3 期（上图）；World Bank：WDI（下图）。

实际汇率升值直接影响着这些经济体出口产品的国际竞争力，直接导致出口增长速度的明显下滑。图 10-4 的下半部分给出 1960 年以来不同时期日韩出口的增长情况。数据显示，不论是率先崛起的日本，还是后起之秀的韩国都经历出口增长速度的不断下滑。日本由 20 世纪 60 年代年均 15% 的增长速度下降到过去 20 年 5% 以下；而韩国更是从 30% 下滑到 10% 以下。

这些成功崛起的亚洲经济体的发展历程给我们的启示是，从长期来看，随着中国经济的增长，也会经历实际汇率的不断升值过程①，出口的增长速度也不会一直保持高速增长的趋势。而且从人均 GDP 的比较来看，中国目前与日韩高速出口结束时处于大致接近的发展阶段。这些都表明未来中国出口和可贸易部门的较慢增长将是一种常态。

第三节　国内消费与投资需求不足以抵消
可贸易部门的持续疲软

影响可贸易部门增长的既有国外的需求，也有国内的需求（包括居民和政府的消费以及投资需求）。根据最新投入产出表的数据，外需、居民与政府的消费和投资需求分别占制造业最终需求的 41%、25% 和 34%。外需所占比重明显超过其他两类国内需求。这足以说明中国可贸易部门对外依存度非常之高以及外部需求对制造业部门增长的重要性。外需增速的下滑意味着要想保持可贸易部门较高增速，需要加速国内需求。长期来看，消费和投资是否可以替代外需成为贸易部门快速增长的拉动力需要分析。

中国目前的投资率已经接近 50%。无论是从中国目前的工业化和城市化进程还是从国际经验来看，未来投资率已经基本没有提升的空间了。社科院工经所最近发布的《中国工业化进程报告（1995—2010）》认为"十二五"时期中国工业化进程将步入工业化后期；而且中国城市化率已经超过 50%。另外最新统计数据显示中国的劳动年龄人口②已经开始下降，同时人口的老龄化和总抚养率未来都将快速上升。无论是从需求还是从资金供给角度来看，未来投

---

①　过去的 5~10 年中，人民币实际汇率已经开始不断升值。

②　这里的劳动年龄指的是 15~59 岁。

资继续保持高速增长的可能性都非常小。

从历史数据来看，消费需求相对于外需和投资需求更加稳定，增长的速度也要明显低于外需和投资需求的增长，这也是为什么消费率一致不断下降的直接原因。消费的增长直接取决于收入的增长，而收入的增长与经济增长速度密切相关①。外部需求增速下滑带来经济增速的下滑，也会导致居民收入和消费增长的下滑。另外从国际比较来看，Ma 和 Lu（2010）的研究认为，与世界同等收入水平的国家相比，目前中国居民对于制造品的消费已经基本与目前中国的人均收入水平相匹配，较大差距表现为服务需求的不足。综合这些因素来看未来对可贸易部门的国内需求以更快速度增长的可能性不大。

第四节　提高非贸易部门的生产率才是保持适当经济增速、抵御通货膨胀压力的长久之策

从前面的分析来看，未来外需增长速度的下滑将可能是一个长期趋势；而对于可贸易部门的投资需求和消费需求也几乎不可能实现更快的增长速度，因此未来可贸易部门很难保持与过去一样的高速增长。虽然短期可以通过宽松的宏观政策来刺激国内对可贸易部门需求的增长，但是可能的结果就是通胀的压力的加大。因此未来要想抵消外需下滑对整个经济的不利影响，促进非贸易部门生产率的提高显得越来越重要；通过促进非贸易部门生产率的提高，提高居民收入，进而带动居民消费的增长，这样才能实现国内经济的良性循环。

从 21 世纪以来的通胀构成来看，非贸易部门是推动整体通胀的主要推手，图 10 - 5 给出了 21 世纪以来我国可贸易部门和非贸易部门的价格指数②的变化。从图中可以看出 21 世纪以来可贸易部门的价格累计上涨了 46%，而同期非贸易部门的价格累计上涨了 67%。非贸易部门的价格年均上涨幅度要比可

---

① 对于消费的增长，目前还有一种观点认为目前过高的收入差距限制了消费需求的增长，其主要原因是穷人的消费倾向要高于富人。但是收入差距的缩小必将是一个很长的过程。联合国贸发会议（UNCTAD）最近发布的《2012 年贸易和发展报告》更是指出自 20 世纪 80 年代以来收入差距已成为全球的一个普遍性问题。

② 这里采用部门的 GDP 平减指数来反映部门产出价格指数变化，由于各部门的增加值率的差异，部门 GDP 平减指数可能会与部门产出价格指数存在一定差异。

贸易部门高 1.3 个百分点。同时还可以发现 2006 年之前可贸易部门和非贸易
部门价格上涨的幅度差异不大①，而 2006 年之后非贸易部门的价格上涨幅度明
显快于可贸易部门。非贸易部门更快的价格上涨正是前面提到的巴拉萨—萨缪
尔森效应作用的过程，即可贸易部门快速增长带动了可贸易部门劳动力工资的
快速上升，而劳动力市场的一体化将其传导到非贸易部门，由于非贸易较低的
生产率，从而导致了非贸易部门更快的价格上涨。

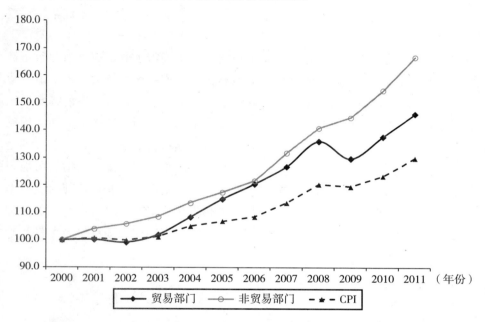

图 10 - 5 中国的可贸易部门和非贸易部门 GDP 平减指数（2000 = 100）

注：与图 10 - 2 类似，这里将工业部门视为贸易部门，而将服务业部门视为非贸易
部门。

资料来源：《中国统计年鉴》（2012），中国统计出版社 2012 年版。

要缓解非贸易部门价格上升带来的通胀压力，一个重要的渠道就是提高非
贸易部门的生产率。对于非贸易部门来说，最大的成本是人力成本。而人力成
本的高低，一方面取决于工资水平的上涨幅度；另一方面则是取决于生产率的
提高速度。工资越高，人力成本越高；而生产率水平越高，单位人力成本则越

---

① Dong He（2012）指出的 2004～2005 年发生的 SARS 抑制了当时服务业价格的上涨。如果剔除
这个因素的影响，可能非贸易部门的价格上涨要更快。

低。另外，Jorgensen（2007）研究发现1990年日本与美国的全要素生产率的差距的一半以上来自非贸易部门。与日本一样，中国与发达国家生产率的差距更多地表现在非贸易部门。换句话说，中国的非贸易部门的生产率仍然有很大的提升空间。

同时，非贸易部门生产率的提高对于进一步提升中国可贸易部门的国际竞争力同样起着非常重要的作用。通过提高非贸易部门的生产率，降低非贸易部门的成本和价格，从而降低可贸易部门使用非贸易部门产品的投入成本，最终可以降低可贸易部门的成本，提高可贸易部门的国际竞争力。

通过前面的分析，可以看出金融危机之后，国外需求的迅速下滑导致了高生产率的可贸易部门增长速度下降是导致整体经济增长速度较大幅度下滑的重要原因。国际经济可能长期处于低迷状态，而且随着经济发展水平的提高，出口增长大幅下滑已经成为亚洲依靠出口导向政策崛起的新兴经济体共同经历的典型化事实。因此，未来中国出口保持较低的增速将可能成为一种常态。加之国内对可贸易部门的需求快速增长的可能较小，未来可贸易部门的增长可能很难继续维持过去的高速增长的态势。因此，促进低生产率的非贸易部门生产率的提高对于保持整体经济的增长动力将越来越重要。与此同时，提高非贸易部门的生产率对于缓解国内的通胀压力和提高可贸易部门的国际竞争力也将起到十分重要的作用。

（执笔人：何建武　刘云中）

参考文献

［1］林毅夫、李永军：《出口与中国的经济增长：需求导向的分析》，载《经济学（季刊）》2003年第2卷第4期。

［2］Jorgenson, D, Nomura K. 2007. The Industry Origins of the U. S. Japan Productivity Gap. Economic Systems Research. 19（3）：315 –412.

［3］He, Dong, Zhang, Wenlang, Han, Gaofeng and Wu, Tommy T., Productivity Growth of the Non-Tradable Sectors in China（March 19, 2012）. HKIMR Working Paper No. 08/2012. http：//ssrn. com/abstract = 2025802.

［4］De Gregorio, J., A. Giovannini and H. C. Wolf（1994）, "International Evidence on Tradables and Non – Tradables Inflation", European Economic Review, 38（6）：1225 – 1244.

［5］Engel, C.（1999）, "Accounting for U. S. Real Exchange Rate Changes", The Journal of Political Economy, 107 (3) (June): 507 – 538.

[6] Izani Ibrahim (2002), On Exports And Economic Growth, Journal Pengurusan 21 (2002) 3 – 18.

[7] Edward, S. (1993) . Openness, trade liberalization, and growth in developing countries. Journal of Economic Literature, Vol. ⅩⅩⅦ (Sept): 1358 – 1393.

[8] Feder, G. (1982) . On export and economic growth. Journal of Development Economics, 12: 59 – 73.

[9] Moshe Syrquin, 2007. "Kuznets and Pasinetti on the Study of Structural Transformation: Never the Twain Shall Meet?", ICER Working Papers 46 – 2007, ICER-International Centre for Economic Research.

[10] Kuznets, Simon, 1955, "Toward a Theory of Economic Growth", in R. Lekachman (ed.), National Policy for Economic Welfare at Home and Abroad, Garden City, NY: Doubleday.

[11] Kuznets, Simon, 1973, "Modern Economic Growth: Findings and Reflections", American Economic Review, 63: 247 – 258.

第十一章

中国未来的区域增长格局

第一节　改革开放以来中国的区域增长
格局经历了三次重大变化

改革开放以来，中国经济获得了高速的增长，年均增速接近两位数。总体来看，国内各大板块的增长趋势基本与全国的趋势保持一致，不同板块之间经济增长周期的起承转合也有很好的一致性。

将中国整体版图划分为七个板块，即华北、华南、华中、东北、华东、西北、西南地区，来仔细地考察不同区域在中国区域增长格局中的比重变化。1978年以来，尽管七个板块在中国区域增长格局中的地位都发生了较大的变化，但是这种变化并不是在时间上平均分布的，而是主要集中在某个时间段内发生，中国区域增长格局的变化具有明显的阶段性。总体来看，中国区域增长格局自改革开放以来的演变大致可以划分为三个阶段，分别是：

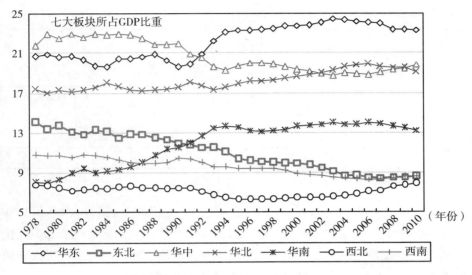

图 11 – 1　七大板块在全国 GDP 中的比重变化（%）

注：七大板块中，华北地区包括北京、天津、河北、山东；华东地区包括上海、江苏、浙江、福建；华南地区包括广东、广西、海南；东北地区包括辽宁、吉林、黑龙江；华中地区包括山西、江西、河南、湖北、湖南、安徽；西南地区包括重庆、四川、贵州、云南、西藏；西北地区包括内蒙古、陕西、甘肃、青海、宁夏、新疆。

资料来源：根据历年《中国统计年鉴》及作者计算。

一、第一阶段（1978～1990 年）——以珠江三角洲为龙头的华南地区崛起、东北地区的地位明显下滑

在改革开放最初的十几年中，华南地区最早得改革开放风气之先，成为中国区域增长格局中最活跃的区域，它在全国区域增长格局中的地位显著增强，而同期除了东北地区比重有明显下降外，剩下的华北、华东、华中、西北、西南五个区域在全国区域增长格局中的地位变化并不大。

表 11 – 1　　　　　　七大板块占全国 GDP 的比重　　　　　　单位:%

年份 区域	1978	1990	2002	2010
华北	17.3	17.4	18.9	19.0
华东	20.5	19.5	23.9	23.1

续表

年份\区域	1978	1990	2002	2010
华南	8.0	11.4	13.8	13.2
华中	21.6	21.8	18.8	19.7
东北	14.0	11.9	9.5	8.6
西北	7.8	7.5	6.4	7.9
西南	10.8	10.5	8.7	8.6

资料来源：根据历年《中国统计年鉴》及作者计算。

具体而言，从 1978～1990 年，华北、华南、华中三个板块所占全国 GDP 的比重有所上升，而华东、东北、西北和西南四个地区的比重则有下降。在比重上升的三个板块中，以珠三角为龙头的华南地区的表现最为突出，所占全国 GDP 的比重从 8.0% 上升到 11.4%，增加了 3.4 个百分点。

二、第二阶段（1991～2002 年）——以长江三角洲为代表的华东地区逐渐成为中国区域增长的龙头，华中地区的比重显著下降

进入到 20 世纪 90 年代以来，伴随着改革开放的进一步深化、加快浦东开发等一系列政策的实施，以长三角为代表的华东地区开始逐渐成为引领中国区域增长的龙头，同期华北和华南地区尽管不如华东地区势头强劲，但 GDP 比重依旧保持了不同程度的上升，而华中经历了改革开放以来最严重的地位下降。

从 1990～2002 年，华北、华东、华南地区所占的比重有所上升，而华中、东北、西北和西南地区的比重则有下降。在这一阶段，华东地区的表现最为抢眼，所占全国 GDP 的比重从 19.5% 上升到 23.9%，上升了 4.4 个百分点。华南继续保持了 80 年代的上升趋势，但势头有所放缓，上升了 2.4 个百分点。华北地区的比重则继续上升 1.5%。华中地区是此阶段所占全国 GDP 的比重下降最多的地区，从 21.8% 下降到 18.8%，下降了 3 个百分点。

三、第三阶段（2003 年至今）——以能源原材料大省为代表的中西部地区增速逐渐加快，在全国区域增长格局中的作用日益增强，东部沿海省份的地位略有下降

自 2003 年以来，中国经济的运行进入了一个新的周期，居民的消费结构

进入新的一轮升级，以汽车、住房为代表的商品逐渐成为居民消费的热点，伴随着居民消费结构的升级，我国经济的生产结构也发生了显著变化，能源重化工产业快速发展，进而导致对能源原材料需求的快速增长，拉动了能源原材料大省采掘业和关联产业的快速发展，煤炭、电力、钢铁、有色金属、石油化工等产业发展明显加快，极大地带动了包括内蒙古、山西、陕西等能源原材料大省的经济增长。

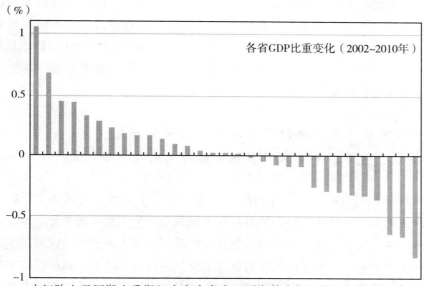

图 11 - 2   各省 GDP 比重的变化（2002～2010 年）

资料来源：根据历年《中国统计年鉴》及作者计算。

与此同时，随着土地、劳动力等要素供求矛盾的加剧，要素价格不断上升，加之 2008 年全球金融危机爆发所导致外贸环境的趋紧，广东、浙江、上海等沿海发达地区传统的以外向型和劳动密集型加工业为特征的经济结构面临着较大的压力，导致了这些地区企业利润空间的缩小和投资扩张速度的回落，也制约了这些地区经济的快速增长。各省经济增长速度的不同导致了其在全国 GDP 所占比重的变化。中西部能源原材料大省如内蒙古、陕西、山西在 2010 年所占全国 GDP 的比重分别比 2002 年上升了 1.1 个、0.4 个和 0.2 个百分点；而东部沿海的上海、广东、北京等省成为占全国 GDP 比重下降最多的地区。

第二节　市场化改革、对外开放和区域协调是推动区域增长格局演变的三大政策因素

改革开放以来中国区域增长格局的演变既是经济运行客观规律作用的结果，也深受主观政策的影响。正因为在不同时期政策重点、方向的调整和转换，才使中国区域经济增长格局的演变呈现出如此明显的阶段性特征。总体而言，"开展市场化取向的改革、实施对外开放和推进区域协调"是影响过去三十多年区域增长格局变化最为根本的三大政策因素。

一、市场化改革推动了资源在区域间的配置优化，提高了整体经济的运行效率，也导致了区域间经济发展差距的扩大

1978 年以来的改革的主要目标之一建立社会主义市场经济体制，在分权化渐进式改革下，中央与地方的财权和事权关系发生了重大的变化，地方拥有了更多的决策权、管理权和对地方利益的支配权，地方政府对地区经济发展的能动性大大增强，激发了地方政府营造地区发展环境，致力于地区经济发展的主动性和创造性。各个地区逐渐成为一个相对独立的、具有特定利益和使命的主体，各地区经济发展的快慢更多地取决于自身的禀赋条件和努力。

市场化的改革推动在各地区发展的资源配置上，由高度计划的一元化配置方式逐渐转变为多元化的配置方式，市场对资源的配置渐渐占据了支配作用。以推动一个地方经济增长的动力——投资而言，在全社会投资中，随着改革的推进，国家投资尤其是中央投资所占的比例下降明显，国家预算内资金占全社会总投资的比重自改革开放以来经历了一个快速下滑的过程，从 1981 年的 30% 左右下降到 2010 年的不到 5%。

与此同时，中央财政在各地区投资中扮演的作用也存在很大的差异，发达地区经济活跃、本身财力充足，也易于吸引各种外来资金，对中央的依赖较少；而不发达地区的投资来源中，中央资金的作用就相对重要得多。这样不发达地区的发展更为依赖国家的投资，而国家投资在整个社会投资中的比例却在不断地下降，由此造成的结果是各个地区的投资之间的差距越来越大，那些对

国家投资比例依赖较大的发达地区，其投资完成额远远小于较少依赖国家投资
的发达地区，从而造成不同地区增长动力之间的巨大差距。

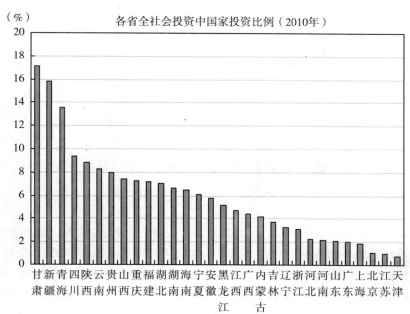

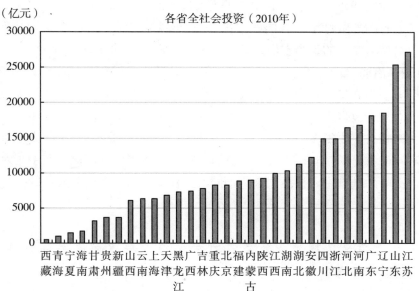

图11-3　"各省全社会投资总额"和"国家投资比重"

资料来源：《中国统计年鉴》（2011），中国统计出版社2011年版。

改革打破了计划体制下大一统的局面，市场而非计划逐渐成为配置各地区资源流动的根本因素，企业而非政府成为市场经济中的运行主体；通过中央向地方的分权，地方政府逐渐成为地区发展的利益主体，各个地方为了自身发展形成激烈的地方竞争的局面，地方的发展越来越依赖地方自身的要素禀赋、地理区位、经济基础和自身努力，地区间的激烈竞争一方面推动中国经济实现了改革开放以来的快速发展，另一方面导致各地区的发展状况发生了深刻的变化，形成了巨大的差距，从而对中国区域增长格局的变化产生了决定性的影响。

二、对外开放战略的实施取得巨大成功，沿海地区更多享受到外资外贸对地方发展的益处

1979 年以来中国的对外开放取得了举世瞩目的巨大成就，然而这种成就并不是在全国平均分配的。各个地区的对外开放水平存在着巨大的差异，尤其是沿海省份和内地省份之间，差距尤其明显，一些沿海发达省份的外贸依存度超过百分之百，最为发达的北京和上海甚至超过 140%，但绝大部分内陆省份的外贸依存度却还不到 20%，最低的省份还不到 10%。

广东省的外贸总额在全国的比重高达 26.4%，仅广东、江苏、上海、浙江和山东排名靠前的 5 个省份，其外贸总额所占全国的比重接近 3/4，而排名后 20 位所有省份的外贸额比重相加，仅为全国的 8.9%。外贸比重在各省之间的巨大差异表明各省在对外开放中的作用和表现迥异，沿海发达省份更多地分享了对外开放带来的巨大收益，极大地推动了当地的经济发展，而内陆省份的收益则相对要少得多。

不同的省份由于其地理区位、资源禀赋和基础条件的不同，在中国对外开放整体战略的推进中，扮演了极其不同的角色。中国对外开放战略的推进成为决定中国区域增长格局演变的根本性力量之一。

三、近年来区域协调政策在推动区域发展方面逐渐发挥作用，区域差距有所缩小

在改革开放的推动下，中国的各个区域都获得了不同程度上的快速发展，整体经济和各区域经济的运行效率有明显的提高。然而，20 世纪 90 年代以来

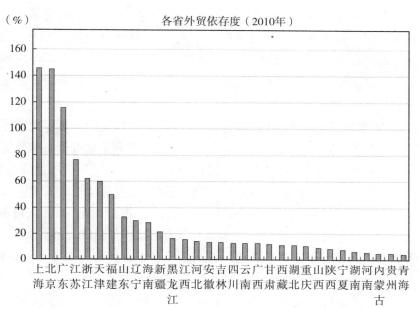

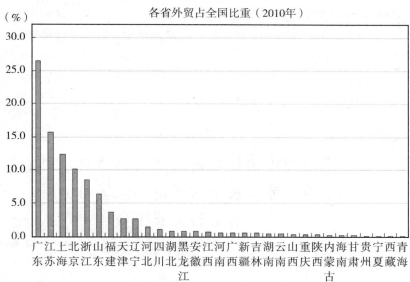

图 11 - 4　各省外贸依存度和外贸总额占全国的比重

资料来源:《中国统计年鉴》(2011),中国统计出版社 2011 年版。

中国区域增长格局的一个重大问题日益显现,这就是不同区域之间的经济发展
差异逐渐扩大。因为无论是客观规律的作用、还是主观政策的引导,都更有助

于东部沿海地区获得更快的发展。若以各省的不变价人均 GDP 计算的基尼系数来衡量，中国各区域的经济发展差距从 1990 年以来有明显的上升。由于在中国现有地区竞争的区域发展模式下，各地居民的福利待遇和所能享受的公共服务水平与本地经济密切相关，由此不同地区的基本公共服务的差距也逐渐拉大。

进入 21 世纪以来，推进区域协调发展的理念更加受到重视。党的十六大（2002 年）以来，党中央提出了贯彻落实科学发展观和构建和谐社会的重大战略思想，促进区域协调发展成为其中的核心内容，被提到了一个更高的层面、摆到了一个更重要的位置上。"振兴东北地区等老工业基地（2002 年）"，"促进中部地区崛起（2004 年）"等一系列重大战略决策陆续出台，我国初步形成了"东、中、西、东北"四大板块各有侧重的区域发展总体战略，即"深入推进西部大开发，全面振兴东北地区等老工业基地，大力促进中部地区崛起，积极支持东部地区率先发展，实现相互促进、共同发展"。

近年来，国务院又相继通过了一系列区域发展举措和区域规划。这些措施是区域总体发展战略的进一步深化和细化，在东、中、西和东北四大板块的基础上，对更为微观的区域提出了更为具体的发展要求。近年来地区经济差距的不断缩小，有中国重工业化进程加快、各省资源禀赋差异、世界经济变化等阶段性和客观性的原因，但区域协调发展总体战略的推进以及一系列相关政策措施的实施，在其中起到了至关重要的作用。

第三节　近期内中国区域增长格局仍将延续目前的中西部地区快于东部沿海地区的格局，远期看这种态势将会发生变化

我们将从"实然"（区域增长格局演变的客观规律）和"应然"（影响增长格局的区域发展理念和政策或产生怎样的变化和作用）两大方面来探讨未来中国区域增长格局的演变趋势。

一、"工业化城市化的进程、内外需在经济增长中作用的变化、集聚和扩散效应的作用发挥"是影响未来中国区域经济增长格局演变的客观条件

1. 中国工业化城市化的仍将继续，但在未来将放慢速度。

未来 10 年仍将是中国工业化城市化继续发展的阶段，这是因为中国的工业化和城市化仍有继续发展的空间。

根据国际经验和中国的自身工业化过程来看，未来 10 年仍将可能是中国工业化过程不断深化的阶段。从发达资本主义国家的工业化经验来看，它们在从低收入国家向高收入国家迈进的历程中，也经历了一个完整工业化的过程，即工业化率（工业占 GDP 的比重）先逐渐上升、然后到达峰值、再又缓慢下降。

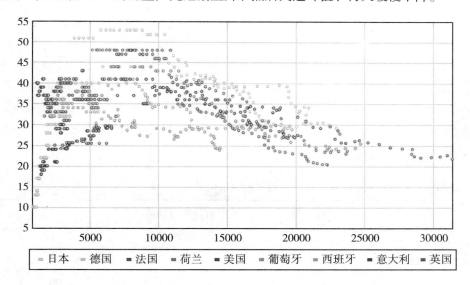

图 11－5 发达资本主义国家的人均 GDP（横轴）和工业化率（纵轴）

表 11－2　　　　发达资本主义国家工业化率的峰值水平、年份

国别	工业化率		
	峰值水平（％）	年份	当时人均 GDP
美国	39	1952	10414
英国	48	1957	8003

续表

国别	工业化率		
	峰值水平（%）	年份	当时人均 GDP
德国	53	1960	7693
日本	46	1970	9662
法国	48	1960	7449
意大利	41	1964	7534
葡萄牙	38	1967	4586
西班牙	41	1974	8190
荷兰	44	1962	8695
均值	44	1963	8025

注：人均 GDP 单位为 1990 年国际元，工业化率为工业占 GDP 的比重。

资料来源：国务院发展研究中心"工业化与经济增长"课题组数据库。

发达资本主义国家的工业化率大致在 20 世纪 60 年代初期达到峰值，工业化峰值的绝对水平在 44% 左右，人均 GDP 在 8000 元左右。而中国目前的人均 GDP 为 6725 元（1990 年国际元），工业化率为 42.1%，对照工业化的国际经验，中国的工业化仍有继续发展的空间。与此同时，我国的城市化率也有较大的增长潜力。

表 11-3 　　　　　　　　　　各国的城市化率

国别	城市人口所占比例（%）		
	1900 年	1950 年	2008 年
美国	40	64	82
英国	74	85	90
日本	15	38	66
发达国家均值	36	55	75
波兰	—	48	61
捷克	—	60	74
罗马尼亚	17	31	54
苏东国家均值	18	47	64

续表

国别	城市人口所占比例（%）		
	1900 年	1950 年	2008 年
阿根廷	28	65	92
墨西哥	13	41	77
巴西	15	36	86
南美国家均值	26	48	82
马来西亚	—	20	70
韩国	—	21	81
中国		16	43
亚非国家均值	13	23	56

资料来源：国务院发展研究中心"工业化与经济增长"课题组数据库。

然而，"中国工业化和城市化仍有发展空间"和"会以多快的速度推进工业化和城市化的步伐"并不是一回事。根据国务院发展研究中心课题组的研究，通过借鉴不同类型工业化国家经济增长的历史经验和呈现出的规律，采用"经济总体数据、省级数据和大宗商品"三种不尽相同但可相互印证的预测方法，得到的结论是：我国经济潜在增长率有很大可能性在未来逐渐下降。

一旦中国经济的增长率在"十三五"期间有明显下降，那么它将会对区域经济增长格局带来怎样的影响呢？或者说，区域增长格局将会可能发生什么样的变化才会实现这种整体经济增长速度下滑的情景呢？由于一直以来中国经济的高速增长主要是由于投资尤其是工业方面投资的拉动，正如前所述，2003年以来中西部地区增速的加快与中国进入了新一轮的重化工业周期密切相关。所以如果"十三五"期间中国经济增长速度有所回落，那么意味着在中国整体的工业化和城市化速度无法再持续以往高速发展的传统模式，必将放缓。它无疑将对那些以能源原材料产业为重要发展动力的中西部省份的未来增长造成负面影响。另一方面，中国一直在强调经济结构的优化和调整，要大力发展第三产业。事实上，第三产业真正成为带动经济的主导产业，整体经济的增长速度也必将放缓。在全国经济产业结构的优化升级进程中，东部沿海省份无疑在第三产业的发展上仍将占据更多的优势。

　　当然，我们也要看到，尽管全国整体的工业化和城市化进程在未来的放缓会对中西部地区的增长造成不利，但具体到地区来看，由于当前东部沿海地区的工业化和城市化进程已经明显高于中西部地区，中西部省份自身工业化和城市化的经济潜力增长空间要明显大于东部。

　　单从工业化和城市化的角度出发，近期中国仍将继续维持快速工业化和城市化的势头，具有较高的增长速度，由此区域增长格局仍将保持现有的态势；远期中国整体的工业化和城市化放缓，经济增长速度下台阶，从而对中西部地区的增长造成负面影响，但中西部地区仍可以依靠自身的工业化和城市化潜力获得一定的增长，与此同时东部沿海更可能在产业结构优化和第三产业发展上占得先机。综合来看，东部沿海地区和中西部地区在长期的增长速度会更趋于平衡。

　　2. 中国经济增长将更依赖内需，沿海地区在对外开放上的优势效应趋弱，内需的扩大有益于中西部地区的增长。

　　如前所述，中国的对外开放取得了举世瞩目的巨大成就，有力地推动了经济增长的发展。在此过程中，沿海发达省份更多地分享了对外开放带来的巨大收益，极大地推动了当地的经济发展，而内陆省份的收益则相对要少得多。

　　然而当前伴随着中国经济的自身发展需要以及全球经济形势的转变，中国未来经济的增长必须要更多地依赖内需。目前中国已经成为全球第一大出口国，未来中国的出口将很难保持一直以来的高速增长趋势，对外贸易对整体经济的拉动作用将逐渐减弱、也应当减弱，内需将更多地在中国经济增长中发挥作用。而中西部由于在开拓内需方面具有更为便利的区位条件，而且其产业和产品结构与国内市场需求更为一致。随着我国经济增长更多由依靠外需向依靠内需转变，无疑会对中西部地区的增长造成更为有利的影响。

　　3. 集聚和扩散效应的发挥和它对区域增长格局的影响将取决于中国经济向创新型经济转变的快慢。

　　经济活动在空间的分布主要有两种趋势，一种是集聚，另一种是扩散。决定经济活动是集聚还是扩散的最根本原因是企业对成本收益的考虑，如果集聚带来更低的成本和更高的收益，企业就会越来越集聚到一个地区；如果扩散对企业带来更多利润，企业就会到其他地区投资，形成产业转移。在不同的经济活动中，进行集聚和扩散所造成的影响是不同的，因此不同经济活动集聚和扩散的趋势也存在明显差异。创新类的活动具有显著的集聚特征，而且越是知识密集型的创新，越是呈现出集聚的趋势。当前的国际经验表明，随着时间的推移，创新类经济活动在全球地理空间集中的趋势正变得越来越明显。而在那些不太需要创新研发投入的一般性生产活动中（例如劳动密集型的加工类企业），土地、劳动力等成本往往成为更重要的决定因素。

目前来看，中西部地区相对东部地区，由于在土地、劳动力成本上具有明显的优势，形成了传统产业由沿海地区向内陆地区转移的趋势，这种趋势无疑在未来还将进一步延续，传统产业在中国区域空间布局的扩散效应还会继续发挥。与此同时，中国整体经济正在面临着由"资源投入拉动型"向"创新驱动型"的转变，东部沿海地区无疑在创新转型中具有明显的优势，而创新型经济的发展具有明显的集聚效应，这将会更有益于东部地区的未来增长，而不利于西部地区创新型经济的发展。

二、"效率、公平和可持续"是中国未来区域发展的核心理念所在和区域政策调整的根本依据

中国区域的协调发展，根本上是要实现"效率、公平和可持续"三大根本目标。所谓"效率"，是"要在市场引导下，生产要素在国土空间上自由流动和优化配置，实现整个区域范围内的最大产出，提升区域的长期竞争力"。所谓"公平"，即"要求不同地区的居民都能够分享到改革发展的成果，享有大体相当的生活和福利水平，特别是大体相当的基本公共服务水平"。所谓"可持续"，是"要素和经济活动的聚集要与各地的环境生态承载力相适应，在经济发展的同时，保持良好的环境和生态状况。使得各区域的人口和经济社会活动，都处在生态环境的承载范围之内，实现人与自然的和谐"。

1. 改革开放以来中国的区域发展理念和区域政策一直在"效率、公平和可持续"三大取向间不断调整和转换。

改革开放以来，事实上中国区域发展理念所强调的重点以及出台的相应政策一直在"效率、公平和可持续"上不断地调整和转换。在改革开放的初期，更为强调的是"效率"取向，要激发各地的积极性，加快各地的发展。进入21世纪以来，由于不同地区间发展差距过大矛盾日益尖锐，则更为强调"公平"的取向。与此同时，由于在传统发展模式下，经济发展与环境生态保护的问题也越来越突出，因此"可持续"理念对于引导和约束各地发展的作用也日益加强，环保、节能减排等方面的政策力度也在逐渐加大。

2. 未来需要转变区域政策的理念，推进我国区域发展的"和而不同"。

可以看到，对于区域发展中"公平"的强调是近年来区域政策出台的一个重要依据。然而，在如何追求和实现区域发展的公平上，当前区域政策却存在一个错误的理念，即试图通过缩小区域的经济发展差距来缩小区域生活福利水平的差距，且认为通过人为干预可以达到缩小地区经济发展差距的目的，将"区域协调发展"简单理解为"区域经济的平衡发展"甚至是"区域经济的同步增长"。

纵观各国特别是发达国家工业化进程的历史，空间格局演变的最突出的特征之一，就是人口、要素和经济活动不断向部分地区集中，在全球范围内如此、在一个国家里如此、在一个具体地区内也如此。

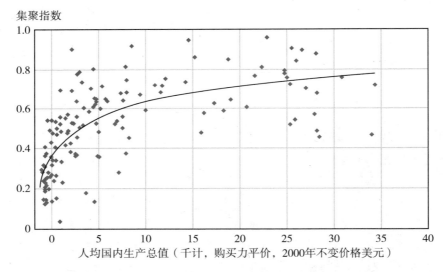

图 11 - 6   各国人口和经济活动的集聚程度与其人均 GDP 的关系

资料来源：World Bank（2009）。

经济在空间上的聚集一方面促进了经济增长，同时也必然造成地区之间经济发展差距的不断扩大，但这并不意味着不同地区的居民生活和福利水平的差距随之拉大。一方面，人口会随其他生产要素的流动而流动、并随着生产活动和财富的集中而集中，使得以人均水平衡量的发展和收入差距得以控制。另一方面，政府通过财政转移支付、财力平衡基础等多种手段，实现不同地区居民所享受政府基本公共服务的均等化，从而抑制了不同居民收入和福利水平差距的持续扩大。从发达国家的经验来看，经济活动的聚集与不同地区居民的生活

各区域工资或收入的变化系数

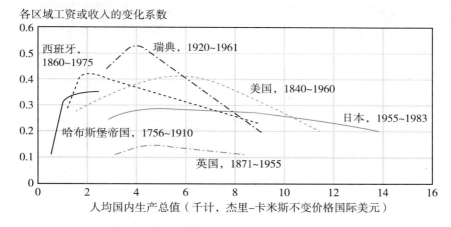

图 11-7 不同国家的经济发展和其区域的收入差距

资料来源：World Bank（2009）。

和福利水平的趋同是可以并行不悖的。

在我国当前地区竞争的区域发展模式下，每个地区在现有制度尤其是中央—地方政策关系安排和政绩考核制度的安排下，都肩负着发展地区经济和提高当地居民生活水平的重任，从而形成了各地画地为牢、分割发展的区域局面。这样首先有悖于区域经济发展的客观规律、不利于各种资源要素在全国层面的优化配置，有碍于中国整体经济的长期竞争力，长期来看难以持续。其次，每个地区无论自身条件优劣，都要争当区域的增长极，都要争取将本地区的规划上升到国家层面，区域政策碎片化的倾向日益严重。最后，不同地区间的财力支出差距难以缩小，基本公共服务均等化难以实现，当地人和外地人的新二元结构矛盾日益加剧。

因此，未来我国区域政策要转变理念，要着重实现区域之间的"和而不同"。所谓"和"是指不同地区间的和谐发展，其关键在于地区间一体化发展、人口充分流动、不同地区居民享有大致相同的生活和福利水平。所谓"不同"是指地区之间的经济集聚和不平衡增长，不同地区间经济发展水平的明显差距将长时间存在，并在某些发展阶段会显著扩大。所谓"而"就是通过各种制度安排、政策手段和具体措施将上述两者有机结合起来，实现地区不平衡增长与区域和谐发展的相统一。未来推进区域协调发展的政策要转向在"而"字上下工夫，其重点不是去改变"不同"，而是怎样来推进"和"。当前区域政策日益"碎片化"的倾向不可持续，要实施推动不同地区市场一体化的措施，缩小不同地区居民的生活和福利水平差距。未来区域政策应同时实现地区增长的经济利益和地区公平的社会利益，真正促进区域的协调发展。

三、中国区域增长格局演变的总体趋势

我们区分近期和远期，仔细考察各个因素对中国未来区域增长格局所产生的可能影响，具体参见表 11 - 4。表中的近期所对应的时间段是未来 5 年左右，而远期是未来 10 年左右。

表 11 - 4　　　　　　　各种因素对中国未来区域增长格局的影响

		对区域增长格局的影响	
		近期	远期
实然层面	工业化和城市化进程	中国仍将保持工业化、城市化快速推进的势头，整体经济增长速度维持在高位，当前中西部地区的增长速度快于东部地区的态势继续延续	整体经济工业化、城市化的速度有所放缓，中国经济增长速度明显回落，中西部地区更为依赖自身的工业化城市化动力，沿海与内陆地区的增长速度趋于平衡
	对外开放/内需扩大	对外开放继续深化，外资外贸对沿海地区经济增长的带动作用减弱，扩大内需战略的实施对内陆地区的增长更为有利	对外开放进一步深化，但内需在整体经济增长中的作用会继续加强，整体经济增长动力侧重点的转换更有助于内陆地区的经济发展
	集聚/扩散	由于劳动力、土地等成本的差异，扩散效应所导致由沿海向内陆的产业转移进一步延续，创新类经济活动的集聚效应还有待明显发挥，综合扩散和集聚效应，此阶段更为有利于内陆地区的增长	产业转移还将继续，但创新活动的集聚效应日益发挥，第三产业在整体经济中的作用更加明显。长期而言，创新类资源在全局空间的配置将更为有利于沿海地区的增长

续表

		对区域增长格局的影响	
		近期	远期
应然层面	效率	当前区域政策碎片化的趋势还将持续，整体经济的配置效率会有相当的损失，碎片化的政策出台具有相当的不确定性，对于区域增长格局的影响难以判断	区域政策会采取"效率"和"公平"并重的取向，更可能导致经济活动在布局上的更加集中，有利于沿海地区的经济增长
	公平	基本公共服务均等化和主体功能区的政策有所推进，中央政府层面会继续加大对相对落后地区的支持力度，更为有益于内陆地区的增长	区域政策更倾向于用"和而不同"的方法推进区域协调发展，更为强调人口的自由流动、不同地区公共服务和人均生活水平的均等化，内陆地区的人均福利和生活水平与沿海地区的差距缩小，但经济发展的差距难以再继续减小
	可持续	环保和节能减排对各区域增长的影响日益加强。总的来看，内陆地区的发展将会更多地受制于节能减排和环境保护的约束	环境保护和节能减排的力度会进一步加强，节能减排对沿海地区经济增长的制约相对较小，而对内陆地区则压力更大
总体判断		中西部地区增长速度快于东部沿海地区的趋势还将持续，中西部地区的所占全国 GDP 的比重仍将上升，不同地区之间的经济发展差距继续缩小	中西部地区和东部沿海地区的增长速度将逐渐趋同，沿海和内陆地区在全国 GDP 的比重趋于稳定，不排除在更长的时段东部地区所占比重回升的可能，区域之间的经济发展差距保持稳定甚至有所扩大，但不同地区的人均生活水平和福利差距继续明显缩小

综合各种因素的影响，对未来 10 年中国区域增长格局的总体判断是：

近期来看，中西部地区增长速度快于东部沿海地区的趋势还将持续，中西部地区的所占全国 GDP 的比重仍将上升，不同地区之间的经济发展差距继续缩小。

远期来看，中西部地区和东部沿海地区的增长速度将逐渐趋同，沿海和内陆地区在全国 GDP 的比重趋于稳定，不排除在更长的时段东部地区所占比重回升的可能，区域之间的经济发展差距保持稳定甚至有所扩大，但不同地区的人均生活水平和福利差距继续明显缩小。

（执笔人：宣晓伟）

参考文献

［1］国务院发展研究中心发展战略和区域经济研究部课题组：《中国区域科学发展研究》，中国发展出版社 2007 年版。

［2］刘世锦、张军扩、侯永志、刘培林：《陷阱还是高墙：中国经济面临的真实挑战与战略选择》，载《比较》2011 年第 3 期。

［3］刘云中、何建武：《地区经济增长格局的变动与区域差距的缩小：短期波动抑或长期趋势》，载《国务院发展研究中心调研报告》，第 175 号（总第 3930 号），2011 年 9 月 19 日。

［4］陆铭等：《中国区域经济发展——回顾与展望》，格致出版社 2011 年 8 月第 1 版。

［5］张军扩等：《协调区域发展——30 年区域政策与发展回顾》，中国发展出版社 2008 年版。

［6］詹·法格博格等：《牛津创新手册》，知识产权出版社 2009 年版。

［7］World Bank：*Reshaping Economic Geography*，World Development Report 2009.

第十二章

新型城镇化如何解决人、钱、土地三大难题

　　2014 年 3 月 16 日，《国家新型城镇化规划（2014—2020 年)》（以下简称《规划》）在国人持续的关注下正式发布。这一中国首个中央层面的城镇化规划无疑承载着很多人的期望，也促使人们去思考以下问题：《规划》提出的背景是什么？推进新型城镇化的关键节点有哪些？城镇化过程中政府与市场的边界如何厘清？

　　城镇化规划不是城镇规划。不同于具体城市的规划，《规划》涵盖了中国经济社会发展几乎所有的领域，一一点评非本文力所能及。为此，我们需要找到一条思维的线索或一扇观察的窗口，以把握《规划》的重点。城镇化是人口、资金、土地等各类要素在地理空间流动、配置、组合的动态过程。如何打破阻碍要素流动的制度藩篱，提高资源配置的效率，从而释放经济发展潜力，推动中国现代化进程，是《规划》潜藏在洋洋洒洒三万字背后的逻辑链条。

　　中国的城镇化是人类社会有史以来规模最大的现代化转型过程。在取得巨大成就的同时，中国城镇化也出现了质量不高和结构失衡的问题，城镇化转型发展的内在要求愈发紧迫。对此，《规划》用了三个"不可持续"来点出中国城镇化面临的挑战：主要依靠劳动力廉价供给推动城镇化快速发展的模式不可持续；主要依靠土地等资源粗

放消耗推动城镇化快速发展的模式不可持续；主要依靠非均等化基本公共服务压低成本推动城镇化快速发展的模式不可持续。

无论是城镇化取得的成就，还是目前出现的问题，都与中国推动型的城镇化模式息息相关。中国 35 年来的改革逐步突破了城乡分割的制度框架，由此释放出的市场力量与地方政府的竞争动机相结合，推动了中国城镇化快速发展。但在这一过程中，地方政府对包括人口、资金、土地等市场要素的一些不当干预，也扭曲了资源在城市空间的配置，导致城市要素聚集偏离最优路径，出现效率损失和风险累积，影响了中国城镇化的质量。而这正是《规划》需要解决的主要问题。

第一节　人口流动障碍和经济增长潜力

人口大规模流动是大国经济增长的必要条件。在美国，为了寻求更好的发展机遇，每年有 800 万人跨州迁移。有研究表明，在统计意义上，跨地区迁徙的城市移民比留守故土的人群更具进取心和创新精神，人口的流动将有利于人力资本的优化配置。对于像中国这样的发展中国家而言，人口流动对经济后发追赶的意义更加重大，劳动力从农业部门流动到非农部门所带来的结构转化效应，是过去三十多年经济高速增长的重要源泉之一。

人口流动的制度性障碍降低了中国经济增长的潜力。虽然改革开放 35 年来，中国经历了大规模的城乡人口迁移，人口城镇化提高的速度很快，但根据笔者的研究，在中国当前经济发展水平上（按麦迪森国际元计算），历史上只有葡萄牙、泰国和斯洛文尼亚的城镇化率低于中国。对于人口城镇化落后于经济发展的现象，《规划》的分析是很到位的：受城乡分割的户籍制度影响，被统计为城镇人口的 2.34 亿农民工及其随迁家属，未能在教育、就业、医疗、养老、保障性住房等方面享受城镇居民的基本公共服务，产城融合不紧密，产业集聚与人口集聚不同步，城镇化滞后于工业化。上述劳动力流动制度性障碍的存在，使得中国"人口红利"消失的时间提前到来，在"总量过剩"的情况下，一些沿海地区出现劳动力"局部短缺"，降低了中国经济增长的潜力，同时也使得城镇内部出现新的二元矛盾，农村留守儿童、妇女和老人问题日益凸显，给经济社会发展带来诸多风险隐患。

以双轨制逐步破除人口流动性的障碍。人口流动性障碍集中反映在现行的户籍制度上。《规划》所提出的建议，包含着"双轨制"的内核：一方面，要以就业年限、居住年限、城镇社会保险参保年限等为基准条件，因地制宜制定具体的农业转移人口落户标准，"逐步使符合条件的农业转移人口落户城镇"；另一方面，要建立居住证制度，建立健全与居住年限等条件相挂钩的基本公共服务提供机制。落户即意味着享有与城镇居民相同的福利标准。受城市政府的财力所限，不可能使所有流动人口一步到位取得城镇户口。因此，在一部分流动人口获得城镇户口及其挂钩的公共福利的同时，另一部分人依托居住证制度根据对所在城市的贡献来享受相应的公共服务。后者在国际上是一种普遍的做法。例如，在美国的一些州，居民要享受教育、医疗、公共救助等权利，必须获得州居住权，除了要证明自己是该州实际居民之外，还要在该地区居住满特定期限。

第二节 金融干预和城市产业转型

地方政府在金融领域的无为而治并不能导向城市发展的最优路径。城市发展，资金先行。如果没有资金要素的聚集，城市的基础设施和基础产业无法形成，其他生产要素也无法被吸引到城市中来。翻开美国的城市发展史，在铁路、汽车等技术创新的推动下，美国政府以发展市政债券市场的方式推动连接区域间基础设施的大跃进。虽然期间也经历了三次系统性的地方债务危机，但政府信用支持的金融扩张促进了东部制造业、西部资源产业和南部农业之间的合理分工。然而，国际经验也表明，政府以干预金融的手段成功推动城镇化进程是有条件的。如果没有出现重大技术创新，以政府主导的基础设施和基础产业投融资出现投资失误的概率较高，政府的金融干预有可能扭曲资金要素价格，导致过度资本深化的现象，出现低质量的资本密集型产业，延缓城镇化进程。

20世纪90年代中期分税制改革之后，面对财权上收和事权下沉的格局，处于"锦标赛竞争"压力下的中国地方政府，在财政手段之外越来越多地实施了金融干预的手段。由于不具备中央政府的货币发行权和货币政策工具，地方政府更倾向于以间接的方式干预金融资源的配置，引导资金要素向所辖城市聚集：一方面，地方政府利用融资平台支持基础设施和基础产业建设，提升城市"硬环境"，吸引其他生产要素的聚集；另一方面，地方政府通过隐性担保、财政补贴、低价出售可供抵押的工业用地等方式，为企业融资提供"信用增级"，将对金融资源的控制能力作为吸引外来资本和产业转移的工具，提升城市吸引要素聚集的"软环境"。尽管从短期来看，地方政府的金融干预助推了金融系统的数量扩张和城市投资的繁荣；但是从长期着眼，地方政府的金融干预以及由此引发的底线竞争，不仅以一种外生力量扭曲了金融资源的配置机制，还影响到劳动力、土地等其他生产要素的组合，导致城市要素聚集偏离最优路径，出现效率损失和风险累积。

针对金融干预所导致的区域性财政风险和系统性金融风险问题，《规划》的思路是建立规范透明的城市建设投融资机制，即"关后门，开前门"。针对地方政府负债问题，《规划》提出，"在完善法律法规和健全地方政府债务管理制度基础上，建立健全地方债券发行管理制度和评级制度，允许地方政府发行市政债券，拓宽城市建设融资渠道"。对此，有学者提出，在未来中国地方债务管理制度中，作为"国际惯例"的地方政府破产应成为重要内容。然而，地方政府破产并不是国际惯例。如日本、德国、法国等不允许地方政府破产，其宪法规定，即使地方政府财务状况严重恶化也需要偿付债务。虽然破产能降低地方政府过度举债的道德风险，但不同于联邦制国家地方政府的高度自治，中国地方政府信用与中央政府信用是一体的，允许地方政府破产不仅会损害地方政府信用，也会危及中央政府权威。笔者认为，短期内，基于预算透明公开的地方政府财经纪律约束，以及基于地方政府信用风险定价的金融市场约束，对有效管理中国地方债务风险更具现实意义。

第三节　土地过度资本化和城市空间拓展

土地是城市经济活动和社会生活的承载物，它在中国城镇化过程中扮演了一个极为重要的角色。作为中国城乡土地用途转换过程的主导者，地方政府既可以通过低征地成本和高商住用地价格之差获得土地财政收入，又可以用低工业用地价格吸引外来资本的进入。更为意味深长的是，地方政府可以通过土地的批租权实现对金融资源的间接配置。对于企业而言，以较低协议价格出售的工业用地之所以极具吸引力，不仅在于土地自身成本的低廉，更在于企业可从金融市场中获取相当于土地真实市场价值的融资——在工业用地较低的出让价格和土地较高的市场价值之间，存在一种显而易见的"融资租金"。这一租金的存在，扭曲了政府和企业对工业用地的使用方式，加速了城市土地的无序扩张和快速蔓延，使得增量投资在空间意义上被新增的城市面积所稀释，降低了城镇化所能产生的集聚效应。

《规划》将上述现象概括为"土地城镇化快于人口城镇化"。我们注意到，在一些中西部地区的城市，政府不仅以低工业用地价格吸引企业投资，更给予企业配套的商业用地。如此的土地供给格局使得很多投资"醉翁之意不在酒"，导致了土地过度资本化，并在不同等级的城市产生各异的影响。在一线城市，土地过度资本化推高了城市房价，促使生产成本和城市生活成本的快速上涨，加速了中小企业的外迁，降低了一些城市的制造业在国际上的竞争力。在二线城市，土地过度资本化，不仅造就了超前的基础设施和一批产业空洞化的空城，还让地方政府背上了沉重的债务负担。

土地过度资本化的症结在于地方政府财力和事权的不匹配。为此，《规划》提出了两个解决思路。一是完善财政转移支付制度，按照事权与支出责任相适应的原则，合理确定各级政府在教育、基本医疗、社会保障等公共服务方面的事权，建立健全城镇基本公共服务支出分担机制。二是完善地方税体系，培育地方主体税种，增强地方政府提供基本公共服务能力。对于具体的地方税种，《规划》列出了房地产税、资源税和环境保护税（费改税）。当前，各方争议较多的是房地产税改革，有人提出了房地产税的征收成本和社会成本较高的问题。笔者认为，从地方政府税收可持续的角度看，未来以房地产税替代土地财政收入是非常必要的，但在具体制度上要结合中国国情：在普遍征收的基础上，适当进行税收优惠和限制；税收征管机构设置要力求客观中立；建立完善的争议处理体系，降低改革可能引发的社会成本。

第四节　政府与市场的边界

《规划》指出，推进新型城镇化要处理好"市场主导"和"政府引导"的关系。如何界定市场和政府在城镇化中的作用边界呢？一方面，对于劳动力、资金等高度依靠价格信号引导资源配置的要素市场，政府应减少不当干预，更加尊重市场规律，坚持使市场在资源配置中起决定性作用。另一方面，对于容易出现外部性的领域（包括城市教育、医疗带来的正外部性，以及城市环境污染、交通拥堵等负外部性），要更好地发挥政府作用，切实履行政府制定规划政策、提供公共服务和营造制度环境的重要职责。唯有如此，中国新型城镇化才能"成为市场主导、自然发展的过程，成为政府引导、科学发展的过程"。

（执笔人：卓贤）

第十三章

城市工业用地"低价"出让的动机和收益

第一节　引　言

现代城市的形成和发展以工业化为主要推动力，工业用地作为城市工业活动的载体具有重要意义。通常认为地方政府存在着两种不同的供地行为，一种是较紧的城市住宅用地和商业用地供应，以维持相对稀缺的状态；另一种是通过较为低廉的工业用地出让价格来保持招商引资竞争力，吸引工业企业投资。并进而认为不同的供地行为导致了工业用地价格严重偏低，挤压了居住用地的供给，造成居住用地供应不足（曹建海，2005；林荣茂等，2008；蔡军等，2011；万江，2012）。与此相应的政策建议就是减少工业用地的供应，提高居住用地的供应比重。但是，需要思考的是，既然居住用地出让价格远远高于工业用地，如果地方政府从居住用地出让获得的收益要远远大于工业用地的收益，地方政府为什么还要供应大量的工业用地？因此，需要深入分析地方政府"低价"供应工业用地的动机和收益。从近年来城市用地结构及工业用地和居住用地占比入手，讨论地方政府低价供应大规模工业用地的动机，并采用报酬资本化法，将地方政府在工业用地出让年限（如 50 年）之内所能获得的工业利税收入以及职工的报酬折现，得到工业用地的综合经济收益，并与居住用地一次性出让收入相比较，从而来解释地方政府的行为，并提出相应的政策建议。

第二节　我国城市的用地和供地结构

一、我国城市的用地结构及其变化

根据中国城市建设统计年鉴公布的数据（见表 13 - 1），2011 年我国城市用地结构中规模占比较大的依次为居住用地、工业用地和公共设施用地，分别是 31.5%、20.9% 和 12.2%①。在 1991 ~ 2011 年的这 20 年内，居住用地比例基本稳定在 32% 左右，工业与仓储用地的比例有所下降，从 31% 的水平下降到 25%，这一比例在 2000 年后基本维持在 25% 的水平，变动较小。道路广场用地的比例迅速上升，从 1991 年的 5.64% 上升到 2011 年的 11.33%，这反映了追求城市形象、修建大广场和宽马路的现象较多。绿地的比例从 5.62% 上升到 10.66%，公共设施用地比例从 8.86% 上升到 12.17%，与我国城市绿色生态空间、公共设施建设有所改善的情形一致。

表 13 - 1　　　　　　　　　1991 ~ 2011 年全国城市用地结构　　　　　　单位:%

年份	居住用地	公共设施用地	工业用地	仓储用地	对外交通用地	道路广场用地	市政公用设施用地	绿地	特殊用地
1991	34.27	8.86	25.13	5.97	6.22	5.64	2.80	5.62	5.49
1992	32.96	10.82	24.95	5.91	5.91	6.06	3.06	6.07	4.26
1993	32.47	11.11	24.48	5.70	5.96	6.46	3.13	6.70	3.99

---

①　因此统计数据中设市城市统计范围不包含市辖县，不少独立工矿用地没有统计进来，因此该口径的工业用地的比重相对偏低。

续表

年份	居住用地	公共设施用地	工业用地	仓储用地	对外交通用地	道路广场用地	市政公用设施用地	绿地	特殊用地
1994	33.70	10.34	23.94	5.32	5.05	7.86	3.64	6.51	3.64
1995	33.76	10.42	23.58	5.14	5.21	8.16	3.52	6.54	3.67
1996	32.62	10.90	23.39	5.25	5.78	7.47	3.12	7.77	3.70
1997	32.25	10.90	23.14	5.14	5.87	7.72	3.14	8.32	3.52
1998	32.60	11.05	22.43	5.04	5.81	8.10	3.25	8.30	3.42
1999	32.42	11.09	22.29	4.97	6.22	8.06	3.33	8.30	3.32
2000	32.21	11.36	22.04	4.73	6.40	8.21	3.41	8.36	3.28
2001	32.89	11.67	21.10	4.60	6.38	8.59	3.48	8.46	2.83
2002	32.28	11.59	21.50	4.17	6.28	8.83	3.71	8.60	3.03
2003	32.02	12.07	21.48	4.01	5.76	9.32	3.40	9.21	2.73
2004	31.61	12.25	21.79	3.87	5.58	9.71	3.42	9.28	2.49
2005	31.37	12.50	21.66	3.76	4.88	10.06	3.61	9.82	2.34
2006	30.76	13.31	21.62	3.56	4.43	10.63	3.53	9.93	2.23
2007	30.94	12.97	21.95	3.34	4.42	10.81	3.43	10.04	2.10
2008	30.75	12.74	21.89	3.35	4.41	10.98	3.41	10.31	2.16
2009	31.13	12.52	22.28	3.17	4.32	11.28	3.36	9.99	1.96
2010	31.20	12.15	21.86	2.99	4.39	11.77	3.49	10.21	1.95
2011	31.53	12.17	20.86	3.78	4.45	11.33	3.55	10.66	1.67

资料来源:《中国城市建设统计年鉴》(1991~2011),中国计划出版社。

将工业用地及与工业用地密切相关的仓储用地相加,2011年工业与仓储用地的比例共计24.6%,虽然占比要小于居住用地。但与国际上的情形相比,我国城市的工业用地面积占比偏高,远高于国外15%的水平①,这也是通常认为工业用地占比偏高的重要依据。

① 中国"最严格节约用地"推进城镇化潜力巨大(来源:《瞭望》新闻周刊记者专访国土资源部副部长胡存智,2012年10月)。

二、我国城市的用地供应结构及其变化

根据《中国国土资源年鉴》和中国土地市场网发布的全国土地供应数据（见表 13 - 2），我国工矿仓储用地供应量最大，住宅用地的供应近年来增长最快。按照国土资源部 2004 年文件规定，从 2004 年 8 月 31 日起，全国房地产经营性土地一律实行"招拍挂"出让，房地产经营性土地出让持续增长。2004～2010 年间年均供应的工矿仓储用地在 10.7 万公顷左右，约是住宅用地的 1.7 倍（住宅用地年均供应量约为 6.2 万公顷）。但居住用地的年均增长率为 15.3%，工矿仓储用地供应的增长速度为 9.3%，比全国土地供应总量、居住用地及其他用地供应的增长速度均要低。

表 13 - 2　　　　　　2003～2010 年全国各类用地供应规模　　　　单位：公顷

年份	全国土地供应总量	工矿仓储用地	商业服务业用地	住宅用地	其他用地
2003	193604	99435	39082	43323	11764
2004	181510	89788	33798	48677	9247
2005	165586	90512	23268	43675	8131
2006	204278	92948	16886	45158	49262
2007	259099	117996	17666	53621	69816
2008	221331	82827	20128	55094	63283
2009	319059	119387	26400	76500	96833
2010	428212	152722	38700	114400	122371

资料来源：《中国国土资源年鉴》（2004～2011），中国地质出版社 20112 年版。

全国土地供应中，工矿仓储用地占全年土地供应的比重呈下降趋势，比重从 2004 年的 51.4% 下降到 2010 年的 35.7%，而住宅用地的比重则稳中有升，达到 26.7%，住宅用地和其他用地的供应量正在接近工业用地的供应规模。

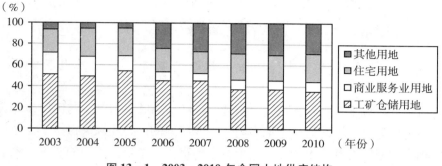

图 13 – 1　2003 ~ 2010 年全国土地供应结构

资料来源：《中国国土资源年鉴》（2004 ~ 2011），中国地质出版社 2012 年版。

第三节　地方政府大量出让工业用地的动因

过去 30 年，大量的相对低廉的工业用地支撑了我国的工业化进程，2000 ~ 2012 年间，全国综合地价水平、商业地价水平和居住地价水平年均涨幅分别是 10. 04%、11. 40% 和 14. 42%，工业地价水平年均涨幅仅为 3. 35%。相比于快速上升的综合、商业、居住地价，工业地价涨幅虽然有限，但地方政府并未弃工业用地于不顾，转向供应其他类型土地，如前所述，全国工矿仓储用地占建设用地供应的比重依然多年连续超过 35%，地方这一行为偏好的背后有四大动因。

一、地方政府强烈的发展诉求

工业是推动城市发展的重要力量，无论是北京、上海、广州这样的大城市还是中小城市，城市的稳定发展都离不开产业支撑。按照有关城市经济基础的经典理论（周一星，2003），城市经济活动由两部分组成，以工业、制造业为主的基本部门和以服务业为主的非基本部门，前者是支持城市发展、吸引人口、解决就业、支付劳动报酬的原动力，城市需要通过基本部门的发展来刺激消费从而带动非基本部门，非基本部门尤其是生产者服务业再反作用于工业、制造业部门扩大再生产，这一循环累计效应可概括为以工业化（乘数效应）

带动城市经济发展。因此，地方政府为了集聚人气、提供就业、获得未来税收、并带动其他产业，需要保持对工业用地的供应。

二、工业用地的可替代性强，导致"低价"竞争吸引投资

对于大多数工业企业来说，对土地区位的要求并不苛刻，与因区位差异导致土地价格大有区别的商住用地不同，工业用地的可替代性大得多，工业用地市场是大区域性的竞争市场，在一个竞争的市场中，自由流动的资本必然会寻找那些成本最低的区域。即使像北京、上海、广州这样的城市之间，也存在很强的竞争，这让地方政府不得不竞相降低土地价格，以低地价甚至零地价，来吸引工业企业投资落户①。

三、工业企业给地方政府带来长期收益

政府从出让工业用地的行为中获取的收益有两部分，一是一次性收益，包括土地出让收益，包括出让金和税费，其中土地出让金是对土地的地租资本化反映，对于工业用地来说，这部分收益较小，有的地方甚至愿意提供各种优惠，成为实施上的无偿供地；二是可持续的长期收益，主要包括工业增值税收入、企业支付劳动者报酬、解决新增人口就业、带动其他产业的创收等，其中增值税收入和劳动者报酬直接对政府的财政运行产生影响，其余则可视为很难量化的社会经济效益。相比之下，城市住宅用地的出让价格虽高，但是一次性的收入，政府没有可持续的收益；商业用地虽然也有长期收益，但需要一定的人口规模与居民收入水平作为支撑，一个城市的商业及其用地的规模有限。因此，工业用地出让给地方政府的收益是包括了一次性收益和长期收益在内的综合收益。

四、地方利益最大化，工业用地使用存在大量获利甚至寻租空间

地方政府（尤其在二三线城市）出于土地收益、税收和劳动力等地方收

---

① 为了防止地方的恶性竞争，杜绝工业用地领域违法违规行为，中央为此出台了包括公开竞价、价格管制、指标控制等一系列措施来控制工业用地出让规模与价格。但地方政府依然是偏好出让工业用地并尽量降低工业用地价格，这更加让人不得不关注并衡量地方政府这一行为背后的动机和收益。

益最大化,依然存在以扩大内需、促进经济增长为名在工业用地出让中违反供地政策、用地标准和国家产业政策,搭车用地、借机圈地的行为。近期,一些地方出现以工业企业科技研发、新建总部及物流仓储等名义供应工业、仓储用地的现象,一些企业名义上为发展工业,以低价获得工业用地,实则在项目分期建设中兴建研发办公楼用于商务办公经营出租,建设企业职工住房、人才公寓等,这些改变土地使用用途的"擦边球"行为获利空间巨大;另一些有能力"绑架"政府的大型企业以寻租动机获取工业土地,等待城市发展后土地被重新征用并改变使用性质为商业或住宅用地,这些圈占了土地的地产商有的只需补很少的出让金,有的则凭借工业厂房的拆迁获得相当丰厚的赔偿。因此,在工业用地出让及使用监管中,地方政府和工业企业相互之间始终是一种微妙的关系。

第四节　工业用地与居住用地出让的收益比较

为了量化政府出让工业用地的收益,本章以北京、成都为例,估算包括一次性与长期收益在内的综合收益。北京市土地市场成交数据来源于北京市土地整理储备中心 2012 年成交情况一览表,北京经济技术开发区工业用地利用和产出状况的数据来源于北京市两年一次的开发区土地集约利用评价工作。成都市土地成交价格参考《中国国土资源年鉴 2012》公布的 2011 年我国重点城市建设用地价格,根据成都当地地价指数折算到 2012 年。成都市经济技术开发区数据来自 2007 年全国开发区典型企业调查数据,含有调查企业的企业基本情况、企业投入产出情况、企业用地情况及建设情况等。

一、工业用地与居住用地出让价格比较

根据北京市土地整理储备中心公开的 2012 年土地市场成交数据,北京经济技术开发区共成交土地 22 宗,其中,工业用地 15 宗、居住用地 2 宗、商业用地 2 宗、其他类多功能用地 3 宗。作为国家级开发区,北京经济技术开发区的工业用地出让占绝对主导地位,工业用地出让面积占出让总量的 83%,居住用地和其他类多功能用地分别占 6%,其余 5% 为商业用地。工业用地的楼

面地价为每平方米 627 元，平均容积率为 1.72；居住用地的楼面地价为每平方米 9982 元，平均容积率为 2.25；工业用地的出让价格仅为居住用地的 6.28%，价格比为 0.06：1。

根据《中国国土资源年鉴 2012》公布的 2011 年我国重点城市建设用地价格统计，成都市工业用地楼面地价为 393 元/平方米，居住用地楼面地价为 3239 元/平方米[①]；根据中国城市地价动态监测网公布的 2012 年成都市地价指数，工业用地为 117，居住用地为 208，由此推算出 2012 年成都市工业用地楼面地价约为 460 元/平方米，居住用地楼面地价约为 6737 元/平方米。工业用地的出让价格仅为居住用地的 6.82%，价格比约为 0.07：1。

表 13 - 3　　2012 年北京、成都经济技术开发区土地出让价格比较（楼面地价）

地区	工业用地（元/每平方米）	居住用地（元/每平方米）	价格比
北京	627	9982	0.06：1
成都	460	6737	0.07：1

资料来源：《中国国土资源年鉴》（2012），中国地质出版社 2013 年版。

因此，北京和成都两地的数据（见表 13 - 3）均表明，纯粹以出让价格来考量一次性收入，工业用地的价格的确远远低于居住用地，不足 1/10。

二、工业的税收与劳动者报酬

工业用地出让的长期收益包括工业企业缴纳的税收与支付的劳动者报酬，北京市历年统计年鉴公布了北京经济技术开发区的财政收入、税收收入、土地收入、劳动者报酬四项数据[②]、从近几年北京市开发区集约利用评价与更新调查数据中获取对应的工业用地总规模、土地利用强度、投入与产出强度等数据（见表 13 - 4）。

---

①　由于数据限制，成都缺少详细的土地成交信息，无法根据实际容积率将地面地价折算成楼面地价，为了与北京比较，假设成都市工业用地和居住用地的容积率也分别为 1.72、2.25。

②　数据来源于《北京市统计年鉴》（2004～2012 年）中的北京经济技术开发区主要经济指标，由北京经济技术开发区统计局提供。

表 13 – 4   近 5 年北京经济技术开发区工业用地利用状况

年底数	2007 年	2009 年	2011 年
已建成城镇建设用地面积 (公顷)	2064	2239	2759
已建成工矿仓储用地面积 (公顷)	988	1026	1231
综合容积率	0.54	0.57	0.61
建筑密度 (%)	26.3	19.0	17.8
工业用地容积率	0.64	0.72	0.88
工业用地建筑密度 (%)	28.9	29.4	29.9
工业用地累计固定资产投资强度 (万元/公顷)	4084	5299	7173
工业用地产出强度 (万元/公顷)	21369	19965	19147

注：综合容积率、建筑密度是开发区四至范围内已建成城镇建设用地 (含道路、绿地) 的对应数据。其他指标是开发区四至范围内已建成工矿仓储用地 (工业用地和仓储用地) 上对应的数据。其中 2007 年工业用地建筑密度采用建筑密度含义，2009 年、2011 年是建筑系数 (分子含构筑物基底、露天堆场、露天操作场地面积)。工业用地产出强度 2007 年是产值，2009 年和 2011 年是企业收入。

资料来源：《北京市统计年鉴》(2011)，中国统计出版社。

北京市经济技术开发区的财政收入由土地收入与税收收入两项构成。从构成比例看，土地收入的占比从 2003 年的 21% 下降到 2011 年的 9%，而税收收入的占比从 2003 年的 79% 上升到 2011 年的 91%；从两者的年均增长率看，2003 ~ 2011 年间，土地收入以 15.2% 的年均增长率增长，而税收收入的年均增长率则达到 30.8%，比土地收入增长快一倍多，这表明工业企业的建成投产给开发区创造的税收效益逐渐显现并成为财政主要的、长期的收入来源。

表 13 – 5   2003 ~ 2011 年北京经济技术开发区财政收入   单位：亿元

年份	2003	2005	2006	2007	2008	2009	2010	2011
财政收入 (含免抵)	36.2	51.7	93.8	133.6	172.3	198.7	244.0	269.1
税收 (含免抵)	28.6	47.1	90.2	121.1	158.1	173.9	212.3	245.4
土地收入	7.7	4.6	3.5	12.5	14.2	24.8	31.7	23.7

资料来源：《北京市统计年鉴》(2011)，中国统计出版社。

接着测算单位工业用地上的税收收入与劳动者报酬。2011 年，开发区内的已建成工业用地规模达到 1231 公顷，整个开发区的税收收入为 245.4 亿元，根据北京市经济技术开发区近 5 年的运行情况，工业税收收入占全区税收收入的 65% 左右①，那么开发区当年的工业税收收入约为 159.5 亿元，为简化处理，假设未来开发区工业企业创造的税收、支付的劳动者报酬保持 2011 年水平，因此，测算可得每年每公顷工业用地上的税收收入约为 1295 万元；同理，假设工业企业支付的劳动者报酬占全区的比重也为 65%，测算得到每年每公顷工业用地上的劳动者报酬约为 990 万元。将工业税收收入与工业企业支付的劳动者报酬看作是政府出让工业用地获得的长期收益，即每年该项收益的估算值为每公顷土地 2285 万元，折算为楼面价值②为每平方米 1329 元。

表 13 - 6　　　　　2003 ~ 2011 年北京经济技术开发区从业人员与
劳动者报酬　　　　　　　　　　单位：万人、亿元

年份	2003	2005	2006	2007	2008	2009	2010	2011
从业人员	5.75	9.40	11.40	14.14	15.37	16.31	23.68	24.41
劳动者报酬	20.83	33.75	36.69	73.65	97.40	108.54	149.17	187.65

资料来源：《北京市统计年鉴》（2011），中国统计出版社。

同理，测算成都经济技术开发区单位工业用地上的税收收入与劳动者报酬。2007 年，开发区内 10 家典型企业的已建成工业用地规模达到 63.46 公顷，相应的税收收入共计 6.28 亿元，支付的职工薪酬为 1.81 亿元，那么每公顷工业用地上的税收收入和劳动者报酬合计约为 1185 万元。为与北京市经济技术开发区的结果作比较，采取简化处理，假设 2007 ~ 2011 年间开发区工业企业单位土地上创造的税收、支付的劳动者报酬按成都市 GDP 增长指数变化，并在此后保持 2011 年水平（与北京测算的假设一致），因此，测算可得成都政府出让工业用地获得的长期收益估算值为每年每公顷土地 1983 万元，折算为楼面价值为每平方米 1153 元。

---

① 根据近 5 年北京市经济技术开发区国民经济和社会发展统计公报。
② 按 2012 年工业用地出让的容积率平均值 1.72 折算。

三、政府出让工业用地长期收益的贴现

报酬资本化法是通过预测在未来的存续期内的净收益，并根据合理的报酬率将其折现来估算价值的方法。根据我国《城镇国有土地使用权出让和转让暂行条例》第 12 条规定，工业用地土地使用权出让最高年限为 50 年（n），假设该工业税收收入与劳动者报酬组成的长期收益每年保持不变（A），报酬率采用银行长期存款利率 5%（Y）。

$$根据报酬资本化法,折现公式为:V = \frac{A}{Y}\left[1 - \frac{1}{(1+Y)^n}\right]$$

计算所得，北京市政府从工业用地所得的长期收益的现值估计为每平方米 24260 元，与土地出让时的价格相比，这一长期收益是出让时地价收入（每平方米 627 元）的 38.6 倍。成都市政府从工业用地所得的长期收益的现值估计为每平方米 21048 元，与土地出让时的价格相比，这一长期收益是出让时地价收入（每平方米 460 元）的 45.8 倍，倍数高于北京，这也似乎能印证西部地区比东部地区更看重"低价"出让工业用地给当地创造长期收益的观点。

四、工业用地总收益与居住用地收益之比

根据北京市经济技术开发区统计数据的估算，若将工业用地的出让地价收入加上长期收益，每平方米的工业用地总收益达到 24887 元，是北京市经济技术开发区内居住用地出让价格的 2.5 倍，也普遍高于区外其他地区当年居住用地出让价格的平均值，是当年朝阳区出让位于来广营乡和孙河乡居住地块价格的 1.5 倍（平均出让价格为 16340 元/平方米）。根据成都市每平方米的工业用地总收益达到 21508 元，是当年全市居住用地出让价格的 3.2 倍。

而且，对北京、成都两地的上述估测是按容积率高值折算每年每公顷工业用地长期收益的楼面价值，并忽略了工业企业技术升级带来的产值和利税的增加，假定该收益在未来近 50 年中没有增长，因而工业用地的长期收益还存在低估的可能性。此外，若是考虑到工业发展对当地其他产业的带动，长期收益的贴现会更高，这充分说明了政府在出让工业用地这一行为中获得的丰硕的、持续的收益。总而言之，从地方政府的角度，既然工业用地出让所得的综合收

益是居住用地出让收益的数倍之多，那地方政府对工业用地出让的偏好也就不难理解了。

第五节 结论与相关政策讨论

我国城市存量用地结构中规模占比最大的为居住用地，其次为工业用地；增量上，我国工矿仓储用地供应量最大，而住宅用地供应随着增长加快正在趋近于工矿仓储用地。地方政府以工业化推动城镇化发展的强烈诉求、工业用地大区域性竞争市场的特性、工业企业所能带来的长期收益是地方政府"低价"出让工业用地的主要动因。

除了工业用地出让价格，应该看到地方政府从工业用地出让中获得的长期收益，若将工业用地未来的税收与劳动者报酬进行贴现，政府获得的综合收益可能远高于居住用地。既然工业用地较低的出让价格市场可接受、地方政府还"有利可图"，那么工业用地"地价扭曲"的说法则不一定成立。对于地方政府而言，土地储备制度让政府可以控制土地供应进出的阀门，既然工业用地收益高于居住等其他用地，而居住用地又可以通过稀缺性维持高价，那么政府的确存在双重动机来做出"充分供应工业用地、控制供应居住用地"这一举两得的行为，但工业用地"挤压"造成居住用地的"客观供应不足"的说法并不准确。相反，保持一定规模的工业用地有助于提高城镇化的产业支撑能力。

因此，很多人认为应当矫正工业用地的"价格"扭曲，减少工业用地的供应量，增加居住用地供应，以此优化城市用地结构。但应该看到地方政府偏好出让工业用地有其合理性，居住用地供应紧张不完全是工业用地的挤压造成的，仅仅只进行城市存量用地的内部结构调整是不经济的，重要的是保证合理的供应量，尤其是在保证工业化发展刚性用地需求的前提下，加大居住用地供应。只有各种用地满足其合理需求，用地结构才能达到合理的状态。

（执笔人：刘云中 许超诣）

参考文献

［1］李军杰、钟君：《中国地方政府经济行为分析——基于公共选择视角》，载《中国工业经济》2004 年第 4 期，第 27～34 页。

［2］曹建海：《我国工业性土地利用与土地政策》，载《中国发展观察》2006 年第 5 期，第 10～12 页。

［3］蔡军、陈飞、李彻丽格日：《居住与工业用地比例变化及其引发的问题思考》，载《现代城市研究》2011 年第 1 期，第 78～85 页。

［4］林荣茂、刘学敏：《中国工业用地利用的数理分析与实证研究》，载《财经研究》2008 年第 34 卷第 7 期，第 51～62 页。

［5］万江：《土地制度困境与工业用地价格管制失败》，2012 年度（第十届）中国法经济学论坛论文集，2012 年第 6 期，第 23 页。

［6］周飞舟：《生财有道：土地开发和转让中的政府和农民》，载《社会学研究》2007 年第 1 期，第 49～81 页。

［7］周一星：《城市地理学》，商务印书馆 2003 年版。

第十四章

鄂尔多斯市房地产困境与城镇化健康发展

鄂尔多斯市是内蒙古"呼包鄂经济圈"中的新兴城市之一。在煤炭、天然气、稀土等资源型产业的带动下，鄂尔多斯的经济总量规模迅速扩张，城镇化率不断提高，房地产也一度成为当地投资热点。但自2012年以来，鄂尔多斯市房地产出现明显的库存周转失速、房价大幅下降、资金运转困难等一系列问题。实地调研表明：鄂尔多斯市陷入房地产困境既是市场运行规律的客观反映，也具有其产业结构的特殊原因，更有城镇化发展路径的选择问题，值得其他城市特别是处于城镇化快速推进阶段的新兴城市思考和借鉴。

第一节 1998年以来鄂尔多斯市房地产市场发展历程

鄂尔多斯市受特定产业结构、城镇化发展模式、居民收入增长、房地产供求关系变化以及宏观经济形势等诸多因素影响，房地产市场发展呈现不同的阶段性特点：

一、1998~2004 年：房地产市场启动时期

自 1998 年我国住房制度全面改革以后，房地产市场进入迅猛发展时期，全国房地产投资占 GDP 的比重逐步提高。但当时鄂尔多斯市作为欠发达的西部地区，房地产市场启动速度明显滞后于全国平均水平。由于以前房地产市场规模的基数较低，2000~2004 年间，鄂尔多斯市商品房施工面积和新开工面积复合增长率分别达到 35.3% 和 23.1%，但 2004 年房地产投资占 GDP 比重仅有 1.7% 左右，较当时全国平均水平低 6.5 个百分点，期间的商品房名义价格增速也相对较为稳定（见图 14-1）。

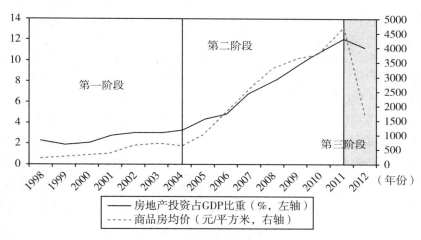

图 14-1　1998~2012 年鄂尔多斯市房地产投资比重与商品房均价

资料来源：《鄂尔多斯统计年鉴》，中国统计出版社 2013 年版。

二、2005~2011 年：房地产市场爆发式增长时期

第二个阶段是房地产爆发式增长时期，其特点表现为施工面积、新开工面积以及土地购置面积大幅攀升，房价持续较快上涨。

2005~2011 年，鄂尔多斯市商品房施工面积和新开工面积复合增速分别为 61.1% 和 43.7%，较房地产市场启动阶段明显提升。2005 年的土地购置面积也从 2004 年的 21.9 万平方米，一跃达到 220.2 万平方米，随后每年土地购置规模平均保持在 250 万平方米左右（见图 14-2）。这一阶段当地房地产市

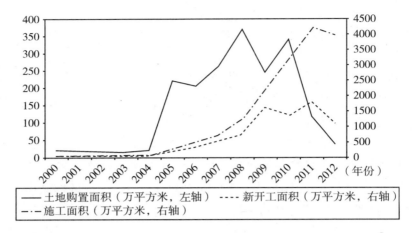

图 14 - 2　2000 ~ 2012 年鄂尔多斯市土地购置、施工和新开工面积

资料来源：Wind 资讯与实地调研。

场快速扩张的原因主要有：

第一，区域经济持续快速增长是鄂尔多斯市房地产市场超常规发展的主要动力。自 2002 年以后，全国煤炭行业进入所谓的黄金十年。在这个大的产业背景下，鄂尔多斯市作为典型的资源型城市，凭借煤炭工业作为龙头产业，迅速扩大区域经济总量规模，二次产业增加值比重不断提高。2005 ~ 2011 年，原煤产量年增速为 25.2%，二次产业比重提高了 7.9 个百分点，达到 60% 以上（见图 14 - 3）。与此同时，鄂尔多斯市 GDP 也保持快速增长态势，2011 年人均 GDP 达到 17.5 万元，相当于北京市人均 GDP 的 7.4 倍。可以说，这一阶段鄂尔多斯市房地产市场日趋活跃的主要动因是区域经济特别是以煤炭为代表的支柱产业进入扩张周期，区域经济社会进入快速增长通道，居民消费结构升级也进入"住行消费"的新阶段。另外，由于国家规范煤炭开采业务，提高煤炭深加工相关行业进入门槛以后，大量因煤而生、因煤而聚的民间资本由于缺乏其他有效投资渠道，不得不选择进入房地产开发领域，从而进一步促使房地产市场增温。

第二，新增城镇人口的刚性住房需求以及原有居民的改善性需求规模扩大。从城镇人口增长分析，2011 年鄂尔多斯市的城镇常住人口达到 141.3 万人，城镇化率达到 70% 以上。2005 ~ 2011 年，鄂尔多斯市平均每年新增城镇人口 8.9 万人，年均增速为 8.5%，城镇化率提高了 16.8 个百分点，城镇化速度远远高于同期全国水平（见图 14 - 4）。在这些大量新增城镇人口中，有一

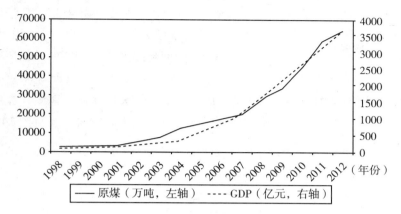

图14-3　1998～2012年鄂尔多斯原煤产量与GDP

资料来源：Wind资讯。

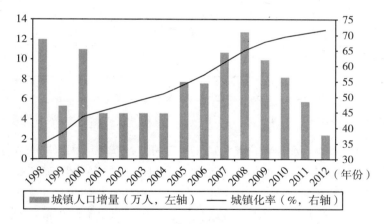

图14-4　1998～2012年鄂尔多斯城镇人口增量与城镇化率

资料来源：《鄂尔多斯统计年鉴》，中国统计出版社2013年版。

部分属于"带房进城"的农村户籍人口，但还有相当一部分家庭必须通过购买住房才能解决住房问题，另外，经济快速发展也提高了原有居民的改善性需求释放速度。在这两方面住房需求力量的拉动下，区域房地产市场规模持续扩大，市场交易也日趋活跃。

　　第三，城市交通、通信、给排水等市政硬件设施不断改善，增加了鄂尔多斯市房地产市场的吸引力。在经济总量扩张的基础上，鄂尔多斯市财政实力得到长足发展。2011年，鄂尔多斯市财政总收入796.5亿元，其中公共财政收入为346.2亿元。2005～2011年期间，公共财政收入的名义增速为39.9%。

充足的财政实力为相关市政环境改造和软硬件设施建设提供了有力的资金支持。城市公共设施条件明显改善，以交通条件为例，2002 年，鄂尔多斯市的人均城市道路面积还仅为 6.9 平方米，比同期全国水平低 14.7%。而 2011 年，鄂尔多斯人均城市道路面积就已经增加到 68.2 平方米，相当于 2002 年的 9.8 倍，相当于同期全国水平的 4.9 倍。历经短短数年大规模投资建设，鄂尔多斯市的市政基础设施、城市环境以及人居品质已达相当高的水平（见图 14 - 5）。

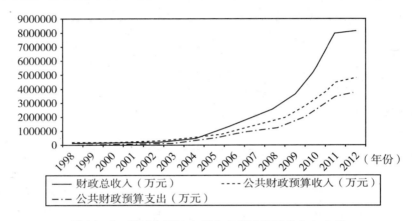

图 14 - 5　1998 ~ 2012 年鄂尔多斯市财政收入与支出

资料来源：《鄂尔多斯统计年鉴》，中国统计出版社 2013 年版，与 Wind 资讯。

第四，在当地住房市场价格大幅上升的同时，城镇居民家庭收入也显著提高，城镇家庭住房支付能力仍较为坚挺。2011 年，鄂尔多斯市商品住房均价达到 4320 元/平方米，2005 ~ 2011 年期间，当地住宅价格上涨了 2.8 倍。与此同时，城镇居民人均可支配收入也增长了 2.7 倍。可见大幅度的房价上涨并未对城镇家庭住房支付能力造成过大压力。从房价收入比①横向比较来看，2005 ~ 2011 年，鄂尔多斯市房价收入比均值为 4.9 年，相当于全国平均水平的 58.3%，比北京和上海市分别低 68% 和 60.3%（见图 14 - 6），这也是支撑当地房地产市场高位运行的基础条件之一。

---

①　本书房价收入比是指按照当地商品住宅价格和城镇人均可支配收入，三口之家购买 100 平方米住宅所需时间，即房价收入比 =（当地商品住宅价格 ×100）/（城镇人均可支配收入 ×3）。

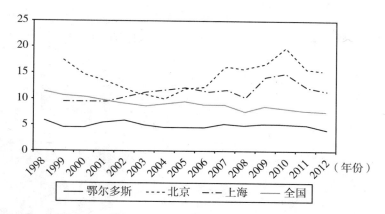

图 14 – 6 1998 ~ 2012 年鄂尔多斯市、北京市、上海市以及全国房价收入比

资料来源：《鄂尔多斯统计年鉴》，中国统计出版社 2013 年版，与 Wind 资讯。

三、2012 年至今：房地产市场低迷阶段

鄂尔多斯市房地产市场经过连续几年的超常规发展，自 2011 年开始，有些先行的实物量指标（如销售面积、土地购置面积等）已经出现回调征兆。在宏观经济增长趋缓、煤炭产业下滑以及房地产调控效应逐步显现等多重因素作用下，自 2012 年开始，鄂尔多斯市房地产市场全面进入低迷阶段。主要反映为以下几个方面：

第一，房地产投资规模大幅下滑。2012 年，当地房地产投资完成额为 175.3 亿元，较上年下降 58.8%，而商品房施工面积和新开工面积，分别较上年下降 39.7% 和 33.9%。在对房地产市场悲观预期下，开发企业的拿地热情骤减，土地购置面积在 2011 年和 2012 年连续两年显著缩减，2012 年土地购置面积仅为 2008 年拿地高峰时的 1/10 左右。企业资金链趋紧也使得前期停工项目的开复工速度较为缓慢，甚至影响到部分保障性住房项目建设速度。

第二，房地产销售受阻，库存周期大大加长。2012 年商品房销售面积 232.7 万平方米，相当于 2011 年历史高点的 43.4%，商品住宅销售均价下降 6.6%（见图 14 –7）。在实地调研中，有些开发企业的楼盘去掉库存周期甚至加大到 5 年。

第三，房地产融资能力下降，民间融资风险凸显。由于当地房地产市场不景气、开发项目资金回笼不畅，金融机构缩紧了房地产开发贷款规模。2013

年上半年，金融机构整个贷款规模同比回落 9.1 个百分点。另外，当地房地产投资中民间融资规模较大，市场大幅回落导致民间融资收益难以实现、民间借贷风险加剧。

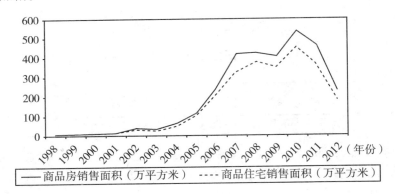

图 14－7　1998～2012 年鄂尔多斯市商品房销售面积

资料来源：《鄂尔多斯统计年鉴》，中国统计出版社 2013 年版，与 Wind 资讯。

第二节　鄂尔多斯市"房地产困境"的深层次原因分析

导致鄂尔多斯市陷入房地产市场困境的原因是多方面的。认真客观分析和总结鄂尔多斯市房地产发展面临问题的原因，对于提高新型城镇化的质量，具有重要意义。

一、供给过剩是导致鄂尔多斯陷入房地产困境的主因

在煤炭行业和房地产市场以及居民收入处于上涨预期阶段，鄂尔多斯市房地产开发规模出现超常规增长，从而直接带来后续房地产供给过剩严重，这是鄂尔多斯市房地产出现大幅波动的主要原因。以 2011 年的历史高点为例，鄂尔多斯市人均商品房新开工面积为 12.6 平方米，是同期北京人均水平的 5.2 倍，是同期全国人均水平的 4.6 倍。继连续数年新开工量和施工面积屡创新高，随之而来的是大量商品房建成投放市场。即使在房地产市场已经出现全面下行的 2012 年，当地商品房竣工面积的增幅仍然接近 100%，这无疑对本来脆

弱的房地产市场供求关系带来更大的冲击。截至 2012 年，鄂尔多斯市人均住宅使用面积为 38 平方米，如果按照 1.3 的换算系数，人均住宅的建筑面积为 49.4 平方米，是同期全国平均水平的 1.5 倍左右。因此，从经济客观规律上看，过度宽松的供求关系和旺盛的投资投机需求双重作用，必然最终诱发房地产行业增长失速和市场低迷。

二、产业结构单一与发展不协调加剧了房地产市场波动

鄂尔多斯市的超常规发展高度依赖煤炭等资源型产业。近年来，虽着力发展装备制造、电子信息、氧化铝等非煤产业以及文化旅游、金融商贸等服务业，煤炭产业比重有所下降，但"一煤独大"的特征仍十分明显。2012 年，鄂尔多斯市原煤产量 6.4 亿吨，占当年全国总产量的 17.5%；煤炭工业完成财政收入 378.1 亿元，实现工业增加值 1270 亿元，分别占财政总收入和规模以上工业增加值的 46.1%、62.4%。随着煤炭产业快速发展，第二产业占 GDP 比重从 2007 年的 55% 提高至 2012 年的 60.5%，第三产业比重则从 40.7% 降至 37%，第二产业对经济增长的贡献率超过 60%。2012 年以来，受煤炭市场需求不景气影响，鄂尔多斯原煤均价从 2011 年的峰值 435 元/吨降至 2012 年上半年的 270 元/吨，降幅达 38%，2013 年上半年煤炭行业利润同比下降约 19%，51 家煤矿停产。这导致当年鄂尔多斯主要经济指标增速持续回落，财政收入同比下降 9%，部分企业生产经营困难，社会资金流动性严重不足，加剧了房地产市场波动。

三、人口集聚严重滞后于城镇规模扩张

近年来，鄂尔多斯城镇化实现了跨越式发展。2006～2012 年，全市建成区面积由 138 平方公里扩展到 250 平方公里，其中城市核心区建成区由 56 平方公里增加至 162.6 平方公里，扩张 1.9 倍，然而由于缺乏相应产业支撑，同期全市常住人口仅增长了 32.3%，人口集聚严重滞后于城市规模扩张。2012 年年末，全市常住人口 200.4 万人，城镇化率 72%，其中市外流入人口 48.3 万人，仅占总人口的 24.1%，市区常住人口（东胜区和康巴什——阿腾席连片区）约 80 万人，康巴什新区约 7 万人。按照规划，到 2030 年市区人口预计达到 240 万人，其中康阿片区 100 万人，从目前产业发展和人口流入规模、趋

势看，实现这一目标的难度较大。

四、经济增长的包容性不足制约了有效需求释放

包容性增长对于社会有效需求的充分释放至关重要。鄂尔多斯连续多年保持 20% 以上的经济增速，2002～2012 年，该市 GDP 增长 17.9 倍，人均 GDP 增长 11.9 倍，而同期人均可支配收入、人均消费支出仅增长 5.3 倍。"十一五"期间，该市劳动者报酬占地区生产总值的比重逐年下降，从 2006 年的 26.3% 降至 2010 年的 19% 左右，下降 7.3 个百分点，远低于全国平均水平。2012 年，该市城镇单位就业人员 22.3 万人，总人口就业率只有 25% 左右，明显低于其城镇化率和全国平均水平，国有单位和资源型相关产业、金融地产业在岗职工平均工资水平，明显高于非国有单位和其他行业。这些数据说明，鄂尔多斯经济增长的包容性不够，广大居民通过正规就业渠道分享资源性产业增长成果的机会不足，社会财富分配的公平性、普惠性有待提升，不利于社会需求的充分释放。

第三节　几点启示

一、房地产发展与城镇化建设要与产业发展和人口集聚相适应，不宜过度超前

鄂尔多斯市是城镇化发展的一个典型案例，资源型产业的高速发展是其实现城市规模快速拓展的经济基础。然而，从本质上讲，城镇化是人口和经济社会活动向城市聚集的自然过程，产业发展是基础，人口集聚是结果，其他的变化都是城乡人口结构变化的派生产物。超越这一客观规律，过度超前甚至盲目地圈地造城，缺乏充分的产业支撑和实现人口集聚的客观条件，不仅会造成土地、资金的极大浪费，影响生态环境，也易引发财政金融风险、激化社会矛盾。美国底特律城市破产的教训就是极好的借鉴。鄂尔多斯市必须实现城镇化发展方式的转型，更加注重提高城镇化质量，通过改善城乡公共服务、增强就业吸纳能力、优化人口布局等方式加速人口集聚，实现"以业兴城、依城聚人"。

二、有序推进资源型城市转型是实现其城镇化健康发展的重要保障

鄂尔多斯市的城镇化有很强的资源依赖特征，如何跳出"资源诅咒"，避免资源性产业周期性波动对城镇化健康发展的不利影响，实现产业转型和经济社会可持续发展是资源型城市面临的共性问题。近年来，鄂尔多斯市在煤炭深加工、非煤产业和现代服务业发展方面取得一定成效，但尚未在煤炭产业之外形成强有力的增长点。这既有产业培育周期的原因，也受体制机制因素制约。例如，煤炭资源的利益分享问题，煤电一体化发展问题，电力输送通道建设问题，清洁能源产业审批问题等，都制约了鄂尔多斯市产业更加均衡、可持续的发展。建议制定资源型城市创新发展的政策体系，在实施差异化产业政策、优化财税分配体制、设立资源型城市发展专项基金、统筹节能减排考核、发展清洁能源等方面进行积极探索，为资源型城市转型和可持续发展提供动力，为其城镇化健康发展注入活力。

三、着力推进包容性城镇化，有序实现就业吸纳和人口集聚

经济增长和城镇化的包容性不足，经济高速成长的成果没有充分惠及全体居民，城镇化质量未与水平同步提升，是鄂尔多斯市经济社会发展面临的深层次问题。鄂尔多斯市应把着力推进包容性发展作为城镇化工作的重点，要积极创造更多正规就业和体面劳动机会，打破劳动力市场分割，消除就业歧视，提高就业质量。要统筹城乡发展，加快推进基本公共服务均等化，逐步形成外来人口与城市居民身份统一、权利一致、地位平等的公共服务体系，实现就业、教育、医疗卫生、住房保障的实际全覆盖。要努力营造公平公正的经济社会环境，为中低收入群体提供更多的发展机遇和通道，推进社会权利平等，激发居民和民营部门的创新活力与积极性，提升幸福感、安全感、归属感。要完善社会治理机制，加强流动人口服务管理，构建现代城市管理体系，提高治理透明度，引导居民有序参与，促进社会融合。

四、住房是高质量城镇化的重要支撑，在城镇化快速发展阶段，引导住房向居住本质回归尤为重要

高质量城镇化的出发点就是要"以人为本"，住房是广大居民安居乐业的基础，确保广大居民实现居住权是高质量城镇化的客观要求。另外，从国内外实践经验也表明，城镇化快速推进阶段往往是住房需求旺盛、房地产市场容易过热的阶段，因此，在这一特殊发展阶段，公共政策尤其要强调引导住房向居住本质回归，适当抑制投资需求，严格遏制投机需求，通过信贷、土地、税收、住房保障等多种政策组合，实现房地产供求基本平衡和市场的平稳运行。

（执笔人：刘卫民　王辉）

第十五章

西部地区城镇化建设历程、成就与问题

从总体上看，目前我国城镇化依然滞后于工业化发展水平，较低的城镇化水平已成为内需特别是消费不足、产业结构调整缓慢、新经济增长点难以形成、发展方式转变效果不佳的重要原因之一。我国西部地区经济发展水平相对较低，情况更为突出。改革开放以来，西部地区不断出现"孔雀东南飞"、甚至"麻雀东南飞"的现象（目前这种现象虽然有所减缓，但总体趋势依然未变），充分说明了西部城镇化严重落后于工业化的状况。在实现"中国梦"、打造经济升级版、实现全面小康目标和新一轮西部大开发的背景下，加快西部城镇化进程必将为西部大开发创造更加良好的发展空间，有利于西部工业化发展和全国经济布局格局的改善，有利于遏制人才毫无节制的盲目外流，使他们能在西部家乡的土地上，为西部大开发发挥出他们的聪明才智。

新中国成立以来，随着我国西部开发，西部地区的城镇化也走过了一个艰难曲折的历程。目前，西部城镇化水平既远远落后于相对发达的东部地区且差距还在不断扩大，同时又严重滞后于西部本身工业化和经济发展水平的要求。西部城镇化的发展，不仅没有成为带动西部经济发展的动力和辐射增长极，而且还日益加深了西部区域经济的

"二元结构"现象。今后的出路只能是，按照中国特色新型城镇化的要求，通过大力提高西部地区城镇化水平，进一步增强西部城镇对区域经济的辐射能力和农村剩余劳动力的吸纳能力，遵循全国"一盘棋"统筹规划和城乡一体化的原则，在西部农业结构调整和集约化的基础上，实现西部城乡经济和社会的协调发展。

第一节　历　　程

从西部城镇化发展的动力和国家宏观区域经济布局政策的演变过程来看，我国西部城镇化进程大体经历了以下几个发展阶段（见表 15 –1）。

表 15 –1　　　　1949 ~ 1957 年我国西部城镇化基本概况及其与东中部比较

年份	全国		西部		中部		东部	
	城市数（个）	市区非农业人口（万人）	城市数（个）	市区非农业人口（万人）	城市数（个）	市区非农业人口（万人）	城市数（个）	市区非农业人口（万人）
1949	132	2740.6	13	281.8	50	568.2	69	1890.6
1952	153	3491.0	32	453.0	54	797.4	67	2240.7
1957	176	5412.7	30	737.8	73	1489.7	73	3185.2

资料来源：根据《新中国城市 50 年》经济管理出版社，2006 年版和历年《中国农村统计年鉴》中国统计出版社中有关数据整理。

一、"经济恢复"时期和"一五"时期（1949 ~1957 年）

以工矿业发展为主要动力；西部城市数量快速增长时期。新中国成立初期，我国确定了以重工业优先发展的工业化道路，在宏观经济布局上，则确立了区域均衡发展的思路。事实上，这两个重要的经济发展指导思想，都有着促进中西部地区发展的政策倾向性。就重工业优先发展的工业化道路而言，支撑我国重工业发展的自然和矿产资源主要分布在西部，因此，优先发展重工业必然有利于西部地区的发展，也就是说我国重工业的发展具有西部效应。就区域均衡发展的思路而言，为改变新中国成立前我国经济"畸形"地集中于东部沿海地区的状况，在全国范围内均衡地展开工业布局，要求我国相对落后的中西部工业化有一个较快的发展，因此，区域均衡发展实质上就是要促进中西部经济的发展。

在上述两个主要思想的指导下，在"经济恢复"时期和"一五"时期，随着我国经济的逐渐恢复和工业化的全面展开，特别是"一五"时期以苏联援助的156个建设项目为中心的、由限额以上的694个建设单位组成的工业建设，有力地推动了西部和中部内陆地区的工业化和城镇化进程。中西部迅速出现一批依托矿业和工业项目而兴起的新型城市。其中，西部地区城市数，在"经济恢复"时期，由1949年的13座迅速增加到1952年的32座（增加19座），是此时期城市数目增长最快的地区；城市市区非农业人口，由1949年的281.80万人，增加到1952年的452.97万人，年均增长达17.1%。"一五"时期，西部城市数目减少了2座，到1957年只有30座。但是，由于工业项目的重点建设，城市人口规模有较大幅度的提高，城市市区非农业人口，由1952年的452.97万人，增加到1957年的737.76万人，年均增长达10.2%。

二、"大跃进"和经济调整时期（1958~1965年）

以大办钢铁为主的全面工业建设带来城市数量及人口的急剧增长，随后由于远远超过当时国力的巨大规模的工业建设的大幅度下马，造成了几乎同样急剧的城市数量及人口的减少，成为我国新中国成立以来经济发展和城市化进程中幅度最大的一次大起大落。"大跃进"时期的城市建设还出现了两大失误：一是为了适应大规模的工业建设，各地纷纷盲目地扩大城市规模，并提出了"三年不搞城市规划"的口号，使城市建设出现混乱的局面，城市规划机构和队伍遭到严重的破坏。后期又提出了所谓"设计革命"，实际上是对正规的城市规划的再次否定。二是由于大规模的工业建设需要大量的资金，使城市建设经费严重不足，从而造成工业建设和城市建设，即所谓"骨头"与"肉"的比例关系的严重失调，使工业化带动城市化发展的正常关系，变成了工业化制约城市化发展的不正常的关系。后期，在压缩基建规模时甚至还在国家计划中取消了城市建设的户头，进一步削弱了对城市建设资金的投入。

就西部而言，与全国一样，工业化和城市建设也出现了大起大落的现象和严重的失误。虽然工业化和城市建设起伏的幅度相对而言要小一些，但失误的程度却要更重一些，因为西部的城市多为新建城市，工业建设没有更多的旧城市基础设施的依托。这一时期西部城市数量的起伏变化情况是，由1957年的30座，迅速增加到1960年的44座，之后又很快地减少到1964年的31座，几乎只有1957年的水平，1965年也仅有34座。经过近8年的起伏徘徊，整个西部仅增加4座城市。在这一时期，西部城市市区非农业人口的起伏变化也很大，先由1957年的737.76万人，很快增加到1961年的958.09万人，以后降至1963年的888.08万人，1965年恢复到947.56万人。8年来，西部城市市区非农业人口年均增长率仅为3.2%，远低于上一个时期的发展速度（见表15-2）。"大跃进"时期工业化和城市化曲折过程的深刻启示就是"欲速则不达"。

表15-2　　1958~1965年我国西部城镇化基本概况及其与东中部比较

年代	全国			西部			中部			东部			东北		
	城市数（个）	建制镇（个）	市区非农业人口（万人）	城市数（个）	建制镇（个）	市区非农业人口（万人）	城市数（个）	建制镇（个）	市区非农业人口（万人）	城市数（个）	建制镇（个）	市区非农业人口（万人）	城市数（个）	建制镇（个）	市区非农业人口（万人）
1958	184		6066.7	39		887.6	73		1744.4	72		3434.7			
1960	199			44			82			73					
1965	168		6690.6	32		947.6	69		2005.5	67		3737.6			

资料来源：根据《新中国城市50年》经济管理出版社，2006年版和历年《中国农村统计年鉴》中国统计出版社中有关数据整理。

三、"文革"时期（1966~1976年）

城市建设体系遭到进一步破坏，西部以"三线"建设为依据，建设了一批"靠山、分散、进洞"的工业基地或工业点。这一时期，城市规划和建设机构被完全撤销，人员下放，城市规划和建设一片混乱。事实上，"三线"建设是从1964年开始的，初期在沿海重要企业向内地搬迁时，就提出了不集中建城的主张，要求工厂搬迁"大分散、小集中"，在现有城市的建设中则要求降低造价、城市设施建设低标准化。到"文革"时期，"三线"建设进入高峰，搬迁和新建并行，这时在城市建设上进一步提出工厂"进山、入洞"，不建城市的主张，并要求工厂不要留工厂的特征，要与公社结合，以实现城市向乡村看齐，消除所谓城乡差别。

西部是"三线"建设的重点地区，特别是所谓的"大三线"建设。从总体上讲，"三线"建设在一定程度上奠定了西部工业化的基础，加快了西部工业化的进程，但同时也给西部地区留下了一些区位和环境条件极差、更谈不上什么经济效益的，以"靠山、分散、进洞"为特点的工业基地或工业点（除少数军工企业外），而城市建设几乎没起什么作用，反而恶化了原有城市的基础设施条件。在 10 年"文革"时期，西部城市数量仅增加 6 座，从 1965 年的 32 座，增加到 1976 年的 38 座；城市市区非农业人口，从 1965 年的 947.56 万人，仅增加到 1975 年的 1148.38 万人，年均增长率仅有 1.9%。

表 15-3　　　1966~1976 年我国西部城镇化基本概况及其与东中部比较

年份	全国		西部		中部		东部	
	城市数（个）	市区非农业人口（万人）	城市数（个）	市区非农业人口（万人）	城市数（个）	市区非农业人口（万人）	城市数（个）	市区非农业人口（万人）
1966	171		34		70		67	
1976	188		38		82		68	

资料来源：根据《新中国城市 50 年》经济管理出版社，2006 年版和历年《中国农村统计年鉴》中国统计出版社中有关数据整理。

综合以上三个阶段看，自新中国成立以来一直到改革开放以前（1949~1978 年），我国西部城市化进展与全国一样非常缓慢，略快于全国平均水平和中部地区，快于东部（不增反减）和东北地区：城市数由 1949 年的 13 座，增加到 1978 年的 40 座，年均增加还不到 1 座；城市市区非农业人口，仅由 1952 的 452.97 万人（1949~1952 年的 3 年"经济恢复"时期的城市市区非农业人口增长具有不可比较的恢复性因素），增加到 1975 年的 1148.38 万人，年均增长仅为 3.6%。

四、改革开放到西部大开发之前（1978~2000 年）

西部城镇化与全国一样，从压抑已久的状态中逐步苏醒过来，经过一段时间的恢复性增长后，开始进入逐步与经济发展水平相适应的合理增长的轨道。特别是，国家实施的家庭联产承包责任制和政府经济管理权力的下放，使我国各地区经济获得了普遍的、有效益的快速增长，顺利地解决了人民的温饱问题，基本上摆脱了贫困，为城镇化的加快奠定了坚实的基础。西部乡镇企业的发展，虽然远远落后于东部地区，但仍为西部地区的城镇化提供了有力的拉动力量。国家实施的东西对口支援政策和"八七"扶贫攻关计划，也有利于加快西部地区的经济发展和城镇化进程。

但是，由于种种原因西部城镇化仍然落后于西部工业化进程，同时与东部相比差距还有所拉大。这一时期制约西部城镇化进程的主要因素有：（1）国家实施的优先发展轻工业的新的工业化战略，虽然有利于东部地区的发展，但不利于西部的工业化，也就是说，轻工业优先发展的战略具有促进东部经济发展的区域效应；（2）为尽快增强我国经济的综合国力，国家实施了东部沿海地区优先发展的非均衡区域发展战略，西部地区投资（包括城镇建设投资）和经济发展速度的提高幅度均低于东部地区，导致西部农村剩余劳动力大规模地向东部流动和转移，由此影响了西部城镇化的进程；（3）国家对城乡户籍制度分离管理的体制虽然有所松动，但并没有从根本上消除对人口自由流动的限制，西部地区的户籍管理制度更为严格，不利于其城镇化的推进；（4）我国由东向西逐步开放的空间格局，也不利于西部地区的经济发展和城镇化。

这一时期，我国西部城镇化水平虽然也随改革开放的大潮有了很大的提高，但与发展更快的东部相比，就明显显得相对落后了，而且西部与东部城镇化发展的差距呈不断扩大趋势。西部地区的城市数量，由 1978 年的 40 座，增加到 1999 年的 120 座，年均仅增加 4 座，虽远高于改革开放前的增长水平，但也明显低于全国平均水平，更低于东部速度；西部城市非农业人口，由 1978 年的 1303.84 万人，增加到 1998 年的 3233.63 万人，年均增加 4.6%，比改革开放前快近 1 个百分点，但远低于全国平均水平和东部地区增速（见表 15-4）。

表 15 – 4 1978 ~ 1999 年西部城镇化基本概况及其与东中部比较

年份	全国			西部			中部			东部		
	城市数（个）	建制镇（个）	市区非农业人口（万人）	城市数（个）	建制镇（个）	市区非农业人口（万人）	城市数（个）	建制镇（个）	市区非农业人口（万人）	城市数（个）	建制镇（个）	市区非农业人口（万人）
1978	193	2173	7986	40		1303	84		2728	68		3954
1985	324	7511	11821	78		1969	133		4009	113		5842
1990	467		15037	93		2302	193		5309	181		7425
1995	640	17282	15037	116	4102	2938	234	5296	6732	290	7884	10351
1998	668	19060	20022	121	4730	3233	247	5872	7379	300	8458	11163
1999	667	19184	21776	120	4826		247	5798		300	8560	

资料来源：根据《新中国城市 50 年》经济管理出版社，2006 年版和历年《中国农村统计年鉴》中国统计出版社中有关数据整理。

五、实施西部大开发战略以来（2000 ~ 2012 年）

西部城镇化明显加快，并正在向全国城镇化主战场的角色迈进。西部大开发机缘巧合地与我国城镇化战略同步开始实施，为西部城镇化发展带来了难得的机遇。一方面，西部大开发经过三个阶段的洗礼（第一阶段的主要任务是基础设施建设和生态环境建设，第二阶段更加突出了特色产业的发展，第三阶段是全面深化改革的西部大开发阶段，其目的是在前两个阶段建设成就的基础上，在建设丝绸之路经济带新的历史起点上，按照实现中华民族伟大复兴之梦和打造经济升级版的总体要求，努力重振西部往日的辉煌，确保同全国同步进入小康），从 2007 年起西部经济增长速度超过东部地区并一直延续到现在，为西部城镇化快速发展提供了强有力的支撑（曾出现过以城镇化特别是大城市发展带动西部大开发的建议）。另一方面，进入 21 世纪我国正式制定了加速城镇化发展的总体战略，提出了大中小和小城镇协调发展的基本思路，经历了区域性中心城镇发展时期、城镇群发展时期等阶段，进一步加速了我国城镇化进程；在此期间，由于西部地区和中部地区城镇化正处在快速发展的前期，而东部地区和东北地区城镇化水平已经较高，处于快速发展的后期，因此，从有统计数据的2005年开始西部和中部地区就实现了比全国和东部地区更快的城镇化速度（早于经济增长速度的超越），并正逐步成为未来我国城镇化发展的主战场。

到2012年，西部城镇化率达44.74%，2005～2012年西部城镇化年均增加1.45个百分点，高于同期全国1.36个百分点的增幅；2000～2012年全国城市和建制镇数量分别减少了6座和431个，而西部则分别增加了11座和大约100个，除中部外，东部和东北部均处于减少状态。这一时期，西部城镇建设重点是资源开发条件较好的建制镇，区域性中心城市以及大城市附近的新城区，如鄂尔多斯高原（盆地）、关中天水地区、成渝地区、兰西地区、北部湾地区、贵昆地区、新疆天山北坡地区等；西部城镇规模扩大，城镇之间交往密度增加，一些有特色的城镇群也逐步形成，如成渝城镇群、关中天水城镇群等。

表15－5　　2000～2012年西部城镇化基本概况及其与其他地带的比较

年份	全国			西部			中部			东部			东北		
	城市数（个）	建制镇（个）	城镇化率(%)	城市数（个）	建制镇（个）	城镇化率(%)	城市数（个）	建制镇（个）	城镇化率(%)	城市数（个）	建制镇（个）	城镇化率(%)	城市数（个）	建制镇（个）	城镇化率(%)
2000	663	20312	36.22	160			168			245			90		
2002	660	20601	39.09	167	7119		168	5077		235	6857		90	1548	
2005	661	19522	42.99	171	6883	34.56	168	4945	36.54	232	6196	51.18	90	1498	55.15
2010	657	19410	49.95	168	6860	41.44	169	5062	43.58	231	6008	58.70	89	1480	57.65
2011	657	19683	51.27	169	7089	42.99	169	5146	45.48	230	5935	59.49	89	1513	58.74
2012	657	19881	52.57	171	7275	44.74	169	5180	47.19	228	5897	60.28	89	1529	59.60
2013			53.73												
2005～2012年提高幅度(%)			9.58			10.18			10.65			9.1			4.45
年均幅度(百分点)			1.37			1.45			1.52			1.30			0.64

资料来源：根据《新中国城市50年》经济管理出版社，2006年版和历年《中国农村统计年鉴》中国统计出版社中有关数据整理。

综上两个阶段看，改革开放和西部大开发以来，我国西部城镇化水平有了很大的提高，但仍然低于全国平均水平，与东部地区相比差距更大；近年来，虽然西部城镇化水平和经济发展的相对水平差距与全国和东部相比都有所缩小，但这只是一个开始，未来的路依然漫长。西部地区城市数量由 1978 年的 40 座和增加到 2012 年的 171 座，年均增加 3.8 座，西部建制镇个数由 1995 年的 4102 个增加到 2012 年的 7275 个，年均增加 186.6 个，均快于改革开放前的速度。

第二节 成就与经验

改革开放特别是西部大开发以来，随着经济社会的快速发展，我国西部城镇化水平也得到迅速提高。2012 年我国西部地区城镇化水平已达 44.74%，进入快速加速增长期，虽然与全国平均水平还相差 7.83 个百分点，但近年来差距已经开始缩小，随着全国城镇化进入快速增长期，西部地区城镇化与全国水平的差距将进一步缩小。

一、西部地区城镇化已经进入快速增长时期，将逐步成为我国城镇化的主战场之一

一般而言，30%～70% 是城镇化快速增长时期，其中 30%～50% 为快速加速增长时期（或快速增长前期），50%～70% 为快速减速增长时期（或快速增长后期）。2012 年我国西部地区城镇化水平超过了 30%，但还不到 50%，处在快速加速增长时期，其中人口密集的西部（包括属于黄土高原的陕西、甘肃和宁夏，属于四川盆地的重庆和四川，属于云贵高原的云南、贵州和广西）城镇化水平为 43.91%，人口稀疏的西部（包括属于内蒙古高原的内蒙古、新疆维吾尔自治区以及属于云贵高原的云南和贵州）城镇化水平为 49.28%，已接近 50% 的城镇化由快速加速到快速减速的转换点；西部城镇个数达 7446 个，在四大板块中居首位，其中城市个数 171 座，仅次于东部地区，建制镇个数 7275 个，远多于其他大块区。2005～2012 年西部城镇化年均提高速度已经高于全国城镇化速度，更比已经进入城镇化快速增长后

期的东部地区快了近 0.81 个百分点，未来西部地区将与中部地区一起成为我国城镇化的主战场（见表 15 - 6）。

表 15 - 6　　　　　　　2012 年我国西部各省区城镇化发展基本情况

	城镇化水平（%）	总人口（万人）	城镇人口（万人）	城镇个数（个）	城市个数（个）	建制镇个数（个）	城镇密度（个/万 km²）
西部合计	44.74	36428	16297	7446	171	7275	11.02
人口密集西部	43.91	26142	11498	6367	122	6245	31.44
人口稀疏西部	49.28	5603	2762	1079	49	1030	2.28
重庆	56.98	2945	1678	605	1	604	73.54
四川	43.53	8076	3516	1863	32	1831	38.49
贵州	36.41	3484	1269	742	13	729	42.12
云南	39.31	4659	1831	678	19	659	17.69
广西	43.53	4682	2038	736	21	715	30.98
陕西	50.02	3753	1877	1149	13	1136	55.83
甘肃	38.75	2578	999	486	16	470	12.03
宁夏	50.67	647	328	108	7	101	20.79
内蒙古	57.74	2490	1438	510	20	490	4.45
新疆	43.98	2233	982	286	24	262	1.72
青海	47.44	573	272	141	3	138	1.97
西藏	22.75	308	70	142	2	140	1.18

资料来源：《中国统计年鉴》（2013），中国统计出版社 2013 年版。

二、西部地区城镇体系初步形成，城镇规模层次和空间分布格局逐步开展

从城乡规模层次看，2012 年初步形成"171 座城市 + 7275 个建制镇 + 120
万个乡村"的城乡规模体系，与全国"657 座城市 + 20000 个建制镇 + 300 多
万个乡村"相比，城市与建制镇的比例还有一定的距离，西部为 1：30，全国
为 1：42，表明西部城市数量相对不足，城镇与乡村数量之比也说明，西部城
镇数量相对全国平均水平的不足，反映出西部地区城镇经济还难以覆盖辽阔的
西部地区，同时也说明西部城镇化尚存在巨大潜力。就城镇规模体系而言，西
部地区地级及以上城市、县级市和建制镇形成 1.17：1.13：97.70 的结构，与
全国城镇规模结构基本一致，只是城市比重更低一些，而且县级市比重与地级
及以上城市比重倒挂，表明县级市数量相对更加缺乏一些（见表 15 - 7）。

表 15 - 7　　　2012 年我国西部城镇规模体系基本情况（按行政级别分级）

	全国		西部		中部		东部		东北	
	绝对数（个）	比重（%）	绝对数（个）	比重（%）	绝对数（个）	比重（%）	绝对数（个）	比重（%）	绝对数（个）	比重（%）
城镇总数	20538	100.00	7446	100.00	5349	100.00	6125	100.00	1618	100.00
地级及以上城市	289	1.41	87	1.17	80	1.50	88	1.44	34	2.10
县级市	368	1.79	84	1.13	89	1.66	140	2.29	55	3.40
建制镇	19881	96.80	7275	97.70	5180	96.84	5897	96.28	1529	94.50

从城镇空间分布格局看，2012 年西部城镇个数密度达 11.02 个/万 km²，
远低于全国平均水平，更低于其他大区块的水平，其中人口密集西部城镇密度
达 31.44 个/万 km²，高于全国平均水平，人口稀疏西部仅为 2.28 个/万 km²，
是我国城镇密度最低的地区。从西部地区内部看，位于四川盆地的重庆城镇密
度最高，为 73.54 个/万 km²，比东部地区平均水平还高；其次是陕西，其城
镇密度为 55.83 个/万 km²，高于中部地区平均水平；第三贵州、四川和广西，
它们城镇密度分别为 42.12 个/万 km²、38.49 个/万 km² 和 30.98 个/万 km²、

均高于全国平均水平；其余省区城镇密度均低于全国平均水平，其中位于青藏高原的西藏城镇密度最低，仅为 1.18 个/万 km² （见表 15 - 8）。

此外，西部地区还出现了若干个具有一定规模的城镇群，但覆盖范围还有待提高。如在四川盆地，出现了以重庆和成都为核心的沿长江分布的线状城镇带，它集中了宜宾、泸州、绵阳、自贡、南充、乐山、内江、广安、遂宁等众多距离不远、相互交往频繁的城市。又如在黄土高原地区，形成了以西安、兰州市为核心的沿陇海线分布的线状城镇带，这条城镇带集中了咸阳、宝鸡、渭南、天水、陇西等城市。还有在内蒙古高原形成了呼、包、鄂、银为核心的沿京包—包兰线分布的城镇群，包括巴彦淖尔、乌海、石嘴山等城市。其余，还有南、贵、昆等 3 个省会城镇圈、北海城镇群、天山北坡城镇群等。

表 15 - 8　　　　　　2012 年我国西部城镇空间分布格局基本情况

地区	土地调查面积（万 km²）	城镇个数（个）	城镇密度（个/万 km²）
西部合计	675.46	7446	11.02
人口密集西部	202.51	6367	31.44
人口稀疏西部	472.96	1079	2.28
重庆	8.23	605	73.54
四川	48.41	1863	38.49
贵州	17.62	742	42.12
云南	38.32	678	17.69
广西	23.76	736	30.98
陕西	20.58	1149	55.83
甘肃	40.41	486	12.03
宁夏	5.20	108	20.79
内蒙古	114.51	510	4.45
新疆	166.49	286	1.72
青海	71.75	141	1.97
西藏	120.21	142	1.18

续表

地区	土地调查面积（万 km²）	城镇个数（个）	城镇密度（个/万 km²）
中部	102.70	5349	52.08
东部	93.38	6125	65.59
东北	79.18	1618	20.43
全国	950.69	20538	21.60

资料来源：《中国统计年鉴》（2013），中国统计出版社 2013 年版。

三、西部地区城市建设水平和质量都有大幅度提高，但与全国平均水平还有一定的距离

2012 年西部城市建成区面积为 9762 平方公里，占全国的 21.42%，人均城市建设用地面积 112.38 平方米/人，在四大板块中最高，比全国平均多 4.47 平方米/人；生活用水量达 49.12 亿吨，占全国的 19.09%，人均生活用水量 60.09 吨/人，略低于全国平均水平；城市铺装道路面积 11.38 亿平方米，占全国的 18.74%，人均铺装道路面积 13.10 平方米/人，比全国平均水平低 1.29 平方米/人；城市公交车辆运营数为 8.42 万辆，占全国的 19.49%，万人公交车辆运营数 9.70 辆/万人，略低于全国平均水平；城市绿地面积 43.86 万公顷，占全国的 18.52%，建成区绿化覆盖率 37.4%，略低于全国平均水平，与东部地区有较大的差距（见表 15 - 9）。

表 15 - 9   2012 年我国西部城市建设质量与其他大区块的比较

指标名称	全国	西部	中部	东部	东北
建成区面积（平方公里）	45566	9762	9361	21094	5348
人均建成区面积（平方米/人）	107.91	112.38	106.42	105.66	111.87
生活用水量（亿吨）	257.25	49.12	50.25	137.24	20.65
人均生活用水量（吨/人）	62.70	60.09	59.44	69.24	45.09
铺装道路面积（亿平方米）	60.74	11.38	12.37	31.31	5.68
人均铺装道路面积（平方米/人）	14.39	13.10	14.06	15.69	11.88
公交车辆运营数（万辆）	43.20	8.42	7.60	22.56	4.62

续表

指标名称	全国	西部	中部	东部	东北
万人公交车辆运营数（辆/万人）	10.23	9.70	8.64	11.30	9.67
绿地面积（万公顷）	236.78	43.86	35.98	133.85	23.09
建成区绿化覆盖率（%）	39.6	37.4	38.9	41.0	37.6

资料来源：《中国统计年鉴》（2013），中国统计出版社 2013 年版。表中有关数据有整理。

改革开放特别是西部大开发以来，西部城镇化发展取得明显成效，基本适应了同期经济发展的要求。从总结经验的角度看，可以概括为顺应了历史和发展阶段的要求、充分发挥了比较优势、采取了较强的针对性措施、有效克服了生态环境脆弱问题、较好地利用了平衡布局和三线建设时期就留下来的产业和技术基础等。改革开放重新唤醒人们经济建设的愿望和热情，西部大开发，按照发展阶段和比较优势的要求，先后正确而及时地开展了基础设施建设和生态环境建设、资源开发和特色产业以及社会和文化教育发展等工程，目前正在推行陆地新丝绸之路经济带建设；针对中西部土地辽阔、资源丰富、气候多样适宜、并有一定的开发技术和产业基础，而部分地区地形欠佳、生态环境脆弱等问题，制定了多个循序渐进的"十年"、"五年"和年度开发规划，较好地把握了西部开发的节奏、力度和重点，这些都遵循了区域开发的客观基本规律，取得了较好成效。

第三节　问题与原因

一、西部地区城镇化水平和质量都还不高，依然落后于全国平均水平，尚不能适应西部大开发的要求，人口外流现象依然存在

统计分析表明，我国西部同全国一样城镇化水平与经济发展水平基本适应，但与工业化水平相比则明显滞后；世界发达国家在区域上基本实现了工业化城镇化的均衡发展，而我国西部工业化城镇化与东部的差距仍然较大。更为严重的是，我国西部地区人口外流仍然占全国的 60% 以上（据人力和社会保

障部通报，2014 年我国中西部农民工数量开始增加，而东部开始减少），这些大量农民工在城镇里难以落户，导致我国城镇化质量不高，实际城镇化水平很低，据统计，2012 年我国按户籍人口计算的城镇化水平仅为 35.7%，比公布数低 17.0 个百分点。另外，我国西部地区同样存在"城中村"、工矿棚户区和小城镇破败等方面的问题，严重影响城镇化质量。各城市中大量存在的"城中村"现象被认为是中国式的"贫民窟"，反映了我国城市发展模式粗放、可持续性差，表明我国城镇化进程在城市规划的刚性上、城市规划的执行力度上以及城市建设管理上等方面都存在很多问题。工矿棚户区是计划经济时期"先生产、后生活"的产物，在改革开放的年代，由于种种原因，这些地区尤其是西部的这类地区发展晚了一拍半拍，致使问题遗留下来。至于小城镇破败问题，主要与发展阶段有关，西部地区发展阶段更加滞后，因此问题更加严重。一般而言，城镇化早期一般都注重大中城市的发展，对小城镇发展重视不够，我国虽然很早就提出了"小城镇、大战略"的思路，并且也重点突出了小城镇的设置工作，但毕竟经济实力和发展阶段未到，因此许多小城镇基础设施差，城镇功能弱，城镇建设质量不高。西部地区虽然小城镇数量最多，比重最高，但这更多的是发展阶段落后和土地面积最大的反映，小城镇吸纳人口的能力还有待提高，以适应呼声越来越高的就地城镇化模式的要求。

二、西部城镇体系仍然是我国城镇体系中的薄弱环节，尚有待进一步加快改造和完善

首先，从城镇规模结构看，全国存在"大的太大、小的太小、缺乏中间环节"问题，而西部则为"大的不大太少、小的太小太多、缺乏中间环节"问题，大城市数量太少，严重缺乏大中型城市，特别是在区域经济发展中具有重要作用的 50 万 ~ 100 万人口的大城市（西部这类大城市仅占西部城市总数的 0.8%），使城镇体系出现缺档现象，现有的大城市还存在严重"城市病"的困扰；西部众多的建制镇和集镇规模太小，不具备独立和"棘轮"式发展所需要的所谓"门槛"人口规模，显示出破败的态势；中间规模的城镇数量严重缺乏，人口从农村向城市转移缺乏所需要的选择和过度环节。大城镇对外辐射能力比较弱是因为大城市人口比重仍然偏低。与国际普遍规律相比，我国大中城市特别是大型城市集中的人口比例明显偏低。以 100 万及以上规模城市的人口占全部城市人口的比重来看，2005 年中国大城市人口的比重不仅低于

美国、英国和法国等发达国家的水平，而且也低于巴西、墨西哥和阿根廷等国家的水平（不过，目前国家有关部门正在准备调整城镇人口规模标准，这有可能在一定程度上改变这个结论）。从城乡居民点行政级别结构看，西部地区同全国一样城乡数目结构不合理，城市数目太少、乡村数量太多、建制镇规模太小，而且西部地区城市数量比东部少，而建制镇在四大板块中最多，反映出结构不合理程度更加严重。2012 年我国城市数目只有 657 座，而乡镇数为3.3162 万个，行政村达 56.35 万个，自然村更多达 272.98 万个，而西部地区城市数量只有 171 座，比东部少 57 座，而建制镇达 7275 个，比东部多1378 个。

其次，从城镇空间分布格局看，我国城镇分布存在明显的"东密、中散、西稀，辐射有空白"的问题，西部地区城镇数量虽多，但密度比较稀疏，尤其是人口稀疏的西部地区，难以起到覆盖和带动西部整个辽阔国土的有效开发和大规模建设的作用，使西部至今还有许多地区很少受到城市文明、特别是大中城市文明的辐射和影响。据统计，2012 年我国西部地区城镇数量密度为11.02 个/万 km²，只有全国平均水平的 51.0%，更只有东部地区的 17.1%，其中城市数量密度的差距更大。

再其次，从城镇群形成和发育看，西部地区城镇群刚刚起步，大大落后于东部地区。西部地区城镇群初见端倪，如在四川盆地、关中平原、鄂尔多斯高原、北部湾等地区。但在这些城镇群中，城镇之间联系交往程度还不高，城镇聚集程度还较低，人口总规模还比较小，人口吸纳能力还不强。目前，我国特别是西部城镇一般都还处于人口和产业的集聚阶段，对外辐射能力还比较差，郊区化和分散化的趋势虽然也存在（如产业和人口转移等），但还不十分明显，难以形成高效的城镇群空间布局。

最后，从城镇圈和城镇内部空间布局看，西部地区同全国一样实体城镇空间范围模糊，城镇圈范围（城镇区加郊区）过大；合理的城镇内部圈层结构，如城镇核心区、边缘区、近郊区和远郊区界限和功能模糊和混乱；大城市的多核心区模式比较理想，但往往又成为盲目扩张的借口；等等。总之，城市空间范围、功能定位和内部分层分区等都存在一系列问题，导致目前所有城市都盲目外扩，摊大饼，出现众多不成功的所谓"鬼城"、"卧城"，成为许多大城市发生"城市病"现象的重要原因之一。

三、西部地区城乡"二元结构"矛盾更加突出

一般而言，城市差距较小，农村差距较大，我国贫困地区大多集中在西部地区，因此西部地区城乡"二元结构"矛盾更加突出。统计表明，我国西部地区城乡差距最大，而且还有继续扩大的趋势，城乡关系不顺，城乡差距调控不力，如居民点基础设施、基本公共服务和社会保障没有普遍地、均等地惠及城乡人口，城乡没有形成良性互动的格局，城镇化推进未能有效地、稳定地减少依赖土地的农业人口；城镇化过程中，在征地、拆迁、旧城改造等方面存在有法不依、执法不严、工作方法简单粗暴等问题，造成了一些社会矛盾，影响了社会稳定，城乡生态环境建设问题多，城市向农村转嫁环境污染，农村向城市提供有害食品等问题时有发生。

四、西部城镇可持续发展上面临着比东部地区更加严峻的形势

在资源利用上，西部地区由于空间辽阔，土地资源利用比较粗放，城市人均建成区面积明显高于全国平均，更高于东部；我国西部特别是西北地区和青藏高原地区水资源十分短缺，由于这些地区人口也相对较少，因此水资源短缺主要表现在生态上，这与东部水资源不足主要表现在生产和生活上有很大的不同。在生态环保上，西部地区和东部地区面临的问题也有所不同。西部面临的主要是生态破坏问题，如我国西北地区干旱和半干旱沙漠戈壁生态问题，西南地区则主要是丘陵地形引起的水土流失和交通闭塞问题；而我国东部地区主要面临的是环境污染问题。

五、西部地区城镇规划与管理理念更加落后

就城镇规划而言，西部地区还有许多建制镇和乡村没有做建成区的规划，现有的城镇乡村规划质量也有待进一步提高；许多城镇功能定位和建设理念比较落后，基本上没有考虑区域自然环境和地方文化特点，一方面对原有风格有所破坏，另一方面新建部分则缺乏内涵和"乡愁"，只一味地强调现代化和模仿；规划执行机制尚不健全，也缺乏有效监督和调控。就城镇管理而言，市场机制的作用还没有起到决定性作用，城镇社会自治机制还有待建立，政府直接

管理依然起着主要的作用；在城镇设立和制定规划上，在城镇建设用地的分配、城镇建设资金筹措、基础设施建设项目安排上，都存在许多需要体制改进的问题；在城镇日常运行管理（包括程序性管理和城市灾害和应急管理）、城镇基础设施改造和公共服务提供上，也存在许多需要改进的地方，如"城中村"的改造和管理往往成为城市环境卫生的死角和隐患，不仅影响市容，而且更严重的是可能会对整个城市卫生带来很大的威胁，可能成为城市流行病的发源地。

（执笔人：刘勇　李仙　刘津）

第十六章

西部地区城镇化所处阶段、特征及未来发展趋势分析

我国西部地区城镇化虽然相对落后，但已进入 30% ~ 70% 的快速增长阶段，而且是快速加速增长的前期阶段；西部城镇化进程不仅遵循着一般规律，而且还显示出许多特点，如多样的生态环境条件、多样的历史文化背景以及多样的区位优势等；从整个国家城镇化的发展趋势看，中西部无疑将成为未来 20 ~ 30 年我国城镇化发展的主战场。

第一节 阶段判断

首先，从西部城镇化水平本身来看，前面的分析表明，2012 年我国西部城镇化水平已达 44.74%（比全国平均低 8.83 个百分点，较东部更是低 15.54 个百分点），已进入城镇化快速增长阶段，并处于快速增长的前期阶段。处于这样一个时期的城镇化发展特点是：城镇化的动力已经主要由来自农业的推动，转向城镇工业和服务业发展的拉动；这一阶段工业化已经开始"起飞"，对城镇化的发展起着主

导作用；城镇化发展速度明显加快，而且会越来越快，处于快速加速增长时期，每年提高幅度在 1.2 个百分点左右。

其次，从城镇化与经济发展水平的关系来看，我国西部城镇化呈现出严重落后于其经济发展水平的状况，这与我国整体城镇化水平与经济发展基本相适应的状态有着明显的差别。就我国整体城镇化水平而言，2012 年我国人均GDP 为 38420 元/人，按当年平均汇率计算大约为 6200 多美元/人，城镇化水平为 52.57%，而同期世界人均国民收入 10000 多美元，城镇化为 53%，两者比较可以看出，我国城镇化与经济发展水平是基本相适应的，甚至略显超前。从我国西部城镇化与其经济发展水平比较看，2012 年我国西部人均 GDP 为28347 元/人（对区域数据经过了与全国衔接的技术调整，下同），相当于 4500美元/人左右，相当于中等收入国家水平，而城镇化率仅为 44.74%，比世界中等收入国家平均 50% 的城镇化水平相差达近 5 个多百分点，显示出明显的滞后特征（见表 16 - 1）。

表 16 - 1　　2012 年世界经济发展水平（人均国民收入）与城镇化之间的关系

国家类型	平均人均收入（美元）	城镇化水平（%）
世界合计	10138	53
低收入国家	588	28
较低中等收入国家	1913	39
低和中等收入国家合计	3825	46
中等收入国家	4383	50
较高中等收入国家	6977	61
非 OECD 高收入国家	18747	77
高收入国家	38182	80
OECD 高收入国家	42948	81

资料来源：根据 *World Development Indicators*（2013）中有关数据整理。

再其次，从城镇化与产业结构的关系来看，西部城镇化更是明显地落后于其工业化所达到的水平，也更不适应西部城镇服务业迅速发展的客观需要。2012 年西部非农产业从业人员比重高达 52.32%，比城镇化水平高出近 4.58

个百分点,表明西部城镇化严重滞后于非农产业的发展水平(见表16-2)。从比较劳动生产率(某产业的增加值比重/该产业的从业人员比重)来看,2012年西部第一产业的比较劳动生产率较低,仅为0.25,略高于东部,而西部第二产业和第三产业的比较劳动生产率在三大地带中分别位居第一和第二位(低于东部),这并不表明西部第二、三产业的实际经济效益较好,而是说明西部地区三次产业的增加值构成与其从业人员构成背离程度全国最高,造成这种局面的根本原因就是城镇化的严重滞后。一般而言,在一个正常的经济结构中,各产业的增加值结构与其从业人员结构应该是基本一致的,否则,在效益差的驱动下,生产要素将会从效益相对较低的产业向效益相对较高的产业进行合理的流动,直到产业间的效益差消失为止。西部三次产业之间的比较劳动生产率差距最大(第二产业为2.54,第一产业为0.25,两者之差达2.29),表明西部各产业间生产要素合理流动严重受阻,城镇化水平严重背离于产业结构的演进进程。

表16-2 2012年西部城镇化与产业结构的关系

		全国	西部	中部	东部	东北
增加值比重(%)	第一产业	9.08	12.58	12.06	6.20	11.26
	第二产业	49.54	50.13	52.85	47.80	50.80
	第三产业	41.37	37.28	35.09	46.00	37.94
从业人员比重(%)	第一产业	36.71	47.68	40.74	25.60	38.24
	第二产业	28.70	19.72	27.54	37.10	22.76
	第三产业	34.59	32.60	31.72	37.30	39.01
比较劳动生产率	第一产业	0.25	0.26	0.30	0.24	0.29
	第二产业	1.73	2.54	1.92	1.29	2.23
	第三产业	1.20	1.14	1.11	1.23	0.97
城镇化率(%)		52.57	44.74	47.19	60.28	59.60

注:比较劳动生产率为某产业的增加值比重/该产业的从业人员比重;从业人员为2010年数。

资料来源:《中国统计年鉴》(2013),中国统计出版社2013年版。

最后,从城镇化水平提高幅度的变化情况来看,西部大开发以来西部地区城镇化发展进程已经超过东部地区。改革开放前西部城镇化推进的速度极低,从 1949 年到 1978 年近 30 年中，按市镇非农业人口计算，西部地区城镇化率提高不到 2 个百分点，年均提高幅度仅为 0.1 个百分点。改革开放以后，西部地区同全国一样城镇化进程明显加快，1978 年到 1998 年的 20 年里，按市镇非农业人口计算的城镇化水平提高了 10.97 个百分点，年均提高近 0.55 个百分点，比改革开放前提高了 4 倍多。当然，与全国和东部相比，西部城镇化速度还是比较慢的：改革开放前（1949~1978 年），全国按市镇人口计算的城镇化率年均提高 0.25 个百分点，比西部地区按市镇非农业人口计算的城镇化快 1 倍多，两者虽有不可比之处，但还是可以看出它们之间变化的相对趋势；改革开放后（1978~1998 年），全国（按市镇人口计算）和东部城镇化率（按市镇非农业人口计算）年均提高幅度分别达 0.62 个和 1.00 个百分点，远高于同期西部城镇化（按市镇非农业人口计算）的推进速度，表明西部城镇化水平与全国和东部的差距在继续扩大。

然而，西部大开发以来西部地区城镇化发展进程已经超过东部地区。根据现有的资料分析表明，2005~2012 年西部地区城镇化水平从 34.56% 提高到 44.74%，共提升 10.18 个百分点，年均提升 1.45 个百分点；同期全国共提升 9.58 个百分点，年均提升 1.37 个百分点，东部地区共提升 9.10 个百分点，年均提升 1.30 个百分点。其原因，一方面是西部地区城镇化进入了快速加速发展阶段，而东部地区城镇化开始进入快速减速增长时期，另一方面是因为西部地区土地资源相对丰富，又是后发达国家的后发达地区（双重后发达地区），这些都为城镇化推进提供了较好的条件。总之，西部地区城镇化提高速度已超过全国和东部地区的发展速度，今后西部地区将与中部地区（同期提高幅度最大的地区）一道成为我国城镇化发展的主战场。

第二节　特征分析

除上述发展阶段外，西部地区城镇化进程还呈现出许多独有的特点，只有把握好这些特点，才能确保未来西部地区城镇化的健康发展，确保西部地区与全国同步进入全面小康社会。这些特点包括：

——西部地区自然环境条件差异大，生态环境比较脆弱。西部地区无论是气候和地形的多样性，还是其组合的复杂性，都十分突出，气候上有大片干旱半干旱和大片高寒地区，地形上多高山峻岭，在气候地形的组合上呈现出干旱少雨的戈壁沙漠、千沟万壑的黄土高原、天高地冻的高寒山区、植被稀少的大石山区以及常常是难以逾越的深山峡谷，这些比较恶劣的生态环境对西部开发和城镇化发展而言都是不小的挑战。

——资源丰富，但质量不高、组合较差、开采条件欠佳。西部水土资源、能矿资源、生物资源丰富，但大多质量不高、组合较差、开采条件欠佳。从水土资源看，水土资源量多但空间组合差，如西北地区有土地但干旱缺水（尤其是生态环境缺水，该地区人口相对少，人均水资源量并不低），而西南地区有水资源但山多缺平地，都不利于国土开发和城镇化发展。从能矿资源看，如煤炭、石油、天然气、水电、黑色和有色金属矿产等，大多资源量丰富但资源品位低、埋藏深、开采难度大，而且还远离我国市场中心地区，依然常出现"富饶的贫困"现象。从生物资源看，从原始森林到无生命的荒漠和高寒无人区、从生物多样性世界之最的地区（云南）到独特稀有生物种群出产地（如熊猫、鸽子树等）等均有分布，给西部开发和城镇化带来值得重视的许多特殊性。

——社会文化差异大。自然环境条件差、区域相对封闭，必然导致整个地区社会文化差异较大。西部地区是我国少数民族聚居地，各民族生活方式、风俗习惯、语言文字、宗教信仰等都有很大的差别，这必然给各民族地区城镇化工业化发展道路、城镇规划和建设方式以及城镇管理形式等都带来巨大影响，需要探索符合各少数民族特点的不同的城镇化途径和模式，才能更有效、更好地推进这些地区城镇化快速发展。

——区位优势差异大。在人类经济历史依然处于海洋经济时代的大背景下，我国地处内陆的西部地区宏观区位条件总体上仍然欠佳，而沿海、沿江、沿线和沿边等优质中微观区位资源条件均可找到，只是这些优质区位资源条件量少且分布不均。如沿海区位资源仅出现在西南的广西，这里拥有西部唯一的出海口，以北部湾为中心的沿海港口群、城镇群、多种产业集群和物流集群将成为西部最亮的经济增长极之一；沿江区位资源从重庆东部延伸至四川、云南、西藏和青海等省区，其中较有区位价值的是川江沿岸，这里分布着西部最为密集的人口和城镇群，是西部就地城镇化的重点地区；沿线区位资源主要包括陇海线和京包—包兰线，这两条线是我国最为重要的能源之线，集中了我国最为丰富的煤炭资源，石油、天然气和水电资源也具有举足轻重的地位；内地沿边地区是西部区位资源的最大优势，我国周边内陆对外开放的 5 大方向，除了通往东北亚方向的沿边地区不在西部外，其余均分布在西部，其中最有边贸经济交往价值的是通往东南亚沿边地区，包括广西和云南，通往新丝绸之路经济带的沿边地区最具战略意义，另外通往南亚和向北开放的沿边地区也具有一定的潜力。

——西部地区开发时间早、历史悠久，但区域开发程度和成效差异大。西部地区是中华民族和文化起源地之一，从秦汉直到北宋末年一直是我国古代政治经济文化中心。但由于上述自然条件和海洋时代的限制，我国西部开发程度和成效差异大，使人口和城镇分布呈现出极不均衡的状态。根据区域开发程度，结合区位特点和自然环境资源条件，按照人口和城镇分布的状况，西部地区可明显地划分为人口和居民点密集地区和人口和居民点稀少地区，前者人口密度在 100 人/km^2、城镇密度为 31.56 个/万 km^2，范围包括黄河流域的陕甘宁、长江流域的渝川和位于云贵高原的云贵桂，后者人口密度在 10 人/km^2 以下、城镇密度仅为 2.28 个/万 km^2，范围包括内蒙古、新疆和青藏高原的青藏地区。显然，这两类地区未来城镇化发展道路可能将完全不一样。

第三节　趋势分析

对中国未来城镇化的走势已有许多国际国内的专门机构和学者作过多种版本的预测，其中，以世界银行和 OECD 的预测广受国内外的关注，这些预测往往只是对整个中国城镇化未来发展趋势的预测，分地区性的预测不多见。本文试图在 2008 年联合国最新的对中国总人口预测方案的基础上，借助 OECD 的预测方法，对我国全国以及分地区的总人口、城镇人口以及城镇化水平作一简单预测。这里采取的预测方法是历史趋势外推法；预测基期选择 2010 年；预测地区是全国及西部、中部、东部和东北地区四大板块；预测指标包括总人口、城镇人口和城镇化水平；预测阶段和目标年包括 2010～2015 年、2016～2020 年、2021～2030 年、2031～2050 年。预测中将按照 Logistic 曲线揭示的城镇化演变规律来确定各地区城镇化发展的不同速度和组合关系，具体内容见以下分阶段预测的描述。

总体预测：根据 2005～2010 年我国全国和四大板块城镇化发展年均速度（分别为 1.37 个、1.45 个、1.52 个、1.30 个和 0.64 个百分点），按照城镇化

30%～50%快速加速和50%～70%快速减速的演变规律、未来经济潜在增长速度趋缓的客观事实以及人口区域流动大趋势已经基本稳定的大趋势（2014年年初我国东部农民工增长速度首次出现低于中西部地区的现象），采取略微保守的策略进行趋势外推，未来20年到2030年我国全国和西部、中部、东部和东北地区四大板块城镇化水平将分别按年均提高1.0个、1.1个、1.2个、0.9个和0.8个百分点来预测计算，预测结果是：全国城镇化水平将从2010年的49.95%，提高到2030年的69.23%，基本完成70%的高度城镇化拐点的历史任务（OECD的预测是，到2025年中国城镇化水平达到66%，与这里的预测基本接近）；西部地区城镇化将从2010年的41.44%，提高到2030年的63.56%；中部、东部和东北分别提高到67.14%、76.16%和73.31%。

分阶段预测：分以下三个代表性阶段和年份进行分段预测。

——实现全面小康社会阶段（2009～2020年）。这一阶段我国中西部城镇化进程仍将处于快速加速增长时期，而全国和东部、东北地区开始进入快速减速增长时期，因此确定我国全国和西部、中部、东部和东北地区四大板块城镇化水平年均提高幅度分别为1.2个、1.3个、1.4个、1.1个和1.0个百分点，预测的结果是，到2020年全国和西部地区城镇化水平分别达到61.32%和54.64%；中部、东部和东北城镇化水平分别达到57.45%、69.24%和67.22%。

——基本完成城镇化历史任务阶段（2021～2030年）。该阶段我国全国及四大区域板块都进入城镇化快速减速增长阶段，因此全国和西部、中部、东部和东北地区四大板块城镇化水平年均提高幅度分别为：0.8个、0.9个、1.0个、0.7个和0.6个百分点，预测结果同总体预测基本吻合。

——实现现代化目标阶段（2031～2050年）。这一阶段期初我国全国和四大区域板块都已经完成了高度城镇化的历史使命，鉴于该阶段中国将继续完成全面实现现代化的宏伟目标，城镇化将起到进一步锦上添花的作用，全国和西部、中部、东部和东北地区四大板块城镇化水平年均提高幅度可分别定为：0.4个、0.5个、0.6个、0.3个和0.2个百分点，预测的结果是，到2050年全国和西部地区城镇化水平分别达到77.76%和74.24%；中部、东部和东北城镇化水平分别达到78.13%、82.86%和78.89%。数据和2020年一样。

更详细的预测结果见表16－3（其中总人口预测采用2008年联合国最新完成的预测方案中的方案，四大区域板块人口按比例变化预测确定）。

表 16 - 3   未来 20 ~ 40 年我国西部地区城镇化水平预测

年份	全国			西部			中部			东部			东北		
	总人口(万人)	城镇人口(万人)	城镇化率(%)	总人口(万人)	城镇人口(万人)	城镇化率(%)	总人口(万人)	城镇人口(万人)	城镇化率(%)	总人口(万人)	城镇人口(万人)	城镇化率(%)	总人口(万人)	城镇人口(万人)	城镇化率(%)
2005	130628	56157	42.99	35945	12423	34.56	35170	12850	36.54	48760	24954	51.18	10753	5930	55.15
2010	134091	66978	49.95	36069	14948	41.44	35697	15558	43.58	51370	30156	58.70	10955	6316	57.65
2012	135404	71182	52.57	36428	16297	44.74	35927	16955	47.19	52076	31390	60.28	10973	6540	59.60
2015	139600	76277	55.84	37552	18066	48.11	37036	18636	50.32	53690	34378	64.03	11308	7047	62.32
2020	143116	86328	61.32	38498	21035	54.64	37969	21813	57.45	55042	38111	69.24	11592	7792	67.22
2030	146247	99638	69.23	39340	25005	63.56	38799	26050	67.14	56247	42837	76.16	11846	8684	73.31
2050	150000	127500	77.76	40350	29956	74.24	39795	31092	78.13	57690	47802	82.86	12150	9585	78.89

从以上预测结果可以看出：到 2030 年我国西部地区基本上可以同全国一道实现高度城镇化的目标，基本完成城镇化的历史任务；届时，我国西部城镇化水平将与全国和东部地区的差距进一步缩小；西部地区和中部地区一道成为我国城镇化推进的主战场（具体表现在中西部城镇化吸纳的农村转移劳动力最多，中央提出的三个"一亿"多集中在中西部地区）。

（执笔人：刘勇 李仙 刘津）

第十七章

西部地区城镇化建设的布局、路径、类型研究

党的十八届三中全会和中央城镇化工作会议全面系统地提出了以人为核心的中国特色新型城镇化发展的新思路，为未来我国和包括西部在内的各地区城镇化健康发展指明了方向。以人为核心的中国特色新型城镇化有三层含义：一是以人为核心的城镇化，即以农业转移人口、将转移的农民和留在农村的农民所想所愿为出发点和落脚点的城镇化。农业转移人口需要的是市民化；将转移的农民需要的主要是非农就业机会；而留在农村的农民需要的则是农业集约化的家庭庄园。城镇化的具体含义包括异地城市化和就地乡镇化，城镇化的根本目的在于解决包括农业转移人口（所谓的农民工）在内的"四农"问题和为即将转移出来的农民工创造非农就业机会，也就是要做到产城融合、以产兴城。二是新型城镇化道路，即城乡一体化。小康不小康，关键看老乡，要建立新型工农城乡关系，让广大农民平等参与现代化进程、共同分享现代化成果，通过城乡双向自由流动和交流，实现城乡共同发展、共同建设、共同实现小康；统筹城乡建设与发展，解决包括农业转移人口在内的"四农"（或"二元结构"）问题，以产业发展为依托，强化城镇建设基础，以城镇群为载体，形成大中小和小城镇协调发展，以及新农村建设集约化的局面。三是中国特色城镇

化，从人多地少水缺、后发国家的基本国情和发展阶段出发的城镇化。中国特色城镇化包括"四个更加"，即更加集约、更加快速、更加有质量和更加可持续。

在以人为核心的中国特色新型城镇化发展战略的指导下，根据新型城镇化要求找准着力点，有序推进农村转移人口市民化，深入实施城镇棚户区改造，注重中西部地区城镇化的要求，中央农村工作会议明确提出，今后一个时期，着重解决好现有"三个1亿人"问题，促进约1亿农业转移人口落户城镇，改造约1亿人居住的城镇棚户区和城中村，引导约1亿人在中西部地区就近城镇化（李克强同志在《2014年政府工作报告》中作了重申）。由此可见，西部地区在新型城镇化战略中具有极其重要的地位和作用，是未来新型城镇化的主战场，是就地城镇化模式的主要承担者，也是统筹城乡一体化发展责无旁贷的探索者。

第一节　布局安排

西部城镇化是全国城镇化的重要组成部分，未来西部的城镇布局安排离不开全国城镇布局安排的指导和规范。

一、全国城镇布局安排的大背景

城镇布局安排包括城镇化水平目标设立、城镇规模体系的构想以及城镇布局框架的建立。从城镇化水平目标设立看，综合多方面的信息可以得出这样的判断，到2030年我国城镇化水平将达到70%左右，基本完成高度城镇化的历史任务，城镇人口将达10.5亿人左右；稳步提高户籍人口城镇化水平，消除城镇内部"二元结构"和城乡之间的"二元结构"，实现"三个一亿"的具体目标。

从城镇规模体系构想看，针对"大的太大、小的太小，缺乏中间环节"的结构问题，要以100万~200万人口中间规模城市、城市圈、城镇群为建设重点，构建形成"2000座大中小城市＋2万个建制镇"组成的城镇规模体系，这个新的规模体系由国家级城市、区域性中心城市、县城和建制镇组成，具体层次结构按行政级别分布如专栏 17 - 1 所示。

专栏 17 - 1　未来我国"2000 座大中小城市 + 2 万个建制镇"城镇规模体系构想（按行政级别分布）

第一层次，设立 8 ~ 10 个直辖市，作为国家级城市，建设成中心城区 1000 万人左右的特大城市，可容纳人口 0.8 亿 ~ 1.0 亿人口；

第二层次，以未来 50 ~ 60 多个省会城市和 300 多个地级市为基础，建设成中心城区 100 万 ~ 500 万人左右的城市，可容纳人口 3.0 亿 ~ 3.5 亿人口；

第三层次，以未来 2000 多个县级市和县城为基础，建设成中心城区 20 万 ~ 50 万人左右的城市，可容纳 4.0 亿 ~ 4.5 亿人口；

第四层次，剩下的 4 万多个建制镇和乡集镇，建成镇区和集镇区人口达到 1 万左右，可以容纳人口 1.8 亿 ~ 2.0 亿人左右。

从城镇布局框架的建立看，针对"东密、中散、西稀，辐射有空白"的分布问题，以中西部地区为重点，建设形成 21 个城市群组成的"两横三纵"的空间格局，并一张蓝图干到底，以建立全覆盖的城镇和城镇群网络体系，这个新的城镇布局框架，涉及以下三个方面，具体见专栏 17 - 2。

专栏 17 - 2　未来我国城镇布局框架体系的设想

人口"三集中"：向"四沿"集中，"三纵二横"（有人建议将大多数人口集中东部。不可取并已被否定！）；向大城市圈和城镇群集中，21 个城镇群（平原地区）；向中小城市和小城镇集中。建议县域人口布局模式：县城人口 50%，建制镇人口 30%，乡村人口 20%。

城乡空间调整"三化"：大城市郊区化，疏散中心城区人口，强化都市圈建设；中小城市和小城镇规模化，形成人口和产业集中区；乡村集约化，村落合并，形成农业后勤和农副产品初加工基地。

城镇内部"四圈层分布"：中心城区核心区高层高密度、中心城区边缘地区高层低密度、近郊区低层高密度、远郊区低层低密度。

二、西部城镇布局安排的基本思路

在全国城镇布局安排的大背景下，遵循城镇化的一般规律，根据西部地区具体自然资源和生态环境条件，按照城镇化发展阶段的要求，总结西部（特别是西北地区）城镇中心区"大十字"布局的经验，确定符合西部地区区情的城镇布局安排基本思路。首先，从西部城镇化水平目标设立看，根据全国城镇化发展的总体趋势和上一节的预测结果，按照城镇化发展阶段的具体要求，2030 年西部城镇化可初步确定为 65%，城镇人口将达 2.5 亿人，接近完成高度城镇化的历史任务，与中部一道实现就地转化 1 亿人口的目标。

其次，从西部城镇规模体系的构想看，根据全国城镇规模体系层次结构的安排，西部地区将落实如下城镇规模层次体系（见专栏 17 - 3）。

专栏 17 - 3　未来西部地区城镇规模体系构想（按行政级别分层）

第一层次，设立 1 ~ 2 个直辖市，作为国家级或地带级城市，建设成中心城区 800 万人左右的特大城市，可容纳人口 800 万 ~ 1600 万人；

第二层次，以未来 20 ~ 22 个省会城市和 130 多个地级市（或地属所在地）为基础，建设成中心城区 100 万 ~ 300 万人左右的城市，可容纳人口 0.6 亿 ~ 1.0 亿人；

第三层次，以未来 815 个县级市（现有 87 个）和县城为基础，建设成中心城区 30 万 ~ 10 万人左右的城市，可容纳 1.0 亿 ~ 1.5 亿人口；

第四层次，剩下的 1.4 万个建制镇和乡集镇，建成镇区和集镇区人口达到 1 万 ~ 5000 万人左右，可以容纳人口 1.0 亿人左右。

第三，从西部城镇布局框架的建立看，按照全国城镇布局总体格局的要求，根据西部人口和城镇空间分布极为不均的现状，以城镇群为主要实现形式，尽力建立基本全覆盖的城镇和城镇群网络体系。结合国家由 21 个城镇群组成的"两横三纵"的全国城镇群布局格局，在不打破行政区划界限、以地级市为基本单元和城镇影响力国土全覆盖等原则下，本章提出未来以 30 个城镇群为基础组成的"四横四纵"西部地区城镇空间布局框架。其中，"四横"

包括津京包—包巴（巴彦淖尔）—阿拉善—哈密—阿勒泰线的西段，城镇群（或区域）主要有蒙西城市群、天山南路城市群和新疆北部城市群；已经规划的陇海—兰新线西段，即西兰线和兰新线；沪成轴线西延长线，从成都—玛沁—格尔木—若羌—和田—喀什，城镇群（或区域）主要有成渝城市群、青东城市群、青西城市群、新疆西部城市群；沿海线继续西延，从北海—南宁—昆明—楚雄—丽江—迪庆—林芝—拉萨，城镇群（或区域）主要有北部湾城市群、滇东北城市群、滇西城市群、藏东城市群、藏南城市群等。"四纵"包括国家已经规划的呼（和浩特）昆（明）轴线，城镇群（或区域）主要有呼包鄂榆地区、宁夏沿黄河地区、关中—天水地区、成渝地区、黔中地区和滇中地区；巴（彦淖尔）—银川—兰州—成都—昆明，城镇群（或区域）主要有蒙西城市群、宁夏沿黄河地区、甘中南城市群、成渝地区和滇中地区等；阿尔泰—乌鲁木齐—库尔勒—若羌—格尔木—那曲—拉萨，城镇群（或区域）主要有新疆北部城市群、天山北路城市群、天山南路城市群、青西城市群、藏北城市群和藏南城市群等；阿尔泰—伊宁—阿克苏—喀什—阿里—日喀则—拉萨，城镇群（或区域）主要有新疆北部城市群、新疆西部城市群、藏北城市群和藏南城市群等（见专栏17-4）。

专栏17-4　未来西部地区以城镇群为基础的城镇空间布局框架

城市群名称	空间范围	类型与形态
陕北城市群	延安和榆林	尚未形成的、双级型、带状
关中城市群	西安、咸阳、宝鸡、渭南和铜川	半成熟的、单级型、带状
陕南城市群	汉中、安康和商洛	尚未形成的、多级型、三角状
甘西北城市群	武威、金昌、张掖、酒泉和嘉峪关	成长中的、多级型、带状
甘中南城市群	兰州、白银、临夏、定西和合作	成长中的、单级型、块状

续表

城市群名称	空间范围	类型与形态
甘东城市群	天水、陇南、平凉和庆阳	尚未形成的、多级型、带状
宁夏城市群	银川、吴忠、石嘴山、中卫和固原	成长中的、单级型、带状
成渝城市群	成都、重庆、雅安、眉山、乐山、资阳、内江、自贡、宜宾和泸州	半成熟的、双级型、块状
川北城市群	德阳、绵阳、巴中、广元、达州、广安、南充和遂宁	成长中的、多级型、块状
川西城市群	攀枝花、西昌、甘孜、阿坝	尚未形成的、多级型、带状
滇东北城市群	昆明、玉溪、楚雄、曲靖和昭通	成长中的、单级型、块状
滇西城市群	大理、丽江、香格里拉（迪庆）、泸水（怒江）、保山、芒市（德宏）、临沧	尚未形成的、多级型、块状
滇南城市群	文山、蒙自（红河）、思茅、景洪（西双版纳）	尚未形成的、多级型、带状
黔东城市群	贵州、遵义、铜仁、凯里（黔东南）和都匀（黔南）	尚未形成的、多级型、块状
黔西城市群	安顺、毕节、六盘水和兴义（黔西南）	尚未形成的、多级型、块状
北部湾城市群	南宁、北海、防城、钦州、玉林和崇左	成长中的、多级型、块状
桂东北城市群	柳州、桂林、梧州、贺州、贵港和来宾	成长中的、多级型、块状
桂西城市群	百色和河池	尚未形成的、双级型、带状

续表

城市群名称	空间范围	类型与形态
呼包鄂乌城市群	呼和浩特、包头、鄂尔多斯和乌兰察布	成长中的、多级型、带状
蒙东城市群	锡林浩特（锡林郭勒）、赤峰、通辽、乌兰浩特（兴安盟）和呼伦贝尔	尚未形成的、多级型、块状
蒙西城市群	巴彦淖尔、乌海和阿拉善盟	尚未形成的、多级型、块状
天山北路城市群	乌鲁木齐、昌吉、石河子、奎屯、博乐（博尔塔拉）和伊宁	成长中的、单级型、带状
天山南路城市群	哈密、吐鲁番、库尔勒（巴音郭楞）	尚未形成的、多级型、带状
新疆北部城市群	克拉玛依、塔城和阿勒泰	尚未形成的、多级型、块状
新疆西部城市群	喀什、阿图什（克孜勒苏柯尔克孜）、阿克苏和和田	尚未形成的、多级型、带状
青东城市群	西宁、平安（海东）、海晏（海北）、共和（海南）、同仁（黄南）和玛沁（果洛）	尚未形成的、单级型、块状
青西城市群	德令哈（海西）、格尔木和玉树	尚未形成的、多级型、块状
藏南城市群	拉萨、日喀则和乃东（山南）	尚未形成的、单级型、块状
藏东城市群	昌都和林芝	尚未形成的、多级型、块状
藏北城市群	那曲和噶尔（阿里）	尚未形成的、多级型、块状

第二节　路径设计

　　根据以人为核心的中国特色新型城镇化的新战略，要完成我国高度城镇化的历史任务，需要针对不同人群实施如下三个具体路径，即农民工的市民化、大多数新转移农民的就地（就近）城市或镇区化、留在农村农民的上规模的家庭农庄化。西部地区也是如此，只是其中一些路径更为重要，如就地城镇化将是西部地区推进城镇化的主要形式。

一、异地城镇化模式，着力解决农村转移人口市民化问题，为提高城镇化质量奠定基础

　　城镇化不仅要解决"三农"问题，而且还要解决"农民工"问题，也就是说要解决"四农"问题。国家将有序推进农村转移人口市民化（异地城镇化），优先解决已在城镇里打工并有较为稳定工作和住房的农民工的落户问题，加速农民工市民化进程，这届政府要使一个亿的农民工实现市民化。具体而言，不同城镇实现市民化做法不一，大城市多采取积分落户法，中小城市多采取稳定住房和交够社保方法，小城镇则彻底放开户籍制度，鼓励回乡农民工和转移农民自由落户（或并镇改造上楼）。这里建议今后要继续放宽第一代农民工落户条件，并允许第二代农民工无条件进城（他们生在城镇、长在城镇，没有一点农村生活的经历）。此外，为不断提高城镇化质量，增加城镇人口容量，还要进一步加快城镇改造力度，特别是要加大城镇棚户区和"城中村"的改造力度，这也是归还多年的历史旧账，以继续有效防止中国式的城镇"贫民窟"的产生，这届政府要使一个亿的棚户区和"城中村"居民得到改造。

二、就地（或就近）城镇化模式

　　这将是西部和中部地区实现高度城镇化目标的主要路径。从乡村转移到县城、建制镇以及乡集镇人口就地城镇化模式。积极稳妥推进就地（或就近）

城镇化。一方面，我国农业转移人口的所谓"刘易斯拐点"已开始出现（农村剩余劳动力不再无限供应），而沿海东部经济相对发达地区对新增农民工需求有所下降，东部城镇化水平已经较高（超过60%），城镇人口容纳量也接近饱和；另一方面，目前我国仍然有一半人口住在农村，按照高度城镇化的要求，还将有大约80%的现有农村人口走出农村，参与城镇化进程。在这种情况下，未来我国城镇化只能走一条就地（或就近）城镇化道路，即新转移出来的农业人口中的大部分将通过就地进入县城、建制镇和乡集镇的方式实现城镇化，只有少数新转移出来的农业人口会继续流向大中城市（异地城镇化）。这不仅反映了我国工业化城镇化扩散和区域"梯度"开发的必然要求，也解决了我国城镇化进程长期存在的家庭长期分离的社会问题。大多数新转移出来的农业人口集中到乡集镇和建制镇来，将主要在为当地农业（还包括当地矿业和交通运输业）提供各类产中、产前和产后专业化服务和其他乡镇产业中就业，因此，这些新转移出来的农民自身就带着就业的机会，需要正确地挖掘和引导，通过产城融合实现就地（就近）城镇化的目的。这届政府将在中西部地区推行一个亿的农民就地（就近）实现城镇化的目标。此外，西部地区已经具备就地城镇化的一些条件，如国家已经在西部地区批复了几个新区，如重庆两江新区、兰州新区、西咸新区、贵安新区及四川天府新区（正在审批），这将为西部城镇化提供更好的舞台，这些新区将成为带动新一轮城镇化快速发展的龙头；我国西部地区工业化也进入快速发展时期，具备了进一步承接东部和国外更多产业包括许多先进制造业的条件，这将有力地带动西部城镇化发展；习总书记提出推动丝绸之路经济带（和海上丝绸之路）建设，已成为国家战略，开启了西部开发第三个阶段的大幕，西部地区可充分发挥沿边开放、资源丰富、有一定产业基础和市场容量的优势，借力加速西部城镇化进程。

三、以规模化家庭农庄为主的新农村和农庄建设

这将是西部地区可以为全国城乡一体化新路径提供示范模式的领域。西部土地资源质量虽然不高，但数量十分丰富，是率先走出一条以规模化家庭农庄为主的新农村和农庄建设新路子的最佳试验地区。简单的分析表明，即使实现高度城镇化目标后，我国仍然有近20%现有农村人口将留在广大的农村，这些留在农村的少数农民，将成为新农村建设和规模化家庭农庄化建设的主体。

一方面，少数留下来的农民有条件建设各类规模化专业化家庭农庄，通过培育新型农民和人口双向自由流动，实现农业集约化现代化。另一方面，近期全国还将有近 30 万个传统的建制村，需要通过一定的改造，建设适当规模化的新农村居民点，为农村进一步改造创造条件。西部地区应当承担起加速新农村和规模化家庭农庄建设步伐，为全国探索出具有示范作用的城乡一体化发展的新路来。

第三节　类型研究

区分西部地区不同区块的特点，作分区类型研究。按照人口密度和方位两个纬度划分分区区块，从人口密度分人口密集地区和人口稀少地区；从方位分西北地区和西南地区，两者结合可将西部分为西北人口密集区、西北人口稀少区、西南人口密集区、西南人口稀少区等四个分区。每个分区可视为一个类型加以研究分析如下。

——西北人口密集区，包括属于黄土高原的陕甘宁 3 省区。我国黄土高原土质疏松，在不利的内陆季风气候和人类长期不当开发的条件下，植被稀少，水土流失严重，形成地形破碎、沟壑纵横的地理景观。在历史上，由于黄土高原易于农耕，很早就成为中华民族发祥地之一，悠久的开发历程虽然留下了许多不良的自然生态环境后果，但仍然是我国西部开发条件和开发程度相对较高的地区。2012 年黄土高原所在的陕甘宁 3 省区城镇密度达 26.34% 座/万 km^2（3 省区分别为 55.83 座/万 km^2、12.03 座/万 km^2、20.79 座/万 km^2），远高于西部平均水平；随着我国区域开发水平的提高、区域基础设施不断改进以及生产技术的进步，未来该地区将再次成为西部重点开发地区，其中的一些条件较好的地区如关中—天水、黄河后套平原地区、兰州黄河段河谷地区、河西走廊地区等，将成为人口与城镇进一步聚集分布地区；依托西咸新区、兰州新区和银川产业园区等，培育工业化城镇化新的增长极。

以陕西为例分析该地区未来城镇化发展的基本趋势和布局形态。2012 年陕西城镇化水平为 50.02%，超过一半，城镇人口达 1877 万人，城镇个数为 1149 个（其中城市仅 13 座），进入城镇化最快发展时期。城镇规模体系可分三层次，第一层次为包括省城西安在内的 10 个地级市，第二层次为 3 个县级市和 80 个县城，第三层次为 1137 个建制镇和 82 个乡集镇。城镇空间格局为关中密、陕北和陕南疏格局，构成关中、陕北和陕南三大城镇群，其中关中已成为半成熟的、单极型、带状城镇群；城镇密度为 55.83 个／万 km²，在西部仅次于重庆市。

　　未来陕西省将成为西北地区城镇化和工业化的中心地区，在西部大开发新的历史起点上，作为新丝绸之路经济带的起点和重振历史辉煌与全国同步实现全面小康的西北桥头堡，陕西省将率先在西北地区实现高度城镇化目标，按照陕西全域城镇化新战略的设想，到 2030 年城镇化水平要达到 70% 以上，这要求在剩下的 16 年中城镇化提升幅度需要达到年均 1.25 个百分点，这样的速度是完全可以做到的。在城镇规模体系的完善上，未来陕西省将构建如下全新的四层次城镇体系：第一层次为西北桥头堡、陕西省西安市，城镇人口将超 1000 万人；第二层次为 9~12 个地级市，在关中地区增设一些地级，建设成为城镇人口在 400 万~200 万人左右的大城市；第三层次为 50~80 个县级城市，建设成为城镇人口 100 万~50 万人左右的城市；第四层次为 1000 个左右上规模的建制镇，建设成为城镇人口 1 万人左右的小城镇。在城镇空间布局优化上，未来陕西将重点建设以西安为核心的关中城镇群。关中盆地地形平坦、土地肥沃、气候宜人、开发历史悠久，新中国成立以来和改革开放以来都是西北建设的重点地区，更是陕西省精华所在，目前这个地区仍然有巨大的发展潜力，而且在西部新形势新战略中这个地区的地位更加重要。关中盆地城镇化的基本思路应该是，努力增加整个地区人口承载力，增加城镇数量，提高城镇规模，使关中 5 个地市的人口由目前占全省人口的 60.5% 提高到 70% 以上，其中 5% 来源于陕北黄土高原地区，另 5% 则来源于秦岭北坡山区，并努力吸引西北其他地区的人口，成为新的历史时期带动西北城镇化快速发展的领头羊。陕北地区是我国具有重要的煤炭能源基地，但由于黄土高原生态环境脆弱，不太适合过多人口生存和居住，要下大力气减少陕北黄土高原的人口，将该地区人口占全省人口 15% 的比例进一步压缩到 10% 左右，并将剩下人口的 70%~80% 集中到城镇中去，为黄土高原生态环境的彻底治理提供城镇化方面的不可缺少的应有的贡献。陕南为秦巴山地，人口多集中在相对封闭、面积不大的汉中盆地和安康盆地中，分布在秦巴山区中的人口也不少，今后也应当适当减少山区人口，一方面使山区人口进一步向汉中盆地和安康盆地集中，推进陕南城镇化发展，另一方面也要允许秦岭北坡的人口向关中盆地集中，使整个陕南地区人口占全省的比重由 25% 下降到 20% 左右，以便进一步促进秦巴山区绿色生态环境的保护。

——西北人口稀少区，包括属于干旱和半干旱地区的内蒙古和新疆维吾尔自治区 2 个省级行政区。我国西北干旱和半干旱地区地处西北内陆地区，土地面积辽阔，缺水少雨（特别是在生态上），分布着我国五大荒漠和五大草原，是我国人口和城镇十分稀少的地区之一。虽然自然气候条件较差，但这个地区土地资源和能矿资源十分丰富，长期的开发也取得十分可观的成就，在国家的支持下经济发展水平高于全国平均水平。2012 年干旱和半干旱地区的内蒙古和新疆维吾尔自治区 2 个省级行政区城镇密度达 2.83% 座/万 km²（2 省区分别为 4.45 座/万 km² 和 1.72 座/万 km²），远低于西部平均水平；未来面对该地区"人少地多"的区情，应当着力适当做大做强现有城镇，突出抓好呼包鄂地区、天山北坡地区、赤辽河谷平原地区、伊犁河谷地区、河套灌溉平原地区、喀什地区、其他能矿资源富集地区、沙漠绿洲地区以及沿边口岸地区的城镇化进程，将人口更多地集中到这些条件相对较好的地区中来，以进一步减少该地区人口对荒漠和草原地区的生态环境压力；依托一些国家级和省级新区，如满洲里边境贸易区、二连浩特外贸区、霍尔果斯产业园区、喀什边境开发区、鄂尔多斯新区、包头产业园区等，培育沿边和资源丰富区城镇化工业化增长极。

以内蒙古自治区为例分析该地区未来城镇化发展的基本趋势和布局形态。2012 年内蒙古城镇化水平为 57.74%，居西部之首，城镇人口达 1438 万人，城镇个数为 510 个（其中城市 20 座），进入城镇化快速减速发展时期。城镇规模体系可分三层次：第一层次为包括省城呼和浩特在内的 9 个地级市和 3 个盟府城，第二层次为 11 个县级市和 69 个县（旗和自治旗）城；第三级为 490 个建制镇和 277 个乡集镇。城镇空间格局为蒙中和蒙东稀疏、蒙西则十分稀疏的格局，并构成蒙中、蒙东和蒙西三大城镇群，其中蒙中正在成为成长中的、多级型、带状城镇群；城镇密度为 4.45 个/万 km²，在整个西部十分靠后，但在人口和城镇稀疏的西部居第一。

内蒙古自治区土地辽阔、能矿资源丰富，又是我国向北开放的门户，具有率先在西北地区实现高度城镇化目标的条件。按照内蒙古城镇化战略的新目标，到 2030 年城镇化水平要达到 73% 左右，只要在未来 16 年中城镇化提升幅度达年均 1.15 个百分点即可。在城镇规模体系的完善上，未来内蒙古自治区将构建如下全新的三层次城镇体系：第一层次为以包括内蒙古自治区首位城市赤峰在内的 12 个地级行政区首府的城市，每个城市的城镇人口在 100 万～

500 万人之间；第二层次为 80 个县级市，建设成为城镇人口在 50 万 ~ 100 万人左右的大城市；第三层次为 700 个左右上规模的建制镇，建设成为城镇人口1 万人左右的小城镇。在城镇空间布局优化上，未来内蒙古自治区将重点建设以赤峰和通辽为双核的蒙东城镇群和以呼包鄂为三核的蒙中城镇群。其中，蒙东城镇群包括赤峰、通辽、呼伦贝尔和兴安盟"三市一盟"，这里是我国大兴安岭山脉及周边河谷平原高原所在地，雨水相对较多一些，以草原和河谷农业区为主，集中了内蒙古自治区 50% 的人口，是城镇化理想推进地区，未来该地区，特别是赤峰和通辽要继续加大对周边草原地区人口的吸引，进一步做大做强城镇经济，为减少草原牧民做出贡献；以呼包鄂为三核的蒙中城镇群包括呼包鄂、乌兰察布和锡林郭勒，人口占全区的 40%，是内蒙古经济发展乃至全国地区经济发展最快的地区之一，今后要继续借助丰富的煤炭资源优势和良好的铁路公路交通基础设施条件，进一步加大对周边草原牧民的吸引力，加速新城配套设施建设，让新城尽快发挥吸纳人口的作用，把工业化快速的成绩有效地转化为城镇化的成果。至于蒙西城镇群包括巴彦淖尔市、乌海市和阿拉善盟，该地区人口只占全区的 10%，是一个人口十分稀少的地区，目前该城镇群尚未形成，只是一个初步设想，未来应当继续以这三个地级行政区政府所在地为依托，继续加大城镇建设力度，强化吸引周边草原牧民的能力，推动草原集约化和城镇化协调发展。

——西南人口密集区，包括属于四川盆地的渝川和属于云贵高原的云、贵、桂。四川盆地是我国西部人口最为稠密的地区，气候和地形条件优越，资源丰富，号称天府之国，开发历史悠久，经济相对较为发达，是未来西部城镇化最有发展潜力的地区；云贵高原丘陵区和四川盆地周边山区则地形条件较差，平地少石山多，水土流失也比较严重，再加上交通不便，推进城镇化的限制因素相对较多，但只要规划得当，充分利用现有城镇体系和所谓"坝子"资源，也是能够有效推进城镇化，并为该地区生态环境治理创造更好条件的。2012 年四川盆地的渝川和云贵高原的云、贵、桂所在的西南人口密集区城镇密度达 33.92% 座/万 km² （渝川、云贵桂 5 省区分别为 73.54 座/万 km²、38.49 座/万 km²、42.12 座/万 km²、17.69 座/万 km² 和 30.98 座/万 km²），远高于西部平均水平。随着我国长江流域整体开发战略的实施、内地沿边开放步伐的加快（深耕东南亚战略）以及该地区跨区域交通等基础设施建设和完善，未来该地区将再次成为西部和西南地区建设和城镇化推进的重点地区，其中的一些条件较好的地区如四川盆地、沿海北部湾地区、沿东南亚边境地区、以昆明贵阳和南宁为中心的城镇群地区等，将成为人口与城镇进一步聚集分布地区；依托两江新区、贵安新区、四川天府新区（正在审批）、北海产业园区等，培育该地区工业化城镇化新的增长极。

以重庆市为例分析该地区未来城镇化发展的基本趋势和布局形态。2012年重庆城镇化水平为56.95%，居西部之首，城镇人口达1678万人，城镇个数为605个（其中城市1座），已进入城镇化快速减速发展时期。城镇规模体系可分三层次：第一层次为重庆中心城区（7区），第二层次为12个远城区和19个县城；第三层次为220个建制镇和188个乡集镇。城镇空间格局为以重庆市主城区为核心的城镇圈密、以万州中心的重庆市西北翼城镇圈和以黔江为中心的重庆市西南翼城镇圈较密的空间格局，其中以重庆市主城区为核心的城镇圈已成为半成熟的、单极型、块状城镇圈；城镇密度为73.54个/万 km^2，在西部居首位。

未来重庆市将成为西部和西南地区城镇化和工业化的中心地区，在西部大开发新的历史起点上，作为长江流域经济带上游中心城市和率先与全国同步进入全面小康社会的西部先行直辖市，重庆市将引领整个西部和西南地区按时实现高度城镇化目标，按照重庆市大都市圈新战略的设想，到2030年城镇化水平要达到75%左右，这要求在剩下的16年中城镇化提升幅度需要达到年均1.12个百分点，这样的速度并不高，完全可以实现。在城镇规模体系的完善上，未来重庆市将构建如下全新的四层次城镇体系：第一层次为重庆市主城区（7区），城镇人口将达800万人；第二层次为2~4个远城区级城市，在西北翼和西南翼增设一些城区，建设成为城镇人口在100万~200万人左右的城区城市；第三层次为19~25个县级城市，建设成为城镇人口50万~100万人左右的城市；第四层次为300个左右上规模的建制镇，建设成为城镇人口1万人左右的小城镇。在城镇空间布局优化上，未来重庆市将重点建设以主城7区为核心的主城区城镇圈，包括7个主城区、除万州和黔江外的其他12个远城区和靠近主城区的4个县城，这个地区人口稠密，占重庆总人口的一半。重庆市主城区城镇圈多为丘陵山地，号称山城，对人口的聚集和城镇的发展并不太有利，但由于这里区位条件优越、气候条件良好、丘陵山地中低缓平地多，因此并不失为西部地区进一步集中人口，建设城镇的难得选地。未来重庆主城区城镇圈城镇化的方向是，加大旧主城区改造力度，重点建设城镇圈内远城区政府所在地和县城城镇，加大有条件的、特别是地势平坦交通便利的建制镇建设，提高城镇规模和质量，增加城镇人口承载能力，使主城区城镇圈人口占全市的比重提高到 60%，成为西部和西南地区城镇化的先锋地区。以万州为中心的重庆西北翼城镇圈和以黔江为中心的重庆市西南翼城镇圈分别属于渝东大巴东段、武陵山北部和巫山西侧，城镇化发展限制条件较多，需要适当降低这些地区的人口比重，可由目前分别占全市人口 1/4 的比重都降低到 1/5，剩下的人口主要向万州区、黔江区以及各县城和条件好的建制镇集中，为这些山区的生态环境建设创造更好的条件。

——西南人口稀少区，包括属于青藏高原的青海和西藏省区。我国青藏高原是世界屋脊，号称世界第三极，属于高寒缺氧的山区，无论是气候条件还是海拔高度都不太适合太多的人口在此居住，人口和城镇极其稀疏。青藏高原土地和能矿资源丰富，国家扶持力度大，居民收入在全国平均水平之上。2012 年青藏高原所属的青海和西藏 2 个省级行政区城镇密度仅为 1.47% 座/万 km^2（2 省区分别为 1.97 座/万 km^2 和 1.18 座/万 km^2，见表 17-8），远低于西部平均水平。针对青藏高原人口和城镇极其稀疏的区情，应当采取因地制宜的措施，不限制任何城镇的发展，并突出抓好湟水河流域、青海湖周边地区、格尔木绿洲盆地、藏南"一江两河"地区的城镇化进程，使这些地区成为青藏高原人口和城镇聚集区，以更好地克服高寒缺氧的不利生存条件；依托西宁开发区、格尔木产业园区、拉萨民族产业园区等，培育该地区工业化城镇化新的增长极。

以青海省为例分析该地区未来城镇化发展的基本趋势和布局形态。2012 年青海城镇化水平为 47.44%，略高于西部平均水平，城镇人口达 272 万人，城镇个数为 141 个（其中城市仅 3 座），进入城镇化快速减速发展时期。城镇规模体系可分三层次：第一层次为省城西宁市，第二层次为 7 地区（自治州）行署地、2 个县级市和 37 个县（自治县）城；第三级为 138 个建制镇和 288 个乡集镇。城镇空间格局为青东稀疏、青西十分稀疏的格局，并拟构成青东和青西两个城镇群，其中青东虽然尚未形成城镇群，但已显单极型、块状城镇群的雏形；城镇密度为 1.97 个/万 km^2，仅高于西藏和新疆维吾尔自治区，倒数第三。

青海省土地资源丰富，钾、锂等特殊有色矿产资源具有国际意义，该省海拔在青藏高原相对较低，但降水不多，一些山谷的河流和荒漠中的绿洲将继续成为集中人口的主要基地。青海省城镇化战略新目标，到 2030 年城镇化水平要达到 68% 左右，在未来 16 年中城镇化提升幅度达年均 1.3 个百分点，对青海而言这样的速度还是有一定的难度的。在城镇规模体系的完善上，未来青海将构建如下全新的三层次城镇体系：第一层次为省会城市西宁，城镇人口将在250 万人左右，大约占全省人口的一半；第二层次为 7 行署所在城镇、10 个县级市和 29 个县城，建设成为城镇人口在 20 万 ~ 50 万人左右的城市；第三层次为 300 个左右上规模的建制镇，建设成为城镇人口 1 万人左右的小城镇。在城镇空间布局优化上，未来青海省将重点建设以西宁为核心的青东城镇群，包括西宁、海东、海北、海南和黄南，人口占全省的 80% 以上，是青海城镇化发展最佳之地。未来青东地区，要继续强化西宁城市建设，优先发展县城，积极稳妥地发展有条件的建制镇，同步加强农业集约化和农庄规模化发展，实现城镇人口高度集中，农村土地高度集约的良好效果。青西城镇群实际上只是青海省次区域的一种说法，该地区人口和城镇实在太稀少，无法到达所谓城镇群发展的要求。任何区域都可以从城镇体系去分析，因此这里姑且以城镇群来论述青西地区。该地区包括海西、玉树和果洛三个自治州，只有格尔木和德令哈两个县级市，人口仅占青海的 20%，未来发展方向是继续强化格尔木和德令哈的发展，提高其人口容纳能力；积极发展三州州暑所在地的城镇，选择一些有条件的建制镇，加大建设力度和人口转移力度（可以结合国家整体扶贫搬迁进行），为青海保护我国著名的"水塔"——"三江源"地区——的生态环境做出应有的贡献。

（执笔人：刘勇　李仙　刘津）

第十八章

推进西部地区城镇化建设的
体制、机制和政策建议

党的十八届三中全会开启了全面深化改革新征程，今后一段时期是我国各领域改革方案的密集启动期，新一轮西部开发要抓住这个难得的机遇，真正从体制、机制和政策设计上找到一条后发大国欠发达地区稳定、长效地推进城镇化和工业化发展的路径来，为实现民族伟大复兴的"两个一百年"的中国梦做出应有贡献。

第一节　体制设想

城镇化是农村人口向城镇人口转移转化的过程，也是部分条件优越的农村居民点向城镇居民点演变、建设和发展的过程（当然包括农村转型的过程），这其中涉及许多体制性安排。随着经济社会的不断进步和发展，以及新型工业化城镇化道路的确立，这些体制性安排的一些问题逐步显现出来，需要通过深化改革和调整来加以解决，以确保工业化城镇化新路径的贯彻和实现。

一、正确处理区域政府和城镇政府之间的关系

建议在以正常的区域政府为主导的前提下，将城镇政府分开单独设置，成为一个具有特定范围的单纯的居民点管理公共机构，专行城镇规划建设之责（相当于现在的城建部门），城镇内的其他政治活动归还给区域政府统一管理（事实上，城镇化是个区域现象，而不仅仅是个城镇建设问题）。说白了就是要恢复有利于区域城乡协调发展的"县管市"体制，让城镇恢复到简单的居民点组织上来，恢复正常的划块设市模式（事实上，区域大于城镇，强调区域发展才能做到城乡公平公正，才能打破城镇之间不平等的竞争关系，消除城镇等级意识）；同时，取消远郊县设区的做法，恢复其县制，保持行政区划的规范性和严肃性（两个恢复：远郊区恢复县制，设市模式恢复划块方式和"县管市"体制）。西部地区由于许多县域面积辽阔，有条件和需求先行恢复。

二、正确处理好中央和地方关系

中央制定城镇化和城镇建设的大方针、确定城镇化总体规划和战略布局；地方则从实际出发，贯彻落实总体规划，制定相应规划，创造性开展建设和管理工作；城镇政府则专职城镇规划、建设和管理，如县城只负责城镇内部的规划、建设和管理责任，县政府负责全县的城镇体系规划和布局安排。

三、正确处理经济相对发达的东部地区和经济相对欠发达的西部地区关系

一方面，西部人口向东部迁移流动和落户，需要进一步破除深层次体制性障碍，如户籍、就业、社保等。

另一方面，西部自身城镇化进程也需要中央和东部经济相对发达地区的支持的制度性安排，如法定的区域转移支付、相对优惠的欠发达地区的税收安排以及政策性金融支持等。特别是在西部地区已经开始成为未来我国城镇化工业化主战场的时候，这种体制性的区域差异性安排将起到良好的作用。

第二节　机制重塑

坚持市场化改革方向，正确处理市场与政府之间的关系，让市场机制在新型城镇化过程中起决定性作用。如农村转移人口自由选择打工地区、就业打工企业、自由选择城乡住房地点，这些已经基本做到，但还有一些更本质的选择权，如自由落户和城乡人员的双向流动权等，还有待实现；还有城镇的设立与选址、规模与布局、基础设施与公共服务等，也有待进一步交由市场去决定；另外，城镇基础设施的建设和运营、公共服务的提供也应当引进市场机制。然而，目前我国基本上没有城镇政府，都是全能的区域政府，这些政府不仅管理农村而且还管理城镇，他们对城镇发展的具体事务直接干预太多，许多城镇的规划、建设和运行基本为政府所主持，造成城乡之间、大小城市之间按照行政级别形成发展的严重不平衡，而且这种严重不平衡靠着不合理的户籍等制度来维持。

为改变这种现状，今后需要进一步加大政府改革力度，明确区域政府和城镇政府在城镇化和城镇建设中的功能和作用。一般而言，城镇化和城镇建设具有较多公共性和公益性（因此在城镇化和城镇建设中如何正确处理市场与政府的关系显得尤为重要）。区域政府在城镇化中主要承担提供城镇化立法公共产品，规范城镇化行为和过程，并加以监督落实，还要负责区域内城镇体系的规划与布局，负责区域性基础设施规划、建设和管理，还要负责区域内城镇群的建设和协调工作等。独立后的城镇政府则主要负责城镇范围内的城镇规划、资源管理、基础设施建设、公共服务提供等，负责城镇范围内的城镇建设投资环境的改善和优化、城镇建设项目的招标、市政设施的运行监督等，城镇政府也不需要建立政府性的城建公司或企业，一切城镇硬件建设都可以直接交由市场和民间企业去做，政府只"务虚"，不要"务实"。

第三节　立法完善

一、在城乡规划法的基础上，制定专门的城乡建设法和城乡管理法

其中城乡建设法主要内容包括城镇基础设施建设范围和标准、资金来源和筹集方式、土地征用和整理、建设的主体和模式、质量保障和监督以及相关的责任和义务等；城乡管理法主要内容包括城镇基础设施运行方式监督和管理、设备的维护与保养、应急管理和保障体系以及相关的责任和义务等。

二、西部城乡规划、建设和管理扶持法

针对我国西部和中部将成为城镇化发展最主要地区，而西部经济技术发展水平还相对落后的情况，国家有必要考虑出台专门的"促进西部城乡规划、建设和管理进步扶持法"，为西部城镇化的健康发展，更好地实现中国特色新型城镇化的目标，有效扩大内需，实现就地城镇化，促进区域城乡协调发展提供有力的立法保障，也可为扶持欠发达地区实现全面小康目标提供一个具体路径和抓手。

三、在西部开展"三规合一"试点和相关立法工作

在经济权力不断下放，经济社会规划逐步淡化，土地利用规划逐步向产权多元化、用途管制方向发展的情况下，城镇建设、运行和管理规划的地位将越来越重要。为西部地区将同中部地区一道成为我国城镇化发展最快的地区，有条件也有必要优先开展"三规合一"试点和相关立法工作。

第四节 政策调整

新型城镇化涉及户籍、土地、资金、社保与住房以及城镇管理等 5 大方面的政策体系。

一、关于户籍政策的调整

原则上应当尽快全面彻底取消传统的目的在于分割和限制城乡和居民自由迁徙的户籍制度，还居民基本的自由迁徙权。至于大城市人口适当控制问题，完全可以采取非户籍手段，特别是靠市场自身的力量来加以解决。美国主要靠科学的城镇功能定位，如行政功能为主的城镇、某产业制造和贸易为主的城镇、金融为主的城镇、教育功能为主的城镇、旅游娱乐为主的城镇等；英国和法国则靠越来越有效的第三代卫星城模式，如伦敦和巴黎；德国则强调地方自治，形成地方为主的治理结构，每个城镇人口不会太多；近来北京将通过外迁"非首都功能"解决人口过多拥挤问题，思路十分正确，需要坚持并值得探索和推广。西部地区人口主要是外迁，近年来外迁势头明显下降，而且 2013 年年初已出现中西部招收的农民工增长速度快于东部的现象，因此，更应该优先考虑彻底取消户籍制度的改革措施。

二、关于土地政策的调整

西部地区建设用地可以适当放宽限制，这是落实差别化的区域政策的一个重要领域，建议可以将西部城镇建设用地人均标准扩大到 120 米～150 米/人左右，这相当于 200 万人口的大城市建成区面积可达 240 平方公里～300 平方公里左右，20 万人口的城市建成区面积可达 24 平方公里～30 平方公里左右，1 万人口的小城镇面积可放宽到 3 平方公里～5 平方公里左右；西部城镇建设用地也需要提高利用效率，但其目的主要不是在保耕地红线（西部少数农区除外），还是要提高城镇本身的聚集和集约效率。应当率先在西部实行农村集体建设用地直接入市的政策，大大减少政府直接参与土地配置的责任和义务，政府只需依法监督土地的用途管制。继续鼓励西部地区充分利用未利用土地发展城镇，既有利于节约农地，又可促进国土整治的推进。

三、资金政策的调整

包括财政和金融两个方面。要按照三中全会的要求，落实好建立多元可持续的资金保障机制的改革部署。要完善地方税体系，逐步建立地方主体税种，建立财政转移支付同农业转移人口市民化挂钩机制。加快房地产税立法并适时推进改革，变"卖地财政"为规范的"土地财政"。加快资源、生态和环境方面的税收建立和改革，资源税要扩宽资源税品种，如天然气、石油、煤炭等，为西部地区资源优势转化为经济优势，推进城乡建设做出应有的贡献；加快建立生态补偿转移税，西部生态保护是国家任务和政策，落实这项任务需要国家层次和经济相对发达地区的共同努力，生态补偿转移税是区域转移支付的重要组成部分，也是国际通行的惯例；推动环境保护费改税工作，从生活污水到工业废水和农业退水（或 COD、SS），开征废气或 SO_2、粉尘等。在完善法律法规和健全地方政府性债务管理制度基础上，建立健全地方债券发行管理制度。推进政策性金融机构改革，当前要发挥好现有政策性金融机构在城镇化中的重要作用，同时研究建立城市基础设施、住宅政策性金融机构。放宽市场准入，制定非公有制企业进入特许经营领域的办法，鼓励社会资本参与城市公用设施投资运营。处理好城市基础设施服务价格问题，既保护消费者利益，又让投资者有长期稳定收益。

四、"社保"与住房政策的调整

稳步推进城镇基本公共服务常住人口全覆盖，把在农村参加的养老保障和医疗保障规范接入城镇社保体系，尽快落实好国家关于城乡居民养老保障体系统一的决定，最终形成城乡一体化，全体国民一体化，具有共享性、定期调整的基本社会保障体系，或称"最小社会保障"体系。

住房和住房保障政策。西部也要把进城落户农民完全纳入城镇住房，在人口双向自由流动和社区规划、建设和管理标准化，逐步做到城乡住房一体化。西部房价相对不高，但与当地居民收入水平相比也存在价格过高的问题；西部房价的调控，也许容易一些，因为土地供应相对充足，但也要密切注意房价走势，防止泡沫的产生，避免房价过高引起的负面影响。进一步强化政府对基本住房保障的责任，西部地区应当趁大规模进城人口高潮未到之机，未雨绸缪，提前搞好保障性住房的规划与建设，争取主动。

五、城镇管理政策的调整

包括行政区划、规划建设和政绩考核政策等。

——行政区划政策的调整。西部要抓住国家完善设市标准，严格审批程序，重新启动设市进程的机会，尽早做好相关工作的准备，先解决地级行署设市问题，再解决各县城设市问题；对吸纳人口多、经济实力强的镇，可赋予同人口和经济规模相适应的管理权。另外，西部大中城市还可以开展实体城市范围划定试点工作的探索。这里建议建立法定中心城区概念（并取消飞地制度），以向实体城市靠拢。中心城区空间结构为核心城区（不再分区），加 3 ~ 5 个边缘城区和郊区农村相结合的近郊区，不再设远郊区和飞地（对组团城市则以各组团为一个城区，各组团不再分区，也不用设城乡结合的近郊区），卫星城应设在郊县县城中；核心城区和中心城区范围应作定期调整（扩张或收缩），以反映城市的变化。不分区的城市只设核心城区，并也应作定期调整。通过立法形成稳定城市空间结构安排，如北京市可将东西城区进一步合并成核心城区，保留海淀、朝阳、丰台、石景山 4 个近郊区，取消其他远郊区；西安市应将莲湖、新城、碑林三区合并成为核心城区，设未央、雁塔、长安、霸桥四个城郊混合区，由此构成西安市中心城区，临潼和阎良建议独立设市。设立不分区县级市，逐步理顺行政区划中区域政府和城市政府的关系。

——规划建设管理政策的调整。大幅度下放规划建设审批权限，让地方区域政府和城镇政府依法承担城镇化规划、城镇建设规划和城镇建设管理的主要责任；地方区域政府主要负责区域城镇化、城镇体系和城镇群规划，实体城镇政府主要负责城镇建设和管理规划，乡村基层政府主要负责建制镇和集镇规划、新农村规划和规模农庄用地和建设规划；鼓励建立跨地区的联合区域城镇化、城镇体系和城镇群规划，由上级政府倡导、相关地方和城镇政府参加。要用科学态度、先进理念、专业知识建设和管理城市，根据西部特点、发展阶段和未来发展目标，适当超前制定新一轮城镇规划，要引入汽车城市、独立城镇住宅、家庭绿化、智慧城镇等的超前理念，设计规划未来西部新城和旧城改造。西部可要率先实现城市规划要由扩张性规划逐步转向限定城市边界、优化空间结构的规划的转变；要城市规划保持连续性，不能政府一换届、规划就换届；要多听取群众对编制空间规划和城市规划意见、尊重专家意见，要通过立法形式确定规划文本，使之具有法律权威性。

——政绩考核政策的调整。在不以 GDP 论英雄的时代，评价地方政府政绩的最佳做法是建立地方投资环境考核体系（包括经济环境、生态环境和政策环境）。一个地区和社会可以以经济建设为中心，但政府不能以经济建设为中心（这仍然是计划经济的产物）。建立"五位一体"的指标体系。按照主体功能区的要求，用差异的权重体现和评价不同性质城镇发展的成效（也要求可相互比较）。也可考虑不同主体功能区分别评价和排序。增加负面评价清单，或重大事故一票否决制。西部地区应当优先探索以生态环境建设为主要指标的政绩考核办法，为生态型主体功能区政绩考核政策提供范例。

表 18 – 1　　　　我国西部城镇化率与中东部的比较（一些历史数据）

年份	西部					中部				
	总人口（万人）	市区非农业人口（万人）	市镇非农业人口（万人）	市区非农业人口占总人口的比重（%）	市镇非农业人口占总人口的比重（%）	总人口（万人）	市区非农业人口（万人）	市镇非农业人口（万人）	市区非农业人口占总人口的比重（%）	市镇非农业人口占总人口的比重（%）
1949		281.80					568.16			
1952	12957	452.97		3.50		17219.3	797.38		4.63	
1957		737.76					1489.71			
1958		887.61					1744.39			
1962		852.31		10.55			1944.94			13.29
1965		947.56		10.19			2005.49			13.2
1970				9.74						12.24
1975				9.38						12.47
1978	22089	1303.84		5.90	9.77	32299.7	2728.43		8.45	12.85
1985	24010	1969.09		8.20	12.99	37459.9	4009.83		10.70	17.04

续表

年份	西部					中部				
	总人口(万人)	市区非农业人口(万人)	市镇非农业人口(万人)	市区非农业人口占总人口的比重(%)	市镇非农业人口占总人口的比重(%)	总人口(万人)	市区非农业人口(万人)	市镇非农业人口(万人)	市区非农业人口占总人口的比重(%)	市镇非农业人口占总人口的比重(%)
1990	26021	2302.71		8.85	10.42	40715.5	5309.23		13.04	19.18
1997	28228	3157.20	4856	11.18	20.14	43704	7249.90	10220	16.59	26.25
1998	28510	3233.63	4970	11.34	20.74	44033	7379.40	10347	16.76	26.62
1949		1890.61				54167	2740.6		5.06	10.6
1952	23356.3	2240.66		9.59		57482	3491.0	7163	6.07	12.5
1957		3185.22				64653	5412.7	9949	8.37	15.4
1958		3434.73				65994	6066.7	10721	9.19	
1962		3617.99			16.61	67295	6415.2	11659	9.53	17.3
1965		3737.58			15.72	72538	6690.6	13045	9.22	
1970					13.5	82992	6663.0	14424	8.03	
1975					13.39	92420	7402.0	16030	8.01	
1978	39315	3954.39		10.06	13.78	96259	7986.7	17245	8.30	17.92
1985	43030	5842.78		13.58	18.25	105851	11821.8	25094	11.17	23.71
1990	47068	7425.83		15.78	21.45	114333	15037.8	30191	13.15	26.41
1997	50390	10974.30	13437	21.78	33.2	123626	21381.4	36989	17.30	29.92
1998	50739	11163.10	13682	22.00	33.81	124810	21776.1	37942	17.45	30.40
1999						125909		38892		30.89

资料来源:根据《新中国城市50年》经济管理出版社,历年《中国农村统计年鉴》、《中国区域发展报告》(1997)社会科学文献出版社和《中国人口统计年鉴》(1999)中国统计出版社中有关数据整理。

(执笔人:刘勇 李仙 刘津)

参考文献

［1］王梦奎等：《中国特色城镇化道路》，中国发展出版社 2004 年版。

［2］李伟：《中国城镇化建设重在提高质量》，国务院发展研究中心网站，2013 年。

［3］仇保兴：《中国城镇化研究》，中国建筑出版社 2003 年版。

［4］顾朝林等：《中国城市化——格局、过程、机理》，科学出版社 2008 年版。

［5］刘勇：《中国城镇化战略研究》，经济出版社 2006 年版。

［6］李仙、刘勇：《改革开放 30 年来我国城市群的形成和发展》，载《改革》2009 年第 2 期。